世界漢學

第 17 卷

中国人民大学出版社
· 北京 ·

《世界汉学》合作单位

法国法兰西学院汉学研究所
德国海德堡大学汉学系
德国波恩大学汉学系
德国华裔学志汉学研究所
英国牛津大学汉学研究所
俄罗斯科学院东方研究所
荷兰莱顿大学汉学院
瑞典斯德哥尔摩大学东亚系
葡萄牙大发现纪念全国委员会
美国哈佛大学燕京学社
美国哈佛大学费正清东亚研究中心
美国耶鲁大学东方语文系
美国哥伦比亚大学东亚语言与文化系
美国伯克利加州大学中国研究中心
美国洛杉矶加州大学中国研究中心
日本爱知大学现代中国学部
新加坡国立大学中文系
台湾“中央研究院”历史语言研究所
台湾“清华大学”历史研究所
台湾“中央图书馆”汉学研究中心
香港大学中文系
香港中文大学中国文化研究所
香港城市大学中国文化研究中心

《世界汉学》编辑委员会

东海西海，心理攸同

南学北学，道术未裂

悼谢和耐先生（1921—2018）

谢和耐（Jacques Gernet）先生于2018年3月3日驾鹤西去，人们所称道的整个法国汉学的“大师”时代，也随先生这最后一位汉学泰斗并逝。借这些大师，法国曾在很长时间内引领着西方的汉学研究：大师们以汉学为终生职志，通晓复杂的中国文化和漫长的中国历史；他们的博学明辨与论学的典雅清晰，可谓交相辉映。首先是雷慕沙（Jean-Pierre Abel-Rémusat，1788—1832）——他曾任法兰西公学院（Collège de France）首位汉学教席教授（1814年），也是欧洲汉学专业的创始人；这里不得不提及的还有沙畹（Edouard Chavannes，1865—1918）、伯希和（Paul Pelliot，1878—1945）、马伯乐（Henri Maspero，1883—1945）、葛兰言（Marcel Granet，1884—1940）、戴密微（Paul Demiéville，1894—1979）。

戴密微是谢和耐先生的恩师，先生于其后接任法兰西公学院汉学教席。先生常提及另一位对其思想有影响的大学者，那就是他的父亲——古希腊学家、古希腊律法史学家路易·谢和耐（Louis Gernet，1882—1962）。其父受学于涂尔干（Emile Durkheim，1858—1917），曾长期在先生家乡的阿尔及尔（Alger）大学以教授身份执教。父亲的影响，使得先生尝试从人类学和社会学的角度来考察中国历史。这一向社会科学敞开的径路，也是先生在法兰西公学院的好友兼同事韦尔南（Jean-Pierre Vernant，1914—2007）所取的治学方向；先生借此深刻地改变了有自闭趋向的汉学研究传统，并影响了我们所有的后来者。

谢和耐先生获得古典文学学士学位后，于东方语言学院（École des Langues Orientales）开启了毕生的汉学研究之路。先生曾是法国远东学院（École française d’Extrême-Orient）成员、法国国家科学研究中心（CNRS）研究员、索邦大学（后在巴黎七大）首位汉学教授、高等实践学院（EPHE，今“社会科学高等学院”（EHESS））第六分部研究主任，一批批青年学者正是在那里参与了他主持的研讨课；1975年先生出任法兰西公学院中国学术思想和社会史（Histoire intellectuelle et sociale de la Chine）教席教授，直至1992年荣休。

谢和耐先生的大部分著作都有多语种的译本，这自然促成了先生巨大的国际声誉，但他远不是在如今这个廉价航空时代变得平庸的学术旅游风气的追随者。先生的某些著作在中国曾被多次重译，“谢和耐”三个字只要在汉语学界被提起，必能激起人们深深的景仰之意。在这里，我们仅简单罗列几部先生的主要著作：《中国五—十世纪的寺院经济》（*Les aspects économiques du bouddhisme dans la société chinoise du Ve au Xe siècle*）（1956），这篇国家博士学位论文以伯希和上世纪初带回法国的敦煌文本为基础，先生也曾感慨这是他最满意的一本书；《蒙元入侵前夜的中国日常生活》（*La vie quotidienne en Chine à la veille de l’invasion mongole*）（1959），与先生宏大精深的综合论著《中国社会史》（*Le monde chinois*）（1972）一样，均面向更广泛的读者群，《中国社会史》曾多次修订再版；《中国与基督教：中西文化的首次撞击》（*Chine et christianisme. Action et réaction*）（1982），曾引发学界的激烈讨论；此外还有《唐甄〈潜书〉》（*Tang Zhen. Écrits d’un sage encore inconnu*）（1991），以及最后的《物之理：论王夫之（1619—1692）哲学》（*La raison des choses. Essai sur la philosophie de Wang Fuzhi (1619–1692)*）（2005）。以上后三本论著，探讨了整个17世纪的中国，先生于此用了大量工夫（他在法兰西公学院开有专题讲座，此方面讲义合集于2007年出版）；先生对当时那批不从大流的明清学者情有独钟，与他们可说是共乘物以游心。1994年伽利玛出版的《领悟中国智慧》（*L'intelligence de la Chine*），大概最能体现先生对中国文化既共情又批判的态度。谢和耐先生漫长治学生涯中的成果，无论是他的学生还是读者，都受用不尽。

程艾蓝（Anne Cheng）（法兰西公学院教授）

魏丕信（Pierre-Etienne Will）（法兰西公学院荣誉教授）

（冬一 戎恒颖 译）

目 录

主办：中国人民大学汉学研究中心
北京中关村大街59号中国人民大学 邮编：100872

【汉学视域】

【经籍释读】

一切关乎虚构：欧洲全球研究、中国学和汉学

韦　宁

韦宁（Ralph Weber）/瑞士巴塞尔大学

在这篇文章中，我意欲思考一种对中国恰切的理解，这种理解背离但避免了区域研究的困境，并且可能为未来的汉学打下良好基础。我首先介绍欧洲研究方面的一些最新进展，而“中国”（以及汉学和中国学）一词在其中承担了重要甚至构建性的角色。我将集中关注我的大学在欧洲全球研究方面的新课题。我认为如果这一努力取得成功，那么长期以来错误地将“中国”和其他民族视为欧洲之他者的虚构概念便会得到澄清。接下来我主要从两个方向进行讨论：首先，如何思考未来的汉学，使得对这一词的讨论不依赖于这种成问题的虚构；其次，在尝试更为复杂地理解“中国”的情况下，如何从概念上把握相关性同时又不会牺牲或消解主题。

引言

尽管存在诸多差异，但流行于当代学术界的各种语文学和区域研究都面对着一个共同的基本问题，即：它们在前一种情况下关注某种特定的语言，比如汉学关注中国的语言，在后一种情况下关注某个特定区域，比如中国学涉及被称为中国的这个地区。当然，这也是它们的主要优点。对特定对象的关注可以使研究规范有序，并使研究者知道如何掌控研究对象。这种秩序和控制之所以可行是因为这种关注致力于确立边界，以确定什么属于和什么不属于此研究领域。然而，这种关注随之带来某种倾向，即忽视对其他语言和其他区域的研究，特别是当它们通过某种方式被列入远古的语言或遥远的地区时。日益提升的学术专业化将这个问题加剧到如此地步，即今天甚至一个学科也已成为过于宽泛的领域，以至任何一个专业人士都无法完全掌握。汉学和中国学是否应被视为某种学科尚不明朗。通常而言，语文学和区域研究本质上就是多学科的，前者涉及语文学、历史学和文学批评，后者涉及所有社会科学。所以任何一个专业人士都有海量的工作要做，比如中国早期历史的研究者很少有或几乎没有剩余时间和精力来过度关注早期印度史或早期赫梯史的最新成果，这是十分自然的。如果一个人出席美国东方学会年会，那么他会很快注意到，不同的语文学如同分属不同的会议，几乎没有交集。显然，某个会议中的学者们虽在不同的语文学中进行研究却处理某种相似的方法

论问题，这一情形实属罕见。这并不是说大多数语文学家或区域研究学者缺乏求知欲和兴趣。事实恰恰相反。问题不在个人层面，而在体制和系统层面。任何参与过跨语文学、跨区域研究或其他跨学科学术活动的人都十分清楚，因建立联系的尝试失败而灰心沮丧地回归本土和因新获视角而欢欣鼓舞，二者一样常见。

简而言之，我认为语文学之间的对话和区域研究之间的对话应该得到制度上的鼓励。否则就失去了相互协作的重要意义。以我的专业领域为例：当一个人前去参加讨论中国、非洲和印度哲学的会议时，他不仅会惊讶地看到每个会场都将欧洲作为一个塑造自身的参照框架，并认为只有自己才是欧洲的大他者，而且会惊讶地注意到许多平行讨论，比如可译性问题、文化的具体化问题、诠释学问题、如何划定非洲或印度开始与结束之边界的问题等等。为了抵制这种平行主义的具体化倾向，我们需要用相关术语来重塑诸多关注点。接下来，我想反思一种对“中国”恰切的相关理解，它背离但避开了区域研究的困境，并可能为未来的汉学和中国学提供健全的根基。我首先介绍欧洲研究的最新进展，“中国”在其中同样承担了某种重要的甚至共建的作用。这种发展在许多不同名称下同时存在，我将集中考察欧洲全球研究这一领域。如果这个考察取得成功，那么我在论文的主要部分将表明：长期以来误导性地将“中国”仅仅视为欧洲的他者是一种虚构，而避免这一虚构是至关重要的。

欧洲的全球研究

在过去的二十年中，欧洲研究经历了某种双重的发展。一方面，就主流研究来说，欧洲研究几乎已经成了欧盟研究的掩护。这一点可以从过去二十年全球范围内涌现出的许多欧洲研究中心都是由欧盟资助的看出来。在建立这些中心的文件中，从其他被明确记载下来的内容里我们可以发现这些学术机构的目的是帮助促进欧盟和其他各个国家之间的贸易联系。从法律、经济和政治角度看，关注欧盟可以理解，但其关注的狭隘是显而易见的。因此，另一方面，各式各样对某种不同的欧洲研究的倡议一直存在。过去几年里撼动欧盟根基的许多危机使这些另类视野从边缘变为关注的中心。

十多年前，伊恩·曼纳斯（Ian Manners）曾公开呼吁不能将欧洲简单地理解为“一个地方、一个空间、一个背景”，简而言之，其定义、边界和恰当的研究方法都是未经追问的“一个范畴”[1]。曼纳斯旨在寻找一种关乎共建的欧洲的整体的和跨学科的方法，在这个共建的欧洲中，欧洲“同时是社会实践的媒介和结果”并参与到“将欧洲构建为一个实体以及将其他区域构建为实体（反之亦然）的过程中”，使这个问题延伸到甚至超越了人类中心主义的视野[2]。他写道：

> 这尤其意味着，如果我们要分析欧洲社会、欧洲经济或欧洲政治，就必须是在一种充分意识到其他社会科学和世界其他地方的语境之中[3]。

曼纳斯追求的图景是某种“整体的、语境式的、包容性的和全球化的欧洲研究”[4]。

在过去的十年中，这种方法随着其他学科范式的兴起而日益强盛，如在历史学或人类学中，开始强调关注联系和交流区、迁移、交换和勾连，所有这些都使我们的关注点转向边缘和边界——这并非为了否认我们仍在谈论实体，而是为了破坏其中心的稳定，并考虑更具关联的视角。例如艾蒂安·巴里巴尔（Etienne

Balibar）所提出的"欧洲作为边界地"雄辩地表达了对欧洲的这种理解。与其说中心和边缘，不如说欧洲显示出"一系列聚集的边缘"。巴里巴尔反对文化认同中的"纯粹"观念，强调欧洲如何最好被理解为"重叠的边缘"，"渊源和联系遍及全世界"的"语言、宗教和文化的交融"[5]。

循着这些思路，巴塞尔大学将其前欧洲研究所更名为"欧洲全球研究所"，"全球"持续提醒着人们反对某种狭隘的欧洲观。这种受指责的狭隘观点比欧盟的历史还要长得多。在某种意义上，对欧洲人和非欧洲人一样，欧洲的他者在大发现时代和殖民主义时代就已是一个恒常的话题，欧洲很少被塑造为他者自身，这不是指对其自身而言的他者，而是对他者而言的他者。欧洲全球研究证明了这一简单观点。今天恰当的欧洲研究必须将目光延伸到欧洲以外。何谓欧洲？其边界何在？作为一个规范性概念它具有怎样的吸引力？其政治代表拥有多大的经济和政治权力？所有这一切都受到全球力量和决定因素的影响。欧洲在中国、巴西等地被界定和构建。由此看来，汉学和中国学似乎是欧洲全球研究重要的甚至是典型的合作伙伴。因此，欧洲全球研究的焦点根据特定研究问题的要求而被重新设定，如有必要甚至达到全球层面，但其考察对象仍然是欧洲。焦点和考察对象的这种分离构成了从欧洲研究到欧洲全球研究的主要变化。

中国作为一种他者的虚构和中国汉学

如果欧洲全球研究确实是某种创新的和适当的方式，它界定一个学术主题而无须将一个"区域"具体化，那么中国学乃至汉学是否可以变成某种比如中国全球研究的问题自然就会出现。在详细讨论这个问题之前，我们迂回地花些时间思考欧洲视角下过去"中国"所经历的那种虚构，以及思考欧洲全球研究所倡导的这种视角将如何更加富有成效，可能大有裨益。

我的迂回从汉斯·费英格（Hans Vaihinger）《"仿佛"的哲学》（*Philosophy of As If*）中的一段引文开始。该书写于1870—1910年[6]。朴素的"仿佛"与副标题形成鲜明对比，后者近乎欢欣鼓舞地宣称这本书是——如德国简装本（Volksausgabe）所附加的——某种"观念论的实证主义"之上的关于"人类的理论、实践和宗教虚构的系统"。在这本书中，我们发现"批判实证主义"的概念比"观念论的实证主义"更为常见，正如在下文中的语境中一样：

> 人类关于世界的观念是一张充满逻辑矛盾的巨大的虚构网，也就是一张出于实用的目的或不充分的、主观的、象征式的设想方式的科学发明的巨大的网。从一开始它们就与现实不相符[7]。

"科学发明以实用为目的！"没有人会否认中国已经在我们的"世界观念"中占据了某个中心位置——世界上没有中国似乎是不可想象的——而且人们断言中国在虚构方面是出于实用目的，不管是艺术、科学还是哲学，似乎也是可靠的。相关例证不胜枚举。我只提及克里斯蒂安·沃尔夫（Christian Wolff）所谓的《摄政笔记》（*Regenten-Schrift*），他从中看到了柏拉图哲人王的统治在古代中国实现了，或者伏尔泰（Voltaire）对圣贤孔子及其展现出来的一种不需要任何预言和超验存在就能行之有效的理性典范的迷恋。当然，伏尔泰借用中国是为了去幻想一个不滥用自由而仍然保持君主制的未来法国。

这个"中国之欧洲"的故事以及从哲学的亲华向仇华的转变（可能在黑格尔《历史哲学

讲演录》中达到顶点）已经被多次讲述，例如在李恩贞（Eun-Jeung Lee）的《反欧洲》（*Anti-Europa*）或勒内·艾田蒲（René Étiemble）20世纪80年代末以来的两卷本著作中即是如此[8]。艾田蒲获得过“比较文学”巴尔扎恩奖（Balzan-Price），稍具讽刺意味的是，艾田蒲严格地将他的关注限制在欧洲和欧洲对中国的虚构上。因此，可以认为他根本没有进行比较，不是将欧洲和它自身进行比较（那将是最无效的工作），而是和它的他者，即它自身的他者进行比较。

尽管如此，今天回头审视伏尔泰并揭露他对中国的描述只是某种虚构是轻而易举的。然而当我们以这种方式去“揭露”，我们在做什么？“揭露”是一个正确的词吗？这不是一种完全错误的虚构观吗？费英格对虚构和假说进行了明确区分，在其作品中，他精确地强调了虚构的效用。虚构与现实相符合的可能性被排除了。与假说的情况相反，那并非虚构所指。《“仿佛”的哲学》的主要宗旨之一是这些虚构和编造——费英格还谈到了散漫的助词、技巧、艺术术语、戏谑语、我们思维的转接点、迂回和秘密路径[9]——可能是有意错过现实，但通过它们能获得许多有用的甚至特别的东西。然而，这并不意味着相反的情况，即“人们可以从精神的、逻辑的结构的功用中归纳出其正确性”[10]。就威廉·詹姆斯（William James）的真理概念而言，以及更一般地就费英格有时被归于与之密切相关的古典实用主义而言，这使得费英格的哲学拥有正确的视角。

“仿佛的哲学”是费英格用于概括科学虚构以实用为目的这一哲学的简单公式。他在其著作中确定这些虚构之思应该追求的目的，这一追求是在科学进步和伦理学的领域之内，并建立在对唯一真正存在着的事物的认知基础之上，即感觉——“存在和被给予的”[11]。但实践目的又如何呢？费英格同样将它们追溯为感觉且只是感觉。在一处精彩段落中，他将这些目的和“一种想象运动的促进和加速，即感觉的一种快速而安全的连接和调节”[12]关联起来。感受之所以确实起到这一基本作用乃是根据费英格“世界唯有虚构—自由的断言”[13]。它开辟了一个相当引人注目的范围，矛盾的虚构在其中作梗，或者如费英格强调的，在虚构中证明其功用。如果任何断言——除了刚提到断言这一特例——能够成立都离不开虚构的话，那么费英格之言的内涵真是无法估量。他在书中对科学的虚构进行了划分，如类型的、抽象的、图表的、典范的、乌托邦式的、典型的、象征的和启发式的虚构。

虚构的意义上的“中国”，被更加普遍地用于哲学、文学和人文学科中，甚至社会科学中，所以将其归类为费英格或此或彼的虚构种类是有充分理由的。然而正如我所说的，令人惊讶的是费英格并没有想到他者这一虚构在伏尔泰和更宽泛意义上的中国之欧洲（中国作为他者）那里发挥着重要作用。当然，在得到从阐释学到现象学，以及后结构主义和后殖民主义诸多哲学领域的关注之后，对于今天的我们来说，这个话题更容易被提出。在后结构主义作品中可以找到一些与费英格观念相似的、有意识地将中国作为虚构的文本。但是，它们的地位有所不同，因为它们是作为方法而服务于解构工作的。其中一例来自米歇尔·福柯（Michel Foucault），他写到中国发生在我们的梦境中，另外他还在《词与物》（*Les Mots et les Choses*）的开篇宣称博尔赫斯笔下著名的中国百科全书是一个异托邦。其他一些如雅克·德里达（Jacques Derrida）、菲利普·索莱尔（Philippe Sollers）或朱丽娅·克里斯蒂娃（Julia

Kristeva）的例证都很容易列举出来。苏源熙（Haun Saussy）评价说这些引述或许会打动读者，但它们只是基于贫乏经验而做出的自负的泛泛之谈，并非真正地关乎中国，而仅是假装如此而已[14]。

对费英格《"仿佛"的哲学》的批判性阅读有助于形成一系列中国作为他者之虚构的论题：被理解为迂回的虚构可能转变成歧途或绝路这一情况难道不是同样容易被想见吗？难道人们不应该像强调功用一样来强调其可能的危害吗？而且功用是如何被认知到的？由谁认知到的？那绝不是显而易见的或被普遍接受的被视为"科学进步"或"伦理学"的东西。由于费英格著作的副标题提到"人类的理论、实践和宗教虚构"，为了谁（cui bono）这一问题似乎非常直接地呈现出来。而且考虑到似乎整个人类都被关注到，将这个问题与中国联系起来也不会出错。因此，我们能断言今天的时代比伏尔泰的时代更少以虚构的方式思考中国吗？中国能完全被看作虚构之外的其他某物吗？或者它应该被看作一种虚构吗？相反地，我们有理由将它作为一种虚构去思考还是我们应该试着避免这种思考？一个摆脱虚构的中国是可能的吗？

被有意识地哲学地视为一种他者之虚构的中国似乎很难成为汉学家们感兴趣的那个中国。当然，汉学对其学科定义的研究对象的描述也无法摆脱虚构，而且我们很容易从中发现费英格提到的一些虚构类型。但是如果汉学里的中国只应作为他者的虚构而出现将会很奇怪。似乎在汉学当然还有中国学中，中国更多是作为某种假设而发挥作用的，这一假设被赋予了把握现实的权利要求。

与通常叩其两端而执其中的建议不同，我想表明，在中国虚构性问题上，两端提供了最好的选择。任何为了实用目的而想将中国编造为一种他者之虚构的人都应该试着避免提及任何汉学中的中国。与此同时，汉学家们应该审慎，避免将中国作为他者的虚构来研究，它——值得重申——显然与中国无关，而与某种被认为是其自身的东西的对位类型（antitype）有关。历史上，谈论中国的这两种方式并非并驾齐驱，而是纵横交错并伴随着大量重叠和交缠。伏尔泰可能相信，他的中国在某种程度上也是汉学的中国，至少有一个重要点是如此，而且我们知道他曾如饥似渴地阅读所能找到的研究中国的文献。然而，对于他所追求的实用目的，汉学的中国并未发挥多大作用。在我看来，"中国"一词的两种使用在历史上持续地重叠和交缠，是哲学、汉学和中国学等关于中国的专业化学术研究中存在的许多麻烦的根源。

虚构的交缠：以弗朗索瓦·朱利安（François Jullien）为例

我将以巴黎哲学家和汉学家弗朗索瓦·朱利安为例，他是当代法国内外最有影响力的、当然出版过作品的作家之一[15]。哲学和汉学的双重学科背景反映出朱利安的自我理解，也已经表明了两种中国可能出现重叠和交缠的风险。朱利安最知名的著作之一是《迂回和进入》（*Le Détour et l'Accès*），该书提出哲学上迂回中国，从而达到进入欧洲哲学的公开目的。因此，他成功地制定了一个听上去有吸引力的哲学方案，他将之视为紧跟海德格尔（Heidegger）、列维纳斯（Levinas）和德里达的步伐，但他与他们有着重大差异，即他追求的是一种来自外部的或用利奥塔（Lyotard）的话来说是来自旁视的解构，因为欧洲哲学已经失去了它的创造性能力和生产性的自我解构的能力。

朱利安因鲜明地处理一种中国应服务于其哲学的虚构而知名。他依赖于福柯《词与物》中的异托邦概念，正如我所强调的，福柯并不是在处理汉学的中国。然而，对朱利安而言，异托邦意味着指涉另一个地方，一个别处，一个欧洲之外的地方，他恰好在汉学的中国中看到了现成的和可加取用的异托邦。为了证实他的观点，他援引了所有确定属于前耶稣时代中国的语言、历史和地理。但是对朱利安来说这个问题更复杂，因为他不是仅仅依赖于这个以别处的具体物为基础的虚构性很弱的异托邦概念，而是以始终紧密的一致性加入了他所提出的他性（alterity）之自我意识的渐进结构。但是，此刻我们无须关注这一点。当朱利安称赞福柯以其精妙的直觉将异托邦运用于中国时，这个问题便清晰地自我呈现出来。这可能恰恰不是福柯之意。如果要说的话，就福柯所追求的实际目的而言，美索不达米亚或月亮对他本该更有吸引力。福柯《词与物》中的异托邦（福柯的电台演讲和论“异质空间”的文章对异托邦的讨论极为不同也更加具体，朱利安似乎忽视了这一点）用近乎典范的方式将中国确立为一个他者的纯粹虚构，然而朱利安的异托邦却是为了征用汉学中的前西方的中国来致力于一种解构主义的工作。

朱利安将中国同时视为具体的他处和被阐释的他性这一做法，受到了汉学界诸多批评，如果我们将朱利安视为汉学家并严肃对待他对中国历史和语言的引用以及他对中国文本的解读的话，这一现象很容易理解。因为其哲学计划的归宿在欧洲，值得强调的是，一种没有援引汉学之中国，或将中国作为他者的虚构可能会行之有效。然而，迂回和进入的要求那时会遇到怎样的问题？一种外在的解构会面临怎样的状况？看起来朱利安除了止步不前，别无他处可去。

我们如果关注朱利安的政治哲学和当代政治思想，就会特别清晰地发现他对中国进行双重使用的重叠和交缠。在朱利安的一些著作中，他曾尝试在其哲学计划中讨论政治哲学问题并阐释前西方之中国的某些政治概念，之后他不假思索地将这些概念应用到当代中国。因此，他确信当今中国的运行并不带有任何未来计划，并且毫无疑问也不追求任何帝国目标，它只是开发了它的情势。“情势”是朱利安解读孙子的核心表述，这一解读追随其哲学迂回的计划，通过诚然是建构主义的征用以达成解构欧洲哲学的目的——如今它以某种方式开始具备解释当代中国政治的解释力。从这个观点来看，朱利安因其著作而于 2010 年获得汉娜·阿伦特政治思想奖这件事就非常有意思了，特别是对其获奖的解释，即他的著作“为那些西方政客们在中国争取人权以及为那些欧洲公司的管理者们同中国合作伙伴谈判提供了良好的建议”[16]。朱利安似乎同时想要的太多，他将对中国的两种用法化入一个论点，并偏离轨道，于无何有之乡终结——这在某种程度上略显讽刺，因为朱利安最近已经不再谈论异托邦，而是用另一个取自福柯并通过一些经典的中国思想得以丰富的术语提出了他的计划，即所谓的异位性（atopy）。它意指一种非隔离（non-isolatable）和无定位（non-locatable）的之间（in-between），它没有本质和性质，但仍能从功能上和交流上展开。正如朱利安自己描述的那样，异位性是一个无处之处，无处（de nulle part）而又在任一处（en nulle part）。这在哲学上或许很有趣，但是它肯定与汉学的中国没有多少关系。

探索极端

那么执其两端而非将中国的两种使用混合为一个论点意味着什么呢？首先让我们来考察将中国作为他者的纯粹虚构的用法，它——这很难否定——可能对虚构被编造之处大有裨益，因为它作为某种对位类型而具备批判精神。乌托邦和反乌托邦反复表明这一点，它们经常借助时间距离（久远的过去或者遥远的未来）来加强他性。但我认为这种虚构应该尽可能少地引用，例如受柏拉图启发的康帕内拉（Campanella）的《太阳城》（*La città del Sole*）或孟德斯鸠（Montesquieu）描述的穴居人故事。不足为奇的是，从现代早期及面临加速侵占和征服世界的时候，欧洲人也以相似的方式通过将异域简单地编码为他者来简化已发现的异域。孟德斯鸠的《波斯人信札》（*Persian Letters*）是最知名的例证。但是还存在着更多与不同地方有关的例子。

这种类型充满了批判的潜力。另举一例：1983 年赫尔伯特·罗森多佛（Herbert Rosendorfer）《寄回古代中国的书信》（*Letters back to Ancient China*）记述了一个 10 世纪的中国高官被一个时间机器投射到现代的巴伐利亚州。他在那里所看到的正是此书的内容，由此他广泛批评了德意志联邦共和国及其对进步的盲目信念。此类批评在文学中俯拾皆是，这可能会加强它的虚构特征。但如果借助穴居人，我们确实意指柏拉图的洞穴居民而非希罗多德笔下古老的利比亚人或埃塞俄比亚的部落，那么在他们和中国人之间还存在一个重要区别。据我所知，没有人会从历史维度感受到自己与柏拉图的洞穴居民有关系，认为他们的洞穴就是他或她的洞穴，也没有人手持一本穴居人的护照，遵循穴居人的传统或说着古典穴居人的变种语言。今天确实很难受到穴居人的指责，因为他们已经被工具化，这使得人们因其自身目的而对他们的利用乃至误用或滥用变得容易以及如我所说变得理所当然。然而如果中国、非洲、俄罗斯人、欧洲人等被用于指代虚构的他者的话，谴责之声就会近在耳边，因为所有这些表述拥有一种洞穴人所缺乏的身份认同潜能。如果此类表述仅仅意味着他者，意味着自身的对位类型，那么今天将它们作为虚构来利用似乎完全没有必要且缺乏说服力。因此，就第一个极端选择而言，我再次强调，如果它从所有有关汉学之中国的论述中剥离出来，那么它在理论上将是可靠的，只是历史上这一选择在很多方面被妥协到麻木迟钝的地步，因此很容易具有误导性且直接不必要。对于任何为了实用而将中国编造为他者之虚构的人来说，毫无理由地坚持这一标签是没有必要的。如果它真与他者的虚构有关，那么任何其他标签都有效，包括穴居人或者简单地谈论他者。

如果遵循另一个极端，汉学的中国，就将悖论性地意味着取消汉学过去的很大一部分，使他性的虚构从各种各样的中国的他者（有益的或有害的）虚构中摆脱出来，并且警惕那种他者借以持续威胁侵占汉学研究领地的隐蔽方法。这会将中国从作为欧洲之大他者（具有讽刺意味的是，非洲或印度已经被认为是欧洲的大他者）的这一有问题的性质中解放出来，并且在汉学和中国学中为今后更恰当地理解中国设定了一个远景。欧洲地方化的后殖民计划应被贯彻到底，并且应被扩展到滥用虚构的欧洲之他者方面，这可以通过将虚构的非虚构和命名的部分变为一个地方自身而实现，这些部分阻碍并扰乱了作为纯粹他性的地位。汉学的中国也必须被地方化。所有这些要求我们进一步了解参与谈论社会概念的虚构类型和种类。虽然可能存在这种中国特色的言谈，但是看看拉美研究和欧洲研究，同样看看日本学或苏美尔学，就可以预料也存在着许多更一般的特征，从而让我们可以仔细追问虚构在全球范围内的使用。

政治哲学和汉学的中国

让我们再来举政治哲学的例子，并考察在各种分支研究和学术活动中汉学的中国目前与它产生关联的方式。在中国，政治哲学被理所当然地视为一个学科，并且体现在教学和研究中。哈贝马斯（Jürgen Habermas）拥有他的评论者，罗尔斯（John Rawls）正被批判性地研究并得到创造性的发展。北京和全国各地书店现有政治哲学著作的翻译数量可以说令人印象深刻并凸显出显著的失衡。这不仅包括权威著作，而且包括更多的近期成果，如菲利普·佩迪特（Philip Pettit）的《共和主义：一种关于自由与政府的理论》（*Republicanism*：*A Theory of Freedom and Government*），而该书至今没有德文译本。这其中有许多实用的和政治的原因——但不能忽略还有挥之不去的哲学原因——为什么不平衡在继续以及为什么极少注意到翻译工作上的巨大努力。

在中国，还有一系列文学作品被冠以“中国政治哲学”出版。这些文本纵贯古典到帝国时代、民国和新中国时期，但是最近它们开始集中被致力于理解为鲜明的“中国的”（与“儒家的”同义）文本和翻译，这是一个在中介性对话或在与比如说哈贝马斯、罗尔斯或其他被认为是“非中国的”文本和传统有意识对比中形成的范畴。我们很容易发现这种实用的和政治的议题，它们潜在地操控着这一工作的哲学意图。无论如何，这种方式引入了新的话题或旧话题的新观点，一些问题可能随之而生，例如某些版本的儒家自我修养能否成为一种切实可行的政治哲学的规范基础？在何种程度上它能在面对中国日益增长的世界观理解的多元主义时取得并保证重叠共识在罗尔斯那里所发挥的作用？自我修养是自由观念的一种替代品，抑或更确切地说是它的一种变体？目前，中国政治哲学在诸如精英制度和完善论等论题上存在着有趣的辩论，辩论中有人拥护德性伦理（在中介性对话中），有人主张角色伦理（在有意识的对比中）。

说到关于汉学中国方面的政治哲学，虽然中国历史时段的持续出现证实了汉学中国比狭隘地关注当前政治力量所提供的视野要更宽广，但我们还是应该将中国共产党及其理论活动考虑进来，对于中国共产党来说，政治哲学中明显有社会学和意识形态批判方面的研究。但这个问题不应该局限为中国问题研究专家的事。当党内外有影响力的学术圈聚在一起讨论卡尔·施密特（Carl Schmitt）和列奥·施特劳斯（Leo Strauss）时，或当中国学者就托克维尔（Tocqueville）《旧制度与大革命》（*L'ancien régime et la Révolution*）及其论点即当大众很弱而他们的生活得到改善时革命不会发生进行争论时，那么毫无疑问，这些作品的接受方面与其包含的哲学含义方面同样十分有趣。

同样与政治密切相关但在分析的不同层面起作用的是一种聚焦于中国地方和城市试验及改革的政治哲学。一些引人入胜的案例已经被国际学术界采纳。其中之一是浙江温岭的泽国镇试验，名曰“审议投票”的程序被用来表决基础设施项目的全体预算。通过抽签，276户家庭被选中，产生出一个代表性样本，派人参加持续一天的“审议”所提交的基础设施项目列表的工作，相互竞争的专家们交替在审核的小团体讨论中和全体会议中回答他们的问题。最后，通过秘密投票产生一个项目排名，然后它被递交给地方人民代表大会，而地方人民代表大会早就宣布选中的项目列表将会被采纳。这个试验引出了一系列明显可纳入政治哲学领域的问题，例如“审议”的运用是否得到了保证？这个样本是公民社会的象征还是只是它的替代品？在什么程度上审议投票在泽国的试验可被正当地称作“民主”实践？为了将其推进一步，若这些问题中的一部分能得到肯定的回答，人们可能会在瑞士或欧盟的语境下探索这个程序的潜力。

这些只是政治哲学特定领域的一些路径，它们可以无须依赖将中国作为他者的虚构而对汉学的中国进行研究。中国的诸多虚构仍然在所有这些方法中扮演着重要角色。费英格的作品能帮助我们做出一些区分，如“抽象的虚构”（abstractive fictions），这些虚构中一系列人物被暂时却有意地忽略了，而仅仅考虑最重要的人物；或“图式虚构”（schematic fictions），它捕捉某种特定现实的骨架而不会忽略许多人物。如费英格所说，每一种“总是过度纠缠的现实”的简化进程都非常不同。这些类型的虚构存在两种不同的危险，而缺少它们似乎很难实现。一种危险是虚构人物被遗忘且论断变成假说，论断是那些可能与事实吻合的论断。另一种危险是这些简化的虚构部分开始压倒非虚构的定位点，其中的某个最终达到一种纯虚构，没有指涉，立于他者虚构的门前。此危险是可见的，例如从何包钢论泽国试验的文章和他从最初拥抱“普世主义”转而主张西方和中国的“审议”形式有着天壤之别的转变都可以看到[17]。

走向中国的全球研究？

将此处之中国和彼处之欧洲分离开来的图像已不再被认为理所当然地具有价值。由于没有何谓“中国”和“欧洲”的进一步规定，这已成为一种有问题的虚构。今天应如何研究欧洲或中国？在本文的开头，我已检视了欧洲研究的最新进展，并提出了欧洲全球研究这一新概念。总而言之，我想回到这个纲领性的标签上，关于它有更多能够说也应该说的，但是我想将我的思考扩展到汉学和中国学，或更准确地说，延伸到中国全球研究的可能性中。

一个关于欧洲全球研究主要是什么的粗略回答表明了一个事实，即研究欧洲再也不能仅仅集中于欧洲，或者更糟糕的，集中于欧盟，而应关注全世界。我们可以在亚洲、从亚洲、与亚洲相交织来研究欧洲，这同样适用于北美洲和非洲，不仅如此，还可以就不同分析的单元和层面对欧洲进行研究。关键是为诸如欧洲或中国这些社会概念选择一种关联的方法。我想转向苏轼的一首名诗给这一超越了粗略回答的方法增添更多的复杂性，以此来结束本文。

苏轼无疑是一个介于诗人和政治家之间的人物，因此几乎更注定要提出“虚构旨在实践”。在西林寺庙墙上的著名题诗中——我们很容易就能以中国或欧洲代替庐山——他写道：

横看成岭侧成峰，
远近高低各不同。
不识庐山真面目，
只缘身在此山中[18]。

乍一看，这首诗可以被解读为建议采取某种外部视角，例如建议从中国之外的视角看待中国。所以可以简单地说，一个人如果不在他选择探究的客体之内，唯有从外部才能获得真正的理解。但这可能并不是苏轼想要传达的内容。他有着更高的指向。这首诗更直接地对欧洲或中国全球研究背后纲领性的东西发声，我们将它和费英格的《“仿佛”的哲学》进行对照和对比将受益匪浅。对苏轼来说，正如沃尔夫冈·顾彬所描述的，“人的心灵是现实的主人，它生产外在于它自身的事物和秩序。它之所以可以做到这一点是因为它是该结构的一部分”[19]。在这里，现实（reality）指的是现象的现实，某人感知到的虚构之现象的现实。苏轼是某种唯名论者，他为视角主义说话。这种现象，以及仅仅看似是关于庐山的知识，根据观察者的视角而发生变化。因此，似乎——这也是张隆溪所描述的——只有持续改变位置，因之而持续改变视角，并杜绝某种绝对视角，才能逐渐地，即使是不确定地，触及研究客体。这首诗质疑了从别处视角进行观察的可能性，因为我们总是位于研究对象之中[20]。

很难以任何直接的方式去把握来自别处的视角。也许苏轼的诗指示了一条迂回之路，没有确定的终极之路，只有一种必须反复求索的迂回之路。正如苏轼看到的那样，这并不是说它必然导向某种佛教的空无。对他而言，重要的可能是，只有将庐山成功融入自身的空无之中才能认识它。通过践行一种全面的多元化视角，自己的身体最终从景色中消失，自我也从事物的外在现象中解放出来。以此种解读言之，这首诗更倾向认同一种摆脱任何视角的最终独立姿态，一种无视角的视角或一种来自无处（nowhere）的视角，从而使真知成为可能。然而，这个终极目标显然不是欧洲全球研究的目标，也不应该成为中国全球研究的目标之一，甚至在有益虚构的意义上也不是。获得外部的视角，与此同时从内部进行质疑，并对何为内部何为外部进行质疑，这是相当困难和相当重要的。因为似乎在涉及看待中国和欧洲的视角的问题上，无论如何不确定以及多么受视角限制，我们都应该在任何时候宁愿只要一个视角，而不是在作茧自缚的盲目中徘徊。

（阳幕华 石绘 译）

注释

[1] Ian Manners, “Europaian Studies,” *Journal of Contemporary European Studies* 11, no. 1, 2003, p. 71.

[2] Ibid., p. 74, p. 77.

[3] Ibid., p. 78.

[4] Ibid., p. 79.

[5] Etienne Balibar, “Europe as Borderland,” in *Environment and Planning D: Society & Space* 27, no. 2(2009), p. 200.

[6] Hans Vaihinger, *Die Philosophie des Als Ob: System der theoretischen, praktischen und religiösen Fiktionen der Menschheit auf Grund eines idealistischen Positivismus*, Alfred Schilken, ed., Bruchköbel, 2014.

[7] “Das menschliche Vorstellungsgebilde der Welt ist ein ungeheures Gewebe von Fiktionen voll logischer Widersprüche, d. h. von wissenschaftlichen Erdichtungen zu praktischen Zwecken bzw. von inadäquaten, subjektiven, bildlichen Vorstellungsweisen, deren Zusammentreffen mit der Wirklichkeit von vornherein ausgeschlossen ist.” Ibid., p. 79.

[8] Eun-Jeung Lee, *Anti-Europa: die Geschichte der Rezeption des Konfuzianismus und der konfuzianischen Gesellschaft seit der frühen Aufklärung; eine ideengeschichtliche Untersuchung unter besonderer Berücksichtigung der deutschen Entwicklung*, Münster: LIT-Verlag, 2003; René Étiemble, *L'Europe chinoise*, 2 vol., Paris: Éditions Gallimard, 1988, p. 89.

[9] Vaihinger, *Die Philosophie des Als Ob*, p. 103.

[10] Ibid., pp. 70-71.

[11] Ibid., p. 67, p. 79.

[12] Ibid., p. 72.

[13] Ibid., p. 80.

[14] Haun Saussy, *Great Walls of Discourse and Other Adventures in Cultural China*, Harvard: Harvard University Press, 2002, p. 150.

[15] For a more detailed and more comprehensive treatment of Jullien, see: Ralph Weber, "Controversy over 'Jullien', or Where and What Is China, Philosophically Speaking?" in *World Sinology,* Vol. 13(2014), pp. 21-23.(韦宁:《有关"于连"之论争——在哲学意义上,中国何谓?中国何在?》,赵倞译,载《世界汉学》,第13卷,21～23页,北京,中国人民大学出版社,2014。)

[16] https://www.boell.de/de/navigation/ehrungen-hannah-arendt-preis-2010-francois-jullien-9853.html (last viewed: 07/11/2015).

[17] He Baogang, "Deliberative Culture and Politics: The Persistence of Authoritarian Deliberation in China," in *Political Theory* 42(1), 2014, pp. 58-81; He Baogang, "Reconciling Deliberation and Representation: Chinese Challenges to Deliberative Democracy," in *Representation* 51(1), 2015, pp. 35-50.

[18] Zhang Longxi, *From Comparison to World Literature*, Albany: State University of New York Press, 2015, p. 71.(张隆溪:《从比较文学到世界文学》,143页,上海,复旦大学出版社,2012。)

[19] Wolfgang Kubin, *Die chinesische Gedichtkunst: Von den Anfängen bis zum Ende der Kaiserzeit*, München: K.G. Saur, 2002, p. 269.

[20] Ibid., pp. 83-85.

20 世纪末以来的西方汉学走向

马克林*

马克林（Colin Mackerras）/澳大利亚格里菲斯大学

概说

本文将结合不同时期的时代背景，分析西方 20 世纪末以来汉学 / 中国研究（Sinology/China Studies）的走向。汉学家们的研究对象是中国——包括历史上的和当下的，特别是改革开放以来的中国。

本文的核心观点是：尽管汉学研究领域的课题越来越多，但在提出和处理这些题目时，西方的政治走向依然不可小视。

自 20 世纪末至 21 世纪初以来，西方学界往往从比较研究的视角来进行中国研究和汉学探索，但同样也采用了一种以国家为基础的视角。相对于人类学家和历史学家，经济学家和人口统计学家较少使用中文文献材料。

如今，学者们更加频繁地以中国为例来阐述这种理论走向。一个非常好的例子是彭慕兰（Kenneth Pomeranz）的作品，他在《大分流》（*The Great Divergence*）中论述了英国以及欧洲在经济发展等方面与中国产生的巨大分流，以及这种现象产生的原因；如此分流过后，前者建立起难以撼动的支配地位。总体而言，《大分流》等著作在经济史研究中必须将中国纳入视野，否则其研究往往难以展开。

无论研究对象是当今的中国还是过去的中国，全球化（globalization）明显引导着汉学领域的发展。“全球化”尽管作为概念在 21 世纪并不新鲜，却在现实中蓄势待发。西方学者更加频繁地到访中国，中国学者也在西方开展工作，并以外语发表中国研究成果。于是在一定意义上，他们的著述究竟从属于西方汉学还是中国汉学也值得商榷。而由于国家实力等现实因素，在全球化的学术领域中，美国的中国研究占据主导地位，这就意味着该国大学的影响力也更大。有时，其他国家的出版社甚至也在促进美国的主导地位。例如，牛津大学出版社美国分社的影响力，并不亚于其英国总部。

一些原本冷门的话题逐渐成为热点。和过去几百年相比，“中国崛起”在 21 世纪格外引人注目。学术界和新闻界纷纷回应之，在国际关系领域尤其如此。中国崛起的重要性在于，它挑战了西方主导的既有世界秩序。

性别研究和少数族裔研究也是如此。1978 年，中国开始实行改革开放政策，此前绝无可能的田野调查因而得以大规模开展，这大大促进了人类学与社会学研究。西方对少数族裔问题的日益关注推动了相关领域的发展。而社会学和文化研究的发展也增加了对中文资料的需求。

21世纪的中国形象偏向正面还是负面，这是一个非常有趣且重要的问题。决定国家形象的因素很多，其中大部分都取决于西方而非中国，主导因素即为政治，尤其是美国政治。遗憾的是，至少在我个人看来，当代中国的形象远逊于其现实国情的实际发展程度。与学界相比，这种情况在新闻界更为常见——毕竟学者无紧迫的时效之忧，还能够进行些长期研究。而无论在哪个领域，政治的影响力都无处不在。

引言

本文旨在说明以及解读21世纪的西方汉学潮流。这个领域相当宽泛，因此首先需要明确界定“西方”与“汉学”的含义。

“西方”一词的解读可以有多种方式。而一些国家、地区究竟是否属于“西方”都是一个值得推敲的问题。为了方便起见，本文将讨论范围缩小至西欧、北美以及大洋洲的部分地区。第二次世界大战结束之后，美国一直主导着中国研究及社会科学研究（包括后者中与中国相关的那些领域）。

“汉学”这一术语启用于19世纪30年代[1]，对其解读方式不一。《剑桥在线辞典》(*Cambridge Dictionaries Online*）将其定义为“对中国语言、文学、历史及社会等方面的研究”[2]。学者宋汉理（Harriet Zurndorfer）提出：

> “中国研究”，或者欧洲人理解的“汉学”的现代学术起源，可以追溯到中国学者对其自身文明的审视[3]。

而另一位学者、澳大利亚国立大学的白杰明（Geremie Barmé）教授则提出了“后汉学”（New Sinology）的概念：

> “后汉学”描述的是“与当代中国的积极互动”，确切地说，其互动对象是复杂的汉语世界整体——包括本土的、区域性的以及全球化的汉语世界。这一概念意味着对话与混杂，从而强调在古代和现代汉语及相关语言研究中扎下的学术根基，同时致力于结合多种研究方法并跨学科——无论它们偏向实证还是理论。尽管后汉学借“后”一词强调在汉学研究中的创新，我仍要明确指出汉学作为一种思想探索模式的独特性所在[4]。

宋汉理的“汉学”理解语境是欧洲，而非北美或者澳大利亚。她对汉学史的讨论呈现出该学科重过去、轻当下的取向[5]。而汉学史关注的还是中国。剑桥辞典的定义则将重点落在人文学科和过去，而对诸如国际关系、经济学和人口学等社会学科只字未提。白杰明的定义明确指出，“后汉学”的重点是当代中国研究，但所涉范围相当广泛，不仅涵盖整个汉语世界，而且囊括所有时期并包含人文、社会科学等所有学科。“后汉学”可能起源于澳大利亚，却无法实际应用于世界上任何一个国家或者地区的中国研究。不论是就这一学术概念的涵盖范围还是中国研究得以开展的地域而言，“后汉学”所指都太过宽泛。

在此对“汉学”的部分定义进行罗列，仅仅是为了表现这一术语的复杂性。本文的研究重点在于中国，也会涉及历史上的中国，而对其他汉语世界地区则从略处理。宋汉理认为，“汉学”一词应专用于欧洲的中国研究，我对此表示尊重，但也会采用白杰明的观点，即该术语同样适用于其他地区的中国研究。汉学研究者身处西方，他们的探索始于20世纪末，研究对象是过去和现在的中国，尤其是改革开放以来的中国。

在上述界定中，我们需要特别注意语言在其中的地位。21世纪的汉学/中国研究已不如以往那么重视古代及现代汉语的研究，甚至有些本文看来是汉学的中国研究或多或少甚至完全忽视中文资料，其中包括国际关系领域中一些对中国崛起的研究。下文将对语言问题进行讨论。

汉学/中国研究：区域研究还是独立学科

宋汉理指出，中国研究有两种不同的基本方法：

> 较为传统的汉学方法强调文本阅读，视之为了解中国的前提。另一种方法则以“学科”为基础，研究者因此在像历史或者地理这样的“学科”领域中运用自己的中国知识[6]。

第二次世界大战爆发后，古典汉学让位于中国区域研究。1950年，福特基金会（Ford Foundation）成立，成为“区域研究”概念产生的重要推动力之一。该组织投入巨额资金用于区域研究和语言学习，其中包括中国研究和汉语学习。而新中国的成立和朝鲜战争的爆发也成为美国政界格外重视研究中国的重要原因。换言之，研究一个国家就是为了在军事上打败之、政治上压倒之。

中国研究领域的标志性人物是费正清（John King Fairbank）[7]。他的研究方法和古典汉学截然不同，他发展了“在学科内研究中国”[8]的理念。费正清在中国研究界饱受争议。他的攻击者中既有右翼政党，也有激进的左翼学者——后者在20世纪60年代反对西方介入越南战争时出现。然而，费正清在中国研究中做出的贡献以及在该领域的影响力有目共睹。

另一种中国研究方法则弱化区域研究，强调其类似政治学、人类学或人口学的学科性质。有观点认为，“区域研究强调文化差异”，而文化“以各自的历史和信仰为特征”[9]。再者，重视社会科学研究以及两个或两个以上国家间的对比，往往降低了对语言的要求。

这对大学及相关学术机构也有指导意义。多数西方大学或者成立与亚洲研究或中国研究相关的院系，其中往往涉及语言教学；或者组织与历史学、政治学、人类学等系所类似的学科研究。后一种方式在更广泛的学科领域中审视中国，可借相关学科之力聘任中国政治、历史方面的专家学者；和区域研究院系相比，它偏重学科研究，不太强调语言学习。

随着苏联的式微及后来的解体，包括美国在内的部分西方国家愈加反对区域研究、青睐学科研究。这在很大程度上是因为所有苏联研究专家都未曾预言过苏联解体的发生。在当权者看来，针对某一区域或国家的研究无疑可有可无，而民主、经济发展之类的课题更具价值。

20世纪90年代以来，世界范围内突然掀起关于民主的胜利的讨论热潮。1992年，福山（Francis Fukuyama）在自己的代表作中提出，苏联解体表明了美国自由民主制的优越性。他认为，美国式民主将会征服世界，其他所有政府形式由此显得落伍，走向“历史的终结”[10]。这一观点广为流传，自由民主制因而不仅成为最佳政治体制，而且也是唯一可行方案。

在21世纪，全球化趋势在学界皆有回响，所涉研究不仅包括中国，而且更加广泛。诸国际走向当然不会互不相容、非此即彼。但它们都代表并推动着学界和学术研究中的明显转向。

福山认为，只有自由民主制才能在世界范围内取得成功，然而一系列的全球事件，特别是中国持续而迅速的崛起却使得这种观点显得有待推敲。世界贸易中心（World Trade Center）双子塔的倒塌以及接下来中东的一连串事件，包括2003年伊拉克战争的爆发以及始于2011年的“阿拉伯之春”（Arab Spring）的失败，都必然使得美国式民主在世界范围内的盛行愈加遥不可及。

我们知道，中国的崛起提高了自己的世界地位，自然也更为学界重视。21世纪的中国研究与日俱增，当代中国研究是重点却也并非全部。其中一些宽泛的研究议题——例如全球民主或者中国崛起——并不硬性要求学习汉语，因为在国际背景下也可以利用英语资料进行研究。在必须依靠中文材料时，也可以起用华裔研究助理。

中国政府自身也通过多种方式，特别是通过孔子学院来鼓励和支持学习中国语言文化[11]。虽然小有成效，但相对中国的威望及投入的精力和财力而言，各国学习古代、现代汉语的情况参差不齐，而且普遍未实现预期目标。以澳大利亚为例，中国政府推行、投资多年的各种致力于提高澳大利亚国民“中国素养”（China literacy）的项目，并未实现预期目标。一份2010年的政府报告指出，虽然学习中文的在校生数字略有增长，但背后的实际情况是，其中“绝大多数”人的母语就是中文[12]，这就意味着汉语的普及并没有那么广泛。

至于究竟是偏向区域研究还是学科研究的争议，我个人倾向贝兹（Robert Bates）的主张：“兼容并蓄十分必要”[13]。在跨学科研究的基础上进行国家间的比较研究，以及在独立的学科领域里进行专门国家研究都有可取之处。而我们也有必要去理解具体民族或国家的文化。同时，尽管并非所有情况都需要语言研究，但语言之于任何学科研究都有帮助。某些研究领域——例如文学、文化以及历史——使用中文资料尤为重要，甚至必不可少。

由此可见，政治以及目前西方自身的政治潮流影响着学界的研究方向。康明思（Bruce Cumings）指出：

> 经济及政治实力成为塑造过去被称为关于“非西方世界”的学术研究的力量。这种塑造力量带来的最引人关注的结果——往往最不易被察觉——“在那些局部点（local points）”中发生，比如说大学、学部、在学院与基金会之间平衡的组织[14]。

康明思洞察到，政治并非决定学术研究发展的唯一因素。他并不觉得政治实力会直接告诉大学该做什么、个人该想什么。他必然不认同主流观点，个人想法也与美国政府背道而驰。然而，政治因素即使难以被直接察觉，却真实存在，其影响也比我们所看到的更为深刻。

汉学与理论

就区域研究和学科研究的分歧而言，值得关注的还有理论在其中扮演的角色。西方学界整体越来越重视理论建设。和具体的区域研究相比，这种倾向更多源自学科研究。原因在于，理论的本质在于跨越区域和文化，力求普世适用。

事实上，西方学界往往都有自我中心倾向，所以在形成重要理论时常从西方世界，甚至仅从美国寻找例证。那么要不要考虑以其他地方为例呢？牛津在线文献数据库（“Oxford Bibliographies Online”）负责编辑中国研究部分的蒂姆·怀特（Tim Wright）写道：

许多中国学者依然觉得中国学术在学科中影响太小。大多数社会科学的核心观点以西方经验为主，极少将中国考虑在内。然而，这种情况在改变。例如，彭慕兰的《大分流》[15] 如果不将中国考虑在内，那么其关于近代经济发展进程的探讨几乎难以展开 [16]。

牛津在线文献数据库隶属于牛津大学出版社，拥有全世界规模最大的国际人文社科文献。这些文献按照地区和主题分类，包括一系列“中国研究”的专门资料。怀特的上述评议有两处值得关注。首先，《大分流》出版于 2000 年，正值 21 世纪伊始。再者，他从自己的编辑经历中意识到，在这些学科中，中国更加频繁地作为例证出现，在理论建树上也更有意义，他预测，这一趋势在未来会日益明显。

实际上，彭慕兰并不是第一个在提出重大历史问题时强调中国的重要性的学者。我们还会想到《中国科学技术史》（*Science and Civilization in China*）。这部皇皇巨著原定收编 7 卷，最后扩展至 27 卷；由伟大的汉学家、科学家李约瑟（Joseph Needham，1900—1995）统筹，实际上的汇编工作由多位学者合作完成 [17]。这部著作的主题又称“李约瑟难题”，即中国科学在大约 15 世纪之前都遥遥领先于欧洲，而为什么塑造了现代世界的“科技革命”却在西方发生？尽管如此，李约瑟的著述核心是中国，并非比较研究或全球研究。

我会列举三例 1995 年后的著作，来阐释理论的重要性以及中国在其中频频作为例证的现象。这些作品侧重的历史时期不同，理论基础来自不同的学科：经济史方面，选取的是彭慕兰的《大分流》；历史学方面，选取的是杜赞奇（Prasenjit Duara）的《从民族国家拯救历史》（*Rescuing History from the Nation*）；政治科学方面，选取的是贝淡宁（Daniel Bell）这位高产学者的几部作品。

在上述引文中，怀特着重提到了彭慕兰的作品，因此我们需要进一步深入讨论这本书。首先需要指出的是，尽管彭慕兰的研究资料语种以英文为主，但其中也有不少中文文献和少量其他语言的材料。他的研究既具理论性，又明确归属汉学研究之列。

彭慕兰所说的“大分流”指的是西欧，特别是英格兰在约 1750—1800 年间形成经济优势，随后全面占据主导地位。与传统文献不同，他认为欧洲自身的发展仅仅是导致这种分流的部分原因，而在工业革命前夕，欧洲、中国、日本和印度之间的差距并没有学者们想象的那么大。他主要想表达的是，历史学家们不应该从欧洲起步，而必须将世界其他地区，特别是中国纳入讨论范围。在这部著作里，彭慕兰进行了多种比较研究，但在尾声处提出，还需要“联系和互动”来弥补“比较”自身所不能及之处 [18]。他的观点十分复杂，涉猎甚广，全书末段或许是其思想的精华：

在分析为什么在其他方面并无特别的西欧核心地区取得了独特的突破、并一跃成为 19 世纪新世界经济秩序的中心、能够以前所未有的生活水平供养高速增加的人口时，应着重考虑市场以外的因素和欧洲之外的时局。我们这场跨区域比较的征途至少为我们开始时的方法论问题提供了一些答案：这表明，我们大可不必在工业时代之前那些实则独立的政体间寻找差异，而是更应该了解先前已存在的关联在催生这些差异时发挥的重要作用 [19]。

这本书的开创性在于将中国运用于理论建设。在广泛研究的基础上，作者质疑一系列权威理论，并通过各种关联来展示中国在英国工业革命之前就已经达到的重要地位和高度发达程度。书中的比较分析以经济方面为主，也包括人口、文化、科技以及社会等。

而且，彭慕兰明确意识到，在历史语境中，"大分流"之前的中国不应仅被视为和欧洲相对的"他者"，二者在很多方面相似："这本书有两个重要目的：一是不再将中国视作欧洲的相反面，以此视角看到中国的发展呈现出的不同面貌；二是通过中欧经济的相似之处——二者昔日往往被视为正反两面——来重审欧洲的历史展现出的差异。"[20]这就意味着，中国在全球史发展进程中扮演的角色比人们认识到的要重要得多。我十分赞同怀特的看法——"如果不将中国考虑在内，那么其关于近代经济发展进程的探讨几乎难以展开"。

我选取的第二部研究著作是杜赞奇出版于1995年的《从民族国家拯救历史》，它仅比《大分流》早问世5年。杜赞奇从"现代社会的历史意识无可争辩地为民族国家所支配"[21]的观点出发，他认为，某些掌权者，尤其是那些民族主义者，为了达到自己的目的而"置入"或操控了某些解读[22]。相反，杜赞奇想要"从民族国家拯救历史"，并向其他群体打开历史之门，比如那些被压制的和边缘化的底层群体，包括少数民族、妇女和秘密会党等。

杜赞奇在印度出生、长大，著作里涉及很多与印度史相关的比较研究。不过，他在哈佛大学获得博士学位，大部分成年岁月都在美国度过。他那些关注中国的代表作用英语撰写，并在英语国家发行。由此，杜赞奇代表的是西方汉学。他的思想受到女性主义历史和"庶民"（subaltern）历史等现代理论思潮的深刻影响。他的核心观点是，从民族国家整体的角度来看待历史会有偏颇，会让我们难以了解弱势群体对历史的看法，因此他的主张——历史必须从民族国家中"拯救"出来——往往显得激进而备受争议。对于他是否提出了一种优于传统观点的看待历史的方式，我无意评判。我更看重这本书的意义：新历史理论研究中以中国为例的代表。

第三位将理论应用于中国研究的是政治学家贝淡宁，他来自加拿大，在世界多地工作，所及之处包括北美、新加坡和中国。他著有《当东方遇见西方：东亚的人权与民主》（*East Meets West: Human Rights and Democracy in East Asia*，2000）和《中国模式：贤能政治和民主的局限性》（*The China Model: Political Meritocracy and the Limits of Democracy*，2015）。而且，他还就儒家思想在当代中国的作用这一问题，开展了重要而深入的研究。

贝淡宁认为，美国式民主并不一定是世界上最好的政体，因为政客们往往回应的是选民当前关注的问题，无视诸如气候变化这种影响后世的问题——这些问题在决策中无足轻重，却深刻影响着后代人。贝淡宁称颂中国体制为"高层精英政治，底层民主制度，两者之间探索"[23]，亦即：最底层实行选举制，中间地区层面采用灵活政策，遴选品能兼优之士在最高层管理。他称这个体制，特别是其最高层为"精英政治"。我无意讨论贝淡宁的分析正确与否。重点在于，他创造性地发展了政治理论并把中国作为典型，令人钦佩。

全球化的影响

谈及20世纪末至21世纪初的汉学走向，不能不谈"全球化"这一屡受质疑的概念。在接下来的讨论中，我会将全球化看作一种超越界限、社会和国家的多样性联系。而这种多样性必然涉及知识、信仰、理念以及学术[24]。

关于全球化在21世纪是日益盛行还是逐渐变缓这一问题也存有争论。中国在2001年底加入世界贸易组织，意味着该国与世界经济一体化、全球化的联系程度的进一步加深，这是前所未有的。而同时，2001年9月11日发生的恐怖袭击，尤其是欧元区的金融危机，则让部分人认为全球化在西方正在减速。

媒体人弗里德曼（Thomas Friedman）则认为，自2000年起，全球化开启了一个不同的、更为极端的阶段，而世界的规模则正从“小”缩成“微小”，其主要特点是“个体和小群体”正在全球化[25]。他预测，21世纪的全球化“的推动力将源自更加多样化的个人群体——非西方人、非白人——并将世界上全部知识库都联结起来”[26]。

弗里德曼一如既往地有先见之明，尽管他采用具有挑衅性的字眼作为文章和专著的标题，意指“世界是平的”而非球面的。在我看来，21世纪的独特性在于，互联网加速普及，从而引发了学术、知识、思想和观点更广泛的全球化，这种情况前所未有，即便在20世纪末也未曾实现。互联网让知识全球化达到了前所未有的程度。在弗里德曼看来，正在推行全球化的是个体和小群体。学者和学生出国交流显然多于以往。大批西方学者到中国访学，对中国的学术发展做出了前所未有的重大贡献。

弗里德曼的洞察力在于，他提出非西方人、非白人的个体和少数群体将成为全球化更重要的推动力。他心怀国际社会整体。而中国人无疑成为世界范围内“非西方人、非白人”学者队伍中的领跑者。中国学者、学生以前所未有的规模到访西方。其中，在西方国家高校、院所接受学术训练并谋得长短期职位的人数也创历史新高。他们促进了西方关于中国的知识增长和学术发展。

西方学者移居中国、中国学者远赴重洋都已不算稀奇。许多中国学者远离故国、移居西方，目的地以美国居多；而西方和香港、澳门、台湾等地长期以来交流频繁。然而，新中国成立后的30多年内，和那些由共产党执政的欧洲国家景象不同，中国和西方国家的学术交流几乎停滞，这种情况直到改革开放时期才开始缓解。进入21世纪，在中国和西方国家政府的鼓励和资助下，双方交流空前繁盛。

弗里德曼提出的“非西方人、非白人”个体为全球化推动力这一观点引出的另一值得深思的问题是：身处西方的中国学者为汉学及中国研究做出的贡献从属于西方还是中国？他们关于中国的著述归属何处？如果成果以英文撰写，所用理论源于西方，那么我们可以说它是西方的。但理论的应用方式或许要比其起源更为重要，而前者不一定属于西方。当然，这样的成果可以同属西方和中国。本文把用西文撰写的著述纳入西方学术范畴，当然也并非绝对化。

牛津在线文献数据库中国研究部分的编者怀特认为，“来自中国的学者引领起以学科而非区域研究为主的潮流”[27]。他的工作广泛涉及各种与中国相关的议题，古今皆有，他丰富的编辑经验使其意见极具权威性。我们可从中得知许多关于中国学者对西方汉学做出的贡献。

全球化影响学术界的另一方面是出版。的确，出版社愈来愈国际化。主流的英国大学出版社——如牛津大学出版社和剑桥大学出版社——在世界各地设分社，尤其值得注意的是，所在地包括一些不以英语为主的地方。而牛津大学出版社的纽约分社可能比牛津分社地位更高。学术著作出版的全球化不仅仅体现在大学出版社，商业出版社也不例外。若干商业出版社就发行了与中国相关的重要系列丛书，英国的劳特里奇（Routledge）出版社即为明证。中国出版社也在积极建设国际网络。

在学术著述中，论文往往比专著更受重视。前者的全球化趋势也在加强。权威学术期刊大多由专业国际出版社发行，但很有可能在他国设置编辑部，而编委会的成员也身处世界各地。

就全球化和学术界而言，我们有充分的理由肯定，21世纪初最重要的沟通语言是英语。在我看来，互联网使这种趋势进一步加强，而且它目前不会改变。然而，在接下来的几十年里，英语的主导地位会受到挑战，可能会有所下降。汉语、法语、日语和德语也对汉学的国际化、全球化发挥了重要作用。

未来会走向何方？在我看来，一位作家恰当地指出，20世纪英语的使用史“与美国这一超级大国的崛起密不可分，随着其经济、技术和文化影响力的扩大，英语也被传播开来”[28]。如果语言的使用与政治挂钩，与具体国家是否为超级大国相关，那么未来会怎样？如果中国在政治和经济上继续崛起，汉语是否会使用得更广，甚至有朝一日取代英语？

当然，近几十年来的走向表明，汉语很有可能在未来比现在应用更广，在学术界也是如此。马丁·雅克（Martin Jacques）在他的著作中对中国的未来抱有无比乐观的态度，他认为，随着中国国力的增强，由于汉语使用者数量的庞大，以及中国互联网用户数在世界上的遥遥领先——其绝对数字在不计人口基数的情况下高于美国，汉语将在世界舞台上“扮演重要角色”[29]。这种可能性并不意味着汉语一定会超越英语，成为国际沟通和学界的通用语言，这种情况至少在21世纪初不太可能实现。尽管如此，汉语已经变得国际化，在国际交流中它的重要性与日俱增。在相当长的时间内，这一走向会继续。

当代中国研究／汉学中的重要领域

中国研究/汉学领域的研究内容持续受到关注。那么近来的汉学研究著述涵盖了哪些学科和时期？

简言之，答案是研究主题宽泛，研究方法多样，因此无法寥寥几笔概述全面。在此，我仅指出其中若干备受关注的课题和学科，稍做评述。其中有些直接关乎中国，有些重要的还涉及中国与其他国家的对比。

牛津在线文献数据库所涉课题广泛，收录文献繁多，部分内容已在上文出现。我们在浏览中会发现，汉学研究依然偏重历史上的而非当下的中国。相关文献课题包括：“1900—1949年的中国与西方”、“近代中国的环境问题”、“明清时期的地方士绅”以及“中古经济改革”（Medieval Economic Revolution）等。同时值得注意的是，在说明以中国为例来进行理论建树的成果时，怀特采用的例证是彭慕兰的《大分流》，这本书研究的也是过去的而非当下的中国。在上文呈现当代理论如何应用于中国研究时，若干例证也在展示西方汉学家理解特定时期的方法，例如中国和欧洲在发展进程中被现代性等因素分流。同样十分重要的是，我也提到了女性主义历史在西方的崛起，以及该思想如何影响了人们对过去和当今中国社会的解读。

当然，很多研究课题涵盖多个时期，也涉及当代中国。中国历史悠久而博大精深，如此看来，相对而言短暂的当代史不受重视也是自然的。而且，即使是牛津在线文献数据库这样规模大、质量高的文献汇编，影响主题选择的因素也不限于主题本身的重要性。例如，能否找到合适的编纂者以及编纂者本身的想法等，也会影响到文献整理。

21 世纪，致力于中国、亚洲地区研究并涉及民主、人权、发展和种族等课题的学术期刊数量日增。如上所言，大学出版社以及商业出版社在走向全球化的同时，对中国和涉及中国的比较研究也比以往更加感兴趣。一些关于 21 世纪中国的比较研究和理论探索依然鲜少使用中文资料，有的甚至完全不用。不过最专业最优秀的比较研究必然会采用中文材料，并从属于汉学研究。

依我看来，下面这些学科和研究主题备受关注，值得讨论。所列只是部分，无意求全。这些学科和主题的当代性表现在两方面：首先是它们自身的问世时间，集中于 20 世纪末及 21 世纪第一个十年；再者是其研究目标和所涉时期关注的也是这一阶段。

1. 在政治科学领域，民主和人权这两个相关课题研究者众多。当然，二者在 20 世纪并不新鲜，但是在苏联解体等事件发生之后，相关研究与日俱增。如上所述，自那时起，人们对国际社会在几十年间的发展情况众说纷纭，有一种观点是，美国式的自由民主体制在某些时期似乎处于优势。然而，西方几乎从未停止过对这些课题的研究。关于民主的研究有很多以同时期事件——例如 2011 年在突尼斯和中东爆发的“茉莉花革命”——为参照来讨论中国改革和民主化的前景。另一研究热点是中国的腐败问题。

在我的印象中，西方学者往往批评中国缺乏民主，包括在将之与日本、印度等国家进行比较时也会得出相同的结论。但也有学者发出不同的声音，以上述贝淡宁及其著作为例，他代表了整体上对中国体制持积极态度、对西方民主体制持激烈批判立场的一派学者。而同时，从那些中国民主问题的专家对贝淡宁著作的反应也可以看出，西方“统治集团”和主流学者对中国总体上持相当负面的观点，这使得他们对与自己立场不一致的政治学研究十分抵触。哥伦比亚大学的黎安友（Andrew Nathan）就是其中的代表人物。他是中国民主研究的专家，著作等身，闻名遐迩[30]。

人权及侵犯人权问题是 20 世纪末的热点政治话题。需要强调的是，人权问题的研究对象不限于中国，而是全世界。然而，在西方国家，尤其是美国，大部分的相关研究仍有待开展。人权研究极易带有强烈的倾向性。具体而言，集体主义通过社群和国民的整体进步以及小康水平来谈人权问题，这是中国的通用方法，却不受西方研究者的重视。相反，他们强调的是西方世界盛行的个性化、普世化的认知方式。

很多学术机构都围绕这一主题出版相关出版物，并有意做出激进的政治姿态，仿佛致力于通过批判侵犯人权的行为来在世界范围内推广人权。最典型的就是美国政府通过国务院发布年度国家报告。

2. 未来的历史学家很可能会认为，中国崛起是 20 世纪末、21 世纪初最为重大的世界性事件之一。所以，国际关系领域如雨后春笋般地出现了大量相关研究著作，就不足为奇了。随之而来的是众多新的理论成果，而这些研究也反映出一种焦虑感——由中国崛起及如何“掌控”该趋势而生的不安。

《大分流》分析了中国在 18 世纪末，尤其在 19 世纪落后于欧洲的原因以及当时中国所处的环境，而中国崛起俨然是“大分流”发展至当今时代呈现的反面样貌。纵观历史发展，中国崛起代表了巨大转向，它似乎挑战了被许多西方人视为理所当然的霸权地位，因而难免会遭受猛烈的抨击甚至谴责。

3. 发展研究（Development Studies）是一门重要的社会科学，主要起源于第二次世界大战之后的去殖民化时期。发展研究是一门跨学科学问，包括经济发展研究、地理学研究、性别研究以及公共卫生等等。尽管发展研究更多关注“第三世界”，但也包括其他区域，特别是中国。

自20世纪90年代以来，发展研究在高校和研究机构中变得更加热门，而2000年联合国提出的“千禧年发展目标”（Millennium Development Goals）则是推动发展研究的主要动力。“千禧年发展目标”中的第一项是在1990年至2015年使赤贫人口中的半数脱贫；其他目标项目还包括在世界范围内普及教育，促进性别平等，降低儿童死亡率，提高孕产妇医疗水平，消灭艾滋病、疟疾等疾病，减少环境污染，以及提高世界范围内的健康水平。

就其中一些目标的实现而言，中国的表现大获好评，但还有些则不尽如人意。中国在消除赤贫方面表现得尤为突出，居世界第一，脱贫人口数量达到全球原有赤贫人口的半数以上，成就有目共睹[31]。鉴于中国在消除赤贫上的出色表现，发展研究对中国的总体评价语调要比其他研究领域的评价积极正面得多。

4. 族裔研究是学界的又一研究热点。苏联解体带来的政治影响之一就是国际族裔冲突的明显重现。对于西方世界来说，最重大的相关事件莫过于20世纪90年代南斯拉夫解体激发了当地的暴力冲突，其中波斯尼亚-黑塞哥维那（Bosnia-Herzegovina）冲突最为激烈。再例如1994年，中非国家卢旺达也发生了族裔暴力冲突。

尽管涉及中国的族裔研究在当时已不新奇，但是无疑已有兴起的势头。20世纪末、21世纪初，关于中国少数民族问题的研究层出不穷。有的采用宏观研究视角，从语言、文化、政策、人口统计和教育等方面入手。有的则严格遵循人类学的研究方法，在对少数民族进行深入的田野调查基础之上展开研究。这项工作从20世纪80年代起得以开展，并在21世纪飞速发展。

中国的少数民族问题研究无疑属于汉学研究领域。这是因为中国境内的少数民族人士在法律意义上是中国公民。然而，汉语并不是其中某些民族的通用语言，因此，人类学的田野调查对研究者提出了更高的语言要求。而同时，中国少数民族问题的研究者必须精通汉语才能阅读相关一手材料，因为汉语文献数量众多，而且大部分都没有被翻译成英语或其他欧洲语言。再者，汉语在少数民族群体间的普及度越来越高，已经取代了许多少数民族语言原有的地位。

有些从事少数民族研究的西方学者已然认同中国在民族问题方面的处理方式。然而，有些研究却高度政治化、和人权问题相关，例如“藏独”问题。

结论

20世纪末及21世纪初的汉学和中国研究走向可总结如下：

1. 二者在数量和类别方面均有显著增长。

2. 学界频频以中国为例——特别是在人文社科以及相关理论建树方面——展示自身发展。21世纪，将中国理论化的潮流蓬勃兴起。

3. 西方当前的中国研究/汉学由美国和英语强势主导。尽管如此，我们也不能忽视其他国家和其他语种的突出贡献。

4. 随着互联网的发展和国际旅行的频繁，全球化的进程在21世纪加速，从而促进了知识与理念的传播，具体表现为田野调查前所未有地便利与普及。

5. 中国努力在西方以及国际舞台上展示自己的形象和学术水平，程度之深，前所未有。

6. 多个学科在汉学研究里发挥着非常重要的作用，其中包括发展和经济研究、政治研究、族裔研究和国际关系研究。

7. 这些领域往往反映了中西方在政治等方面的发展走向。

8. 与新闻界相比，学界成果尽管对中国在21世纪取得的进展采取更为赞赏的态度，但总体而言，还是没能对中国在这些年间取得的有目共睹的积极成就给出公允而充分的整体评价。

产生这一问题的原因之一在于西方自身的政治。正如我之前引述的康明思的话，“经济及政治实力成为塑造过去被称为关于‘非西方世界’的学术研究的力量”。尽管这是他在1997年做出的评述，但是它至今仍具有指导意义，不仅适用于关于中国的学术研究，也适用于西方形象，尤其是媒体中的西方形象的学术研究[32]。

当然，有价值、有意义的学术研究从来不会脱离现实。对于西方人来说，中国研究既不可或缺，又有研究价值。中国人已不再独有汉学 / 中国研究、中国历史，正如世界上不再有任何一个国家的公民“独享”关于自己国家的研究。研究中的倾向性往往直接而明显，但更多时候呈现出迂回和片面的样貌。

因此，政治与此息息相关，不容忽视。西方汉学研究往往流露出一种强烈的优越感，将中国视为西方之下的弱势“他者”。关于中国崛起挑战了西方霸权的论调就是这种优越感的一种体现。自19世纪殖民时期以来，这种优越感便成为常态，近来有所回落，但在21世纪依然顽固存在。在我看来，这绝对是抱残守缺，亟须改观。

（郭子恩 译）

注释

＊ 马克林（Colin Mackerras），澳大利亚人文学院院士，荣休教授，就职于澳大利亚格里菲斯大学和中国人民大学，所著涉猎广泛，包括中国历史、戏剧、少数民族研究，以及西方的中国形象及中澳关系等。2015年8月获由中国国家新闻出版广电总局颁授的“中华图书特殊贡献奖”。电子信箱：c.mackerras@griffith.edu.au。

[1] David B. Honey, *Incense on the Altar: Pioneering Sinologists and the Development of Classical Chinese Philology*, New Haven: American Oriental Society, 2001, p. xi.

[2] http://dictionary.cambridge.org/dictionary/english/sinology#translations.

[3] Harriet T. Zurndorfer, *China Bibliography, A Research Guide to Reference Works about China Past & Present*, Leiden: E.J. Brill, 1995, p. 4.

[4] Geremie R. Barmé, “Towards a New Sinology,” in *Chinese Studies Association of Australia Newsletter*, no. 31 (2005), p. 4.

[5] 韩大伟(David B. Honey)的优秀著作《坛上香》(*Incense on the Altar*)尤为注重以下三方面：对过去的研究，与翻译间的关联，通过语言、文学和历史而非当下了解中国。

[6] Zurndorfer, *China Bibliography*, p. 4.

[7] 有一部关于费正清的重要著作：Paul M. Evans, *John Fairbank and the American Understanding of Modern China*, New York: B. Blackwell, 1988。

[8] Zurndorfer, *China Bibliography*, p.32.

[9] Robert H. Bates, “Area Studies and the Discipline: A Useful Controversy?” in *Political Science and Politics* 30.2 (1997), p. 168.

[10] Francis Fukuyama, *The End of History and the Last Man*, New York: Free Press, 1992.

[11] 孔子学院遍布全球各地，是一项世界性的尝试，并不局限在西方。

[12] “Asia Education Foundation,” in *The Current State of Chinese, Indonesian, Japanese and Korean Language Education in Australian Schools, Four Languages, Four Stories*, eds., Katharine Sturak and Zoe Naughten,Carlton

South, Victoria: Education Services Australia, 2010, p. 3. 关于汉语学习的详情，参见 pp. 10-13。

[13] Bates, *Political Science and Politics*, p. 166.

[14] Bruce Cumings, "Boundary Displacement: Area Studies and International Studies During and After the Cold War," in *Bulletin of Concerned Asian Scholars* 29.1 (1997), p. 6.

[15] Kenneth Pomeranz, *The Great Divergence: China, Europe, and the Making of the Modern World Economy*, Princeton: Princeton University Press, 2000.

[16] Tim Wright, "Chinese Studies," in Oxford Bibliographies Online, New York: Oxford University Press, n.d., at http://www.oxfordbibliographies.com/obo/page/chinese-studies.

[17] 《中国科学技术史》由剑桥大学出版社出版。第一卷由李约瑟撰写，在 1954 年出版；下部第七卷《总的结论》由李约瑟主笔，其他学者在此基础上进行了补充、修改和编辑，2004 年问世。然而，其他卷目的编写仍在进行中，所以我们不可能说该项目已全部完成。

[18] Pomeranz, *The Great Divergence*, p. 25.

[19] Ibid., p. 297.

[20] Ibid., pp. 25-26.

[21] Prasenjit Duara, *Rescuing History from the Nation: Questioning Narratives of Modern China*, Chicago and London: University of Chicago Press, p. 3.（中译文见杜赞奇：《从民族国家拯救历史：民族主义话语与中国现代史研究》，1 页，南京，江苏人民出版社，2010。——译者）

[22] Ibid., p. 16.

[23] Daniel A. Bell, *The China Model: Political Meritocracy and the Limits of Democracy*, New Jersey: Princeton University Press, 2015, p. 9.

[24] 相关讨论可参见 Anthony McGrew, "A Global Society," in *Modernity and Its Futures*, eds., Stuart Hall, David Held, and Tony McGrew, Cambridge: Polity Press, in association with Oxford: Blackwell Publishers, and Milton Keynes: The Open University, 1992, pp. 61-102。

[25] Thomas L. Friedman, "It's a Flat World, After All," in *The New York Times Magazine*, 3 April 2005, p. 34. 弗里德曼还是《世界是平的：21 世纪简史》(*It's a Flat World: A Brief History of the Twenty-First Century*, New York: Farrar, Straus and Giroux, 2005）一书的作者，他的这篇文章从该专著改写而来。

[26] Ibid., pp. 34-35.

[27] Tim Wright, "Chinese Studies," http://www.oxfordbibliographies.com/obo/page/chinese-studies.

[28] David Graddol, "The Future of English?" in *The British Council*, 1997, 2000, p. 5. http://www.teachingenglish.org.uk/sites/teacheng/files/learning-elt-future.pdf. 这篇文章是对同名专著的评述。

[29] 参见 Martin Jacques, *When China Rules the World: The Rise of the Middle Kingdom and the End of the Western World*, London and New York: Penguin, 2009, pp. 379-380。其修订版在 2012 年出版，二者观点趋同。

[30] 黎安友对贝淡宁 2015 年出版的《中国模式》的书评可参见 Andrew Nathan, "Beijing Bull: The Bogus China Model," in *The National Interest*, no. 140 (2015), pp. 73-81。网络版可参见 http://nationalinterest.org/feature/beijing-bull-the-bogus-china-model-14107。

[31] 赤贫线为人日均收入 1.25 美元，低于该标准即可被视为"赤贫"。根据联合国 2014 年发布的进展报告，世界性的目标已经提前实现，而中国的卓越贡献厥功至伟。中国的赤贫人口比例在 1990 年为 60%，但有望在 2015 年底降至 12%，参见 United Nations Secretariat, Department of Economic and Social Affairs, et al., *The Millennium Development Goals Report 2014*, New York: United Nations, 2014, p. 8。

[32] Colin Mackerras, *Western Perspectives on The People's Republic of China, Politics, Economy and Society*, Singapore: World Scientific, 2015, p. 219.

天主教与西方帝国主义在中国*

孟德卫

孟德卫（D. E. Mungello）/美国贝勒大学

历史发人深省，对历史的评判亦不可避免。尽管天主教在19、20世纪期间劝服中国人改宗的努力构成了某种“侵略”，但这一强力进入却同时具有正面和负面的效果。一方面，它是沙文主义的、剥削扩张的、高高在上的；另一方面，它又是友好亲善的、关爱仁慈的、富有感召力的。现在，中国天主教徒的人数已逾千万，这益发证明，一种天主教本土形式的长期效应最终战胜了这一宗教“侵略”的短期弊端。

过去半个世纪以来，天主教在近代中国的历史得到了彻底重估。在20世纪60年代，历史学家们对这段历史普遍持否定态度，将天主教视为西方帝国主义的附属物。随着传教士在1951年被驱离，大批宗教徒涌入中国的历史终告结束，一种挫败感弥漫于在中国的基督教使团中。类似的看法遮蔽了天主教精神在挫败中顽强生长的事实，而这一发展过程也未被大部分外国记者和学者完全理解。从短期的历史视角来看，天主教在19、20世纪对中国的“侵略”是一段非常痛苦的经历，甚至可以说是一场灾难，但从长远的角度来看，这一强力进入促成了天主教从一个外来教会向一种本土宗教的转化。在这个过程中，天主教丰富了中国文化，中国教会也丰富了天主教，并使其变得更具“普世性”。

为了更好地理解上述看法，我们需要重新检视西方帝国主义在中国的历史，特别是那些曾被忽视了的方面。

趁火打劫的西方帝国主义

1973年，苏富比拍卖行在香港设立分支，售卖1860年英法联军洗劫圆明园所掠得的文物。在长达27年的时间里，中国政府并未对此提出异议[1]。圆明园（Yuanming Yuan, or Garden of Perfect Clarity）坐落于北京西郊，有时也被称作“夏宫”（the Old Summer Palace），曾是清朝皇家宫苑。此园为康熙皇帝始建，随后的几位皇帝不断扩建，使其一度成为世界上最大的宫苑[2]，被誉为“万园之园”。第二次鸦片战争（1856—1860年）期间，圆明园遭到英法联军洗劫、焚毁，空余一片废墟，成为中国遭受西方帝国主义侵略的民族耻辱的象征。

西方的卫道士一直以各种军事、政治理由为焚毁圆明园辩解，20世纪初活跃在香港和上海的博学的英国传教士库寿龄（Samuel Couling）便是其中的典型。库寿龄称，英军指挥官额尔金伯爵下令焚烧圆明园，是对中国人虐待战俘、中国朝廷拒绝和谈所做的回应。库寿龄写道，焚毁圆明园“不是报复，而是一次公正的惩罚，其直指一国之君而丝毫未损害普通百姓。这被认为是一种最有效的行动”[3]。库寿龄并未提及焚毁圆明园前军队士兵对文物的大规模掠夺行为。对殖民地国家的掠夺是19世纪西方帝国主义的突出特征，那通常也被称作“洗劫”[4]。殖民者声称，掠得物品的所有权问题非常复杂，就像它们会以不同的作用出现在不同的场合（拍卖会、博物馆、国际博览会等）一样。这些掠得之物被视为“奇珍异宝”，并不是指17世纪欧洲人眼中的罕见出众，而是在19世纪中国日渐式微的意义上，将其看作一种异国情调[5]。

在接下来的年月里，综合国力的羸弱限制了中国对民族自尊的伸张。然而，2000年4月，佳士得和苏富比艺术品拍卖行却突然因为中国政府提出的要求而不知所措。中国政府要求佳士得和苏富比撤回在售的4件文物，理由是这些文物均是1860年英法联军非法掠夺的中国国宝[6]。

18世纪中期，在乾隆皇帝的要求下，耶稣会设计师与中国工匠一起在圆明园东北角增建了一片中西合璧的建筑群。这片被称作西洋楼的建筑群皆为多层结构，与园内其他中式单层建筑群相映成趣。在传统中式园林中，凿湖引水本来就是构成园趣的常用手段。考虑到乾隆皇帝着迷于欧洲的机械化喷泉，法国耶稣会士蒋友仁便在中西合璧的海晏堂西侧正楼前建造了一座精美的大水法。根据蒋友仁的设计，由于地心引力的作用，水会从隐藏在一座西式建筑物后面的高台贮水池中分级下泄，一昼夜十二个时辰，由中国十二生肖兽首铜像（鼠、牛、虎、兔、龙、蛇、马、羊、猴、鸡、狗和猪）依次轮流喷水，每次间隔两个小时（一个时辰），至正午时刻，则十二兽首一齐喷水[7]。

在某种意义上，十二兽首喷泉的疏于维护预示了中国的衰落。到1793年，耶稣会士安装的抽水泵失修报废，而耶稣会士们早在1773年罗马教廷宣布解散耶稣会后便已撤出中国，宫内无人能够修理废旧水泵[8]。另外，用来为兽首喷泉供水的铜水管亦被拆作他用。1796年，为祝贺乾隆皇帝大寿，曾用人力注水恢复喷泉运作。

1860年，一万名英军和八千名法军展开联合军事行动，以迫使在1859年6月拒绝英法外交使节的清政府正式道歉，并确保《天津条约》（1858年）得到签署[9]。咸丰皇帝北逃热河，同时委派27岁的弟弟恭亲王奕䜣（1833—1898）主持和谈[10]。由于朝廷重臣大都撤至热河，而与朝廷沟通往返需要7～12天之久，奕䜣的任务越发困难。虽然恭亲王有意签署《天津条约》，但英国代表团指挥官额尔金伯爵执意要求中国政府在签约前先行释放西方战俘。

英法政府最初并未有进军北京的计划，但止步不前的和谈却引发了变故。在对圆明园的洗劫中，英法军队表现出了些微差异[11]。当年9月，装备较差的法军得到可以掠夺食物和马匹的许可。不过，九尾鞭（也称“九尾猫”）鞭刑的军规对英军有所震慑，使他们不能像法军那样大肆抢掠。另外，英法联军雇用的中国苦力也会趁火打劫。最先抵达圆明园的法军不只是比英军更肆意地掠夺，他们对圆明园的描述也更多地表现出对宫苑之美的欣赏[12]。后来，类似的差异也见之于英法统治者对待“战利品”的不同态度。

根据法军指挥官查尔斯·库赞-蒙托邦（Charles Cousin-Montauban）的命令，法军3名军官护送精心挑选的掠夺品，呈献到拿破仑三世面前。1861年4月，欧仁妮皇后在法国杜乐丽花园举办的一次酒会上接收了这些掠夺品[13]。相比之下，运抵大英帝国的圆明园文物似乎并未引起维多利亚女王的兴趣，而是被随意分发给英国的大小博物馆。此后，拿破仑三世的抨击者们，尤其是维克多·雨果，纷纷谴责焚毁圆明园的行径，称之为以文明的名义实施的恶行。

拍卖英法联军掠得的圆明园十二生肖喷泉青铜兽首，使佳士得和苏富比的2005年5月香港春拍会陷入争议的漩涡。其中，牛首和猴首在佳士得拍卖会上均以超过100万美元的价格成交，几乎是50万～58万美元起拍价的两倍[14]。两天以后，虎首在苏富比拍卖会上以超过200万美元的价格成交，更是大大超出了58万美元的起拍价[15]。

虽然这几件中国文物最终还是被西方拍卖行卖掉了，但它们的命运却与过去100多年来截然不同。买下圆明园十二生肖喷泉上3个兽首的是中国保利集团，这是一家曾隶属于中国人民解放军，但已于1999年脱离军方的中国国企[16]。保利集团的运营目的之一，就是使那些走私或被盗窃出境的文物回到中国。2000年时，中国政府已经拥有了足够的财力，可以在国际艺术市场进行竞争，买回珍贵文物。如今，几件圆明园青铜兽首在流失140年后终于重回北京，收藏于中国保利集团艺术博物馆。面对西方帝国主义，中国软弱无力、丧权辱国的200年历史终告结束。

虽然英法两国在19世纪对华战争期间和其后的行为略有不同，但与这次军事冒险活动相关的一些特点却为它们共同所有。当时在中国的帝国主义列强中，基督教国家，不管是新教、天主教还是东正教国家，都有共同的目标。具体来看，在涉足中国的主要帝国主义国家（大英帝国、美国、沙俄、德国、意大利、比利时和日本）中，只有日本是非基督教国家。部分是由于文化和种族的原因，至少在1904—1905年日俄战争前，日本并未得到其他列强的完全接受。西方国家在中国展开的几次联合军事、外交、商业活动，充分展现了它们共同具有的帝国主义核心价值观，其中表现最为明显的就是列强在1900年联合挥师北京解救外国公使馆的那次行动。尽管有些许差异，但在19世纪和20世纪上半叶主导世界的国家大都分享共同的犹太—希腊—基督宗教文化。在这一历史时期的帝国主义列强中，最主要的天主教国家法国与当时最大的新教国家英国极为相似，德国的天主教徒和新教徒则分有英法的共同特点，而代表着新世界的美国新教徒们也是如此。

“强权崇拜”和“暴民崇拜”的西方帝国主义

随着外部势力在19世纪进入中国并诋毁传统儒家文化，许多中国文人都奋起辩护，而他们在这样做时也变得越来越成熟。不同于早期传统捍卫者对西方文化避之不及，到19世纪晚期时，已有越来越多的中国人在西方生活和学习。对于他们的所见所闻，他们中有些人极为推崇，有些人则予以谴责，尤其是在第一次世界大战（1914—1918年）爆发后更是如此。利用他们对西方的了解，传统中国文化的卫道士们常常通过两相对比来批判西方和为中国辩护。在这些人当中，最言之凿凿而又知识渊博的便是辜鸿铭（1857—1928）。从19世纪早期到20世纪末，有相当一部分中国文人疏离西方文化并拒绝借鉴西学，辜鸿铭就是其中一员。

辜鸿铭出身于华侨家庭，其祖辈来自福建省同安县，临近厦门，后移民马来亚，几代人都生活在那里，为英国人工作[17]。其父曾管理一座英属橡胶种植园。辜鸿铭于1857年出生在槟城，在10岁丧父后被家中一位苏格兰友人带到了苏格兰。辜鸿铭在1877年获得爱丁堡大学硕士学位，又在德国莱比锡获得土木工程学学位。在巴黎短住数月后，他于1880年左右回到槟城。作为华侨，辜鸿铭进入传统中国文化的时间较晚。在中国轮船招商局一位高官的鼓励下，他开始蓄辫（猪尾辫）、着汉服、习古文。后来，辜鸿铭在香港生活了一段时间。

自1885年起，辜鸿铭便成为著名改革家、洋务派代表人物张之洞（1837—1909）的幕僚，时间长达20年。作为“中体西用”的主要倡导者，张之洞找到的依据是新儒家哲人朱熹（1130—1200）的“体一用”（本体—功用）说（“新瓶装旧酒”）[18]。不过，与其说辜鸿铭是张之洞的贴身智囊，还不如说是他的翻译员和转述者。辜鸿铭的大多数建议都被张之洞视为不切实际而置之不理，尽管其对西方民主的偏见和对西方文化的诠释确实对张之洞有所影响。辜鸿铭对基督教传教士持有激烈的批评态度，而其流利的英语使他能够于19世纪90年代在通商口岸英语新闻机构中与西方传教士和商人进行公开论辩。

1900年，日趋保守的辜鸿铭转而支持慈禧太后、端郡王和义和团。义和团是一个以农民为主的武术团体，曾对外国人和传教士采取极端行动。端郡王本名载漪，是惇亲王奕誴的次子，奕誴则是道光皇帝（1820—1850年在位）的第五个皇子。1860年，载漪被奕志（瑞敏郡王）过继为嗣，承其家产，并袭贝勒爵位（三等皇室爵位）[19]，后于1894年受封为端郡王。1898年百日维新期间，他和妻子、兄弟追随慈禧太后左右，以保护他们的特权。在保守派的抵抗下，改革运动流产，光绪皇帝被软禁，端郡王便被慈禧视为心腹。为了让自己的儿子登上皇位，端郡王积极密谋刺杀光绪帝。在外国使节和各省官员百般阻挠下，密谋实现无望，对洋人心怀不满的端郡王开始支持义和团。1900年6月，端郡王转任处理外国事务的总理衙门，很快便执掌大权[20]。他对慈禧的影响也许在后者对义和团的支持中具有决定性的作用。

辜鸿铭在1905年出任清政府外务部大臣，并于1909年获名誉进士。鉴于科举制早在四年前就已被废除，这一名誉称号的逆历史潮流本质便更加明显了。1911年辛亥革命期间，辜鸿铭支持清朝政权，皇帝退位后，辜鸿铭也随之辞去公职。出于对满族皇室的忠诚，辜鸿铭在多数中国人剪辫后仍旧留有长辫。不过，他声称自己留辫是为了对抗欧洲人的“男性化基督教”，因为在欧洲人眼中，辫子是女性和中国男性软弱本质的象征[21]。在军阀张勋的策划下及在包括康有为在内的几位保皇派的支持下，清朝末代皇帝溥仪于1917年7月1日重登大宝，短暂复辟，辜鸿铭对此表示欢迎与支持[22]。

1915年，即第一次世界大战的第二年，辜鸿铭发表了针对西方列强的重要批评文字，题为《中国人的精神》（“The Spirit of the Chinese People”）[23]。他坚持认为，世界史上这场最具毁灭性的战争是由德国的“强权崇拜”（例如军国主义）和英国的“暴民崇拜”（例如民主）导致的[24]。文章开篇，辜鸿铭便表达了他对现代文明威胁传统中国人本性的忧虑。在他看来，中国人性本文雅，不似欧洲人那般粗野[25]，二者之不同可见于圈养动物与野生动物之不同。在标题页，辜鸿铭引证德国文豪歌德（1749—1832），将世上两大和平力量归之于公正与得体[26]。辜鸿铭声称，也正是它们构成了儒家的本质（“良民宗教”）。犹太教教导欧洲人行事公正（即谨守道德），却没有教会他们适度得体。辜鸿铭认为，欧洲若是能从中国身上学到这种品质，便会有助于化解第一次世界大战的破坏性。《中国人的精神》固然对西方文化进行了深入的批判，但它也可被视作对中国之软弱无力所做出的某种文饰。

《中国人的精神》是19世纪末20世纪初时代普遍问题的一种反映，其时世界各传统文明皆在思考“现代化是否等同于西方化”这一问题。为此，各种文明都试图界定自己的本质，那通常被称作一个民族的“精神”或“灵魂”。如今，我们倾向于将这种本质特征视为文化模式。辜鸿铭声言，中国人的友善源自对同情心的培养[27]。较之日本人，中国人的礼貌更为真情实意。他还谈及中国人的精神力量，认为这部分基于中国人所具有的极强记忆力，与之相对照的是，即使有文化的欧洲人也很难掌握汉语[28]。至于中国人在精确性、物质进步和抽象科学方面有所欠缺，则皆源于对心灵生活的高度重视。

辜鸿铭将中国历史之悠久（“民族的生生不息”）归功于它的文明[29]。他坚称，这里的关键就在于，在头脑和心灵之间，或者说在理智和灵魂之间，很少出现冲突。与欧洲不同，中国在以往的2 500年历史中，既没有出现科学与艺术之间的冲突，也没有出现宗教与哲学之间的冲突。辜鸿铭认为，现代欧洲人的宗教所满足的是头脑而不是心灵。欧洲人称中国没有宗教，但辜鸿铭说中国文化根本不需要西方意义上的宗教。在他看来，道教和佛教皆基于心灵的宁静而非思想的教诲，其所涉及的是审美的敏感性而非道德感或宗教感。当然，辜鸿铭是从儒学的角度来阐发道教和佛教的。

辜鸿铭相信，基督教作为一种道德力量正在衰落，而儒学或儒教则可能成为其有效的替代。他声称，在中国学校发挥着教会的功能。因为欧洲和美国的现代学校教人谋生赚钱，而中国的学校则教授道德文章[30]。很明显，他想到的是儒家的教育方式，尽管越来越多的中国人认为，儒家的私相传授是精英主义的，无法满足大众扫盲的现代需求。辜鸿铭是传统儒教的坚定支持者。他指出，不同于其他宗教的创立者，孔子并不去唤起普罗大众的追随。他还经常将孔子与德国精英文化的重要人物歌德相比。传统中国教育唤醒了人们对作为中国文化精髓的诗歌艺术的感悟，而普罗大众并不能欣赏像荷马史诗《伊利亚特》和《奥德赛》那样的伟大文学作品。

辜鸿铭强烈反对与自己持不同立场的政治左派，如剑桥教师迪金逊（Goldsworthy Lowes Dickinson，1862—1932）。收录在《中国人的精神》中的一篇文章题为《战争与出路》，这显然表明他意在以此反驳迪金逊1914年（即第一次世界大战开始的那一年）出版的《战争与出路》一书[31]。与辜鸿铭及他的精英化的儒教相反，迪金逊表达了对欧洲的社会主义梦想。辜鸿铭不信任普通民众，却又指责英美的重商主义，认为其比德国的军国主义更应该为全球冲突负责[32]。正是重商主义的自私和怯懦造成了大英帝国的暴民崇拜，反过来又在德国滋生了强权崇拜。

不难想象，辜鸿铭强烈反对年轻一代的中国知识分子在20世纪第二个十年发起的新文化运动。与著名翻译家严复一样，他也厌恶白话文运动。他严厉抨击从欧美留学归来的那些西化学生，认为正是他们在摧毁传统中国文化。他秉持保守主义的立场，直到生命的最后一刻。1921年，英国作家毛姆（W. Somerset Maugham）在重庆采访了辜鸿铭，毛姆的描述凸显了自诩为“哲学家”的辜鸿铭之古怪，那是一种难以理解的魅力。在毛姆的笔下，辜鸿铭是一个高高瘦瘦的男人，衣衫褴褛，一口变色的坏牙，干枯的身体同炽烈的双眼形成鲜明对比[33]。在那双眼睛中，凝聚着捍卫一种文明的力量，那文明是一种拒绝向西方势力和强权屈服的文明。

基督教强力进入中国：来自西方的理由

迪金逊对中国的迷恋，很容易让人想起那些18世纪欧洲的崇华者。不同于西方文化中的资本主义和军国主义图景，迪金逊笔下的中国形象与现实几乎毫无联系。尽管明显疏离于其时代的西方文化并对自己眼中的中国文化赞不绝口，但迪金逊在鼓吹其乌托邦社会主义愿景时，既脱离了西方现实，也脱离了中国现实。以“戈尔迪”而为友人所知，迪金逊一生中大部分时间都在英国剑桥国王学院度过。作为一名剑桥教师，他很难被归类。在《英国人物传记大辞典》中的“迪金逊”词条下，他被称为“人文主义者、历史学家和好思辨的作家”，尽管迪金逊本人更喜欢称自己为“教师和文人”[34]。比起深入研究，他更感兴趣的是直接发表意见，其在1901年到1911年间撰写的6本书就反映了他一生中关注的主要问题。他是一名国际主义者、和平主义者，布鲁姆斯伯里文化圈的早期成员，著名的非官方剑桥辩论社“剑桥使徒社”编号为209的成员。他自己也组织了一个非官方的辩论社，名为迪金逊社团，由6名本科生和6名教师组成，聚会地点就在他自己的房间[35]。此外，他还是一名极度压抑的同性恋者，他的受虐倾向包含一系列对异性恋男性绝望的、得不到回应的浪漫痴念以及某种形式的自慰以幻想自己被所仰慕的男性支配[36]。

迪金逊第一本探讨中国的著作立足于一个富有想象力的虚构，即通过一个虚构的中国造访者的声音来批判西方工业化。《中国佬约翰的来信》（*Letters from John Chinaman*）于1901年在伦敦首次出版，后来又在美国以《一位中国官员的来信——东方视角下的西方文明》（*Letters from a Chinese Official, Being an Eastern View of Western Civilization*）为题再版。这本书的出版产生了出人意料的强烈反响，而这同时在于迪金逊所传达信息对公众的吸引力和读者对中国的广泛兴趣。利用来自中国的声音这一创意来自画家、艺术批评家罗杰·弗赖（Roger Fry），迪金逊的终生挚友和主要暗恋对象之一[37]。通过中国佬约翰的声音，迪金逊以理想化的中国为对照而猛烈抨击了西方世界。他在书中这样写道：

> 你们的原则与我们的相悖。你们不仅认为你们的宗教是唯一的真正的宗教，而且还认为你们有义务将它强加给所有其他国家，甚至不惜为此使用武力。在这种侵略动机背后存在着更强劲的理由……。对于你们而言，是否能够找到倾销产品、获取食物和原材料的市场生死攸关。中国就是这样的一个市场，或者可能是这样的一个市场；打开这一市场才是你们近些年来同我们打交道的真正目的，而它被巧妙地伪装起来[38]。

迪金逊这本不到100页的小书有着广泛的读者群，其中包括19世纪美国民粹主义和西方基督教著名演说家布赖恩（William Jennings Bryan，1860—1925）。迪金逊和布赖恩几乎同龄，但他们的观点却截然相反，而那正好反映着旧世界与新世界（欧洲与美国）之间在世纪之交的普遍看法。不同于迪金逊，布赖恩关于中国的著作基于1903—1906年间在华的亲身经历。他不认同迪金逊笔下的中国佬，但直到其著作即将问世之际，他才得知迪金逊著作中的书信并非出自一位中国佬，而是“一个英国佬”根据“中国佬提供给他的材料”[39]撰写的。不过，布赖恩所捍卫的东西和迪金逊所攻击的东西并不相同。虽然二者的笔锋都指向东西方文明之间的冲突，但迪金逊更多地是在批判欧洲，而布赖恩则明显是在捍卫美国，或更确切地说，是在捍卫他眼中的那个民主、平等、基督教化的美国。布赖恩写道：“不管以何种标准——身体的、物质的、智力的、美学的、道德的或精神的——美国人都要优于中国人。”[40]英国幽默杂志《笨拙》在1857年刊印的一幅漫画，早已形象地展示了那广为传播的西方人在身体上和道德上的优越性（见图1）。

布赖恩在20世纪初到访中国，其时中国正处于近200年历史周期（1800—2000年）的最低点。在他看来，中国根本无法企及正呈上升之势的美国。布赖恩对文明的理解完全受制于基督教《圣经》，而认为非犹太—基督教文明自然天生低劣。他对美国的自信就如同他对中国历史的无知一样，令人瞠目。他写道，美国的“民主政制不仅在130年左右的时间里孕育出了比中国数千年历史上出现的更多的伟人，而且也产生了更多默默无闻的干练尽职官员，并使一般民众在对待公共事务上达到了东方思维几

图1　给中国佬约翰的一课。笨拙先生：“潘，（揪住他的辫子）顺手也好好给他一鞭子。”这幅漫画表现了19世纪欧洲人对中国人的轻蔑。中国佬约翰在道德上低人一等，他胸前“妇孺毁灭者”的标牌（很可能与中国女性杀婴者有关）传达了这一信息，这招来英国佬潘的一记鞭笞，潘被描述为在体型、力量和道德上更为优越的形象。漫画由约翰·利奇提供，《笨拙》（周刊），1857年5月9日

乎不可想象的水准”[41]。

在著作的结尾，布赖恩预言了一个基督教化的中国。根据其“流逝”的历史观，他相信文明是环绕着水域渐进发展的——先是地中海，然后是大西洋。他以这样一种预测结束了自己的著作：未来的文明会循着《圣经》先知的声音而孕育成形，“那声音就像潮汐一样呼唤着民众随他而行。新的基督追随者正在形成，两千年前发生在巴勒斯坦的事情如今正在我们的眼前重现”[42]。

回到迪金逊。值得注意的是，迪金逊在其依据1912—1913年中国之行而撰写的自传体著作中，仅用了4页的篇幅来谈论中国。他虽然承认，中国人在“礼节、情感和艺术”方面的文明程度甚至优于西方，但也认为其衰落不可否认。他在论及中国人时写道：“他们的文明是颓废的——我不知道那始于何时，也不知道原因所在，似乎也无人能够知晓。我想，欧洲恐怕会吞噬它，而不是使之复兴。”[43]因此，尽管他初到中国时看法乐观，但离开时他却并没有对中国文化有太深的印象。甚至可以说，他对中国的态度与他的写作《中国佬约翰的来信》时并无不同。的确，迪金逊将中国视作一种理想的典范，用来批判他的时代的欧洲现状。就此而言，迪金逊不过是在重复18世纪启蒙思想家们的做法，在将中国描述为欧洲应该加以效仿的理性化模型时，不仅多有歪曲，而且只是利用[44]。不过，不同于18世纪那些代表着主流观点的启蒙思想家，迪金逊似乎始终属于少数精英分子，其无力的腔调和反常的性取向使他无法成为主流文化的代表。与他相反，布赖恩却体现了阳刚的美国文化，他对美国经济力量的上升、基督宗教信仰的“普世性”、普通民众对民主的政治诉求，以及不可逾越的异性婚恋，皆深信不疑。

天主教在中国

1842年，耶稣会士第二次进入中国。他们这次的到来和随后的渗透，伴随着西方列强强加给中国的一系列不平等条约（1842年、1858年、1860年的不平等条约和1876年、1895年的公约）所给予传教士的各种权利。耶稣会士第一次进入中国是在1580年，后在1773年因罗马教廷宣布解散耶稣会而终止。同天主教第一次入华时一样，耶稣会士此次仍然是传教团的精神领袖。不同之处在于，耶稣会士此次入华得到了当时主要列强之一的法国的政治支持。法国政府对天主教中国传教活动的支持更多地基于外交而非宗教的理由。这即是说，虽然这一政府公开地反对教权，却愿意与天主教会合作，以促进法国在中国获取政治和经济利益。这一政教合作被称为“法国宗教保护领地”（the French Religious Protectorate），法国外交高层亦参与其中，其工作内容包括签发护照及为在中国境内的多国天主教传教士提供保护等。

历史学家们对19、20世纪在中国的新教传教士进行了大量研究，部分原因在于当时的主要列强皆为基督教新教国家，诸如大英帝国、美国和在一定程度上的德国。汉语中的新教和天主教在称谓上的不同——前者意为基督的教导（Christ Teaching），后者意为天主的教导（Lord of Heaven Teaching）——强化了新教与天主教间的分裂。从特伦托大公会议（1545—1563年）到第二次梵蒂冈大公会议（1962—1965年）的几百年间，新教徒与天主教徒之间彼此的敌意放大了他们之间在神学上的差异。过去40多年来，早期来华的耶稣会士得到极大的关注，他们被誉为文化和解的模范，并被视作重建中西关系的桥梁[45]。相比之下，1800年之后的天主教则不受重视，尽管中国的天主教徒在数量上多于新教徒（直至20世纪下半叶仍是如此）。新教和天主教在中国的持续分裂也见之于2013年中国宗教报告（Annual Report on Religions in China 2013，又称为宗教蓝皮书），该报告涵盖了中国的六大宗教：佛教、道教、伊斯兰教、基督教（Christianity）、天主教（Catholicism）和儒教[46]。

基督教新教传教士于19世纪初首次入华，此时距天主教传教士第一次踏入广州已经过去了227年。第一位入华的新教传教士是伦敦传道会的马礼逊（Robert Morrison），其于1807年抵达广州[47]。随后，荷兰传道会派出的德国传教士郭士立（Karl Gutzlaff，又称郭实腊）于19世纪30年代抵达中国沿岸。与此同时，美国公理会差会派出的美国传教士裨治文（Elijah Bridgman）于1830年到达中国。另一位美国传教士卫三畏（Samuel Wells Williams）于1833年来华与裨治文会合，二人与马礼逊合作出版了数期《中国丛报》[48]。《南京条约》（1842年）签订以后，五个通商口岸（广州、福州、厦门、宁波、上海）的设立给予新教传教士们进入中国内陆的有限权限，新教传教士的数量随即迅速增长。《天津条约》（1858年）更是对基督教传教士开放了整个中国，并允许他们设立新教宣教点。至1877年，新教传教士聚居的宣教点数量增加到92个（其中英国43个，美国41个，欧洲大陆国家8个）[49]，共有13 515名新教教友（8 308名男性，5 207名女性），73名受任牧师。相比之下，在1870年时就有254名外国神父和超过138名本土神父照应着404 530名天主教徒[50]。

在1800—1950年间，共有63个新教传教机构（其中美国33个，英国18个，英国殖民地3个，欧洲大陆9个）活跃在中国[51]。与此相比，天主教宗教社团则有214个（其中57个专属男性，80个专属外国女性，77个专属中国女性）[52]。据估算，截至1949年中华人民共和国成立之时，天主教徒以350万的数量大大超过了仅有约50万人的新教徒。不过，至2012年，官方数据显示二者已经出现反转，中国的新教徒数量超过2 500万人，远远多于1 200万人的天主教徒（均匀分布在官方教会和地下教会中）[53]。新教在中国的快速发展，可以部分归因于其更加灵活的组织机构、在逆境下存活的能力，以及不受罗马教阶体制影响的外国势力控制的自行发展原生本土教会的能力。另外，1834—2000年间天主教强力进入中国的后果也是天主教发展缓慢的原因。

天主教对中国的“侵略”也体现在某种超出了精神层面的优越感，其涵盖了文化的、经济的、智力的、道德的、政治的、身体的和种族的各个方面。大多数19世纪天主教传教士相信，西方（欧洲和北美）文化优于中国文化。他们大都赞同无神论者恩格斯的观点，后者曾在1857年将中国描述为“世界上最古老国家的腐朽的半文明制度”[54]。天主教传教士认为，中国的杀死女婴者的行为反映了一种低级道德形态，中国的政治结构已经过时，较之西方人，中国人的身体更孱弱，甚至更缺乏勇气。一言以蔽之，他们认为中国人是劣等民族。

虽然并不是所有天主教传教士都这样认为，但这些看法广泛传播，并在19世纪中期到20世纪中期的这100年间支配着天主教对中国人的态度。这些看法得以持久存在，部分是因为天主教会圣统制拒绝接纳中国神父晋升至主教地位。在天主教教会中，这种居高临下的设想与对中国人民真诚的爱心混在一起。根据基督教神学，众生应被平等对待（“并不分犹太人，希腊人，自主的，为奴的，或男或女。因为你们在基督耶稣里都成为一了。”《新约圣经・加拉太书》3：28，新国际译本）。但是，许多天主教传教士认为，中国人除了需要精神的洗礼之外，还需要来自西方的文化改造。于是，成千上万的神父、修女和修士在这种心态的指引下来到中国。今天来看，这似乎更像是一场文化入侵，而非一种宗教使命。

（潘俊峰 译）

注释

* 根据作者授权，此篇文章基于作者已出版著作（D. E. Mungello, *The Catholic Invasion of China*, Rowman & Littlefield Publishers, 2015）第一章译出。——译者

[1] Erik Eckholm，Mark Landler, "State Bidder Buys Relics for China," in *New York Times*, May 3, 2000, E1, E5.

[2] D. E. Mungello, *The Great Encounter of China and the West, 1500–1800,* 4th ed. Lanham, MD: Rowman & Littlefield, 2013, pp. 80-85.

[3] Samuel Couling, *The Encyclopedia Sinica*, Shanghai: Kelly and Walsh, 1917, p. 532.

[4] James L. Hevia, "Loot' s Fate: The Economy of Plunder and the Moral Life of Objects 'From the Summer Palace of the Emperor of China'," in *History and Anthropology* 6 (1994), pp. 319-321.

[5] D. E. Mungello, *Curious Land: Jesuit Accommodation and the Origins of Sinology*, Stuttgart: Franz Steiner Verlag, 1985, pp. 13-14.

[6] Mark Landler, "China Asks Auction Houses to Withdraw 4 Relics," in *New York Times*, April 29, 2000, B11, B18.

[7] Young-tsu Wong, *A Paradise Lost: The Imperial Garden Yuanming Yuan*, Honolulu: University of Hawaii Press, 2001, pp. 63-64.

[8] Geremie R. Barmé, "The Garden of Perfect Brightness, a Life in Ruins," in *East Asian History* 11 (1996), pp. 126-127.

[9] Ines Eben v. Racknitz, *Die Plünderung des Yuanming yuan. Imperiale Beutenahme im britisch-französischen Chinafeldzug von 1860*, Stuttgart: Franz Steiner Verlag, 2012, p. 87.

[10] Racknitz, *Die Plünderung*, p. 167, pp. 174-175.

[11] Ibid., pp. 189-190.

[12] Ibid., pp. 202-204.

[13] Ibid., pp. 305-306.

[14] Mark Landler, "Christie's Auctions Relics Despite China's Objection," in *New York Times*, May 1, 2000, E3.

[15] Eckholm，Landler, "State Bidder Buys Relics for China," E1, E5.

[16] Erik Eckholm, "Bringing Treasures Back to China," in *New York Times*, July 16, 2000, TR18.

[17] *Biographical Dictionary of Republican China,* 5 vols, ed. Howard L. Boorman, New York: Columbia University Press, 1967-1971, Vol. 2, pp. 250-252.

[18] Joseph R. Levenson, *Confucian China and Its Modern Fate: A Trilogy*, Vol. 1: *The Problem of Intellectual Continuity*, Berkeley: University of California Press, 1958-1965, pp. 59-60, pp. 65-69.

[19] Fang Chao-ying, "I-tsung," in *Eminent Chinese of the Ch'ing Period*, ed. Arthur Hummel, Washington, DC: Government Printing Office, 1943, pp. 393-394.

[20] Chester C. Tan, *The Boxer Catastrophe*, New York: Octagon Books, 1983, p. 69.

[21] Eric Reinders, *Borrowed Gods and Foreign Bodies*, Berkeley: University of California, 2004, pp. 56-61.

[22] Boorman, *Biographical Dictionary*, Vol. 1, p. 71.

[23] 这篇文章最初是辜鸿铭在北京东方学会所做的英文演讲稿，后被收入《中国人的精神：关于"战争与出路"》出版（Ku Hung-ming，*The Spirit of the Chinese People*，Peking：The Peking Daily News，1915）。这本书所产生的巨大影响，使其很快就有了德译本（*Der Geist des chinesischen Volkes und der Ausweg aus dem Krieg*, trans. Oscar A. H. Schmitz, Jena: Eugen Diederichs, 1917）。

[24] Ku, *Geist*, pp. 13-15.

[25] Ibid., pp. 43-44.

[26] Ku, The Spirit of the Chinese People, pp. 16-17.

[27] Ku, *Geist*, p. 47.

[28] Ibid., pp. 50-53.

[29] Ibid., pp. 55-57.

[30] Ibid., pp. 97-101.

[31] Ibid., pp. 161-162.

[32] Ibid., pp. 26-27.

[33] W. Somerset Maugham, *On a Chinese Screen,* New York: Paragon House, 1990, p. 150.

[34] Noel Annan, foreword in Goldsworthy Lowes Dickinson, *The Autobiography of G. Lowes Dickinson and Other Unpublished Writings*, ed. Dennis Proctor, London: Gerald Duckworth, 1973, pp. 2-5.

[35] *Friends and Apostles: The Correspondence of Rupert Brooke and James Strachey, 1905-1914*, Keith Hale, ed., New Haven, CT: Yale University Press, 1998, p. 12, p. 53n.

[36] D. E. Mungello, *Western Queers in China: Flight to the Land of Oz*, Lanham, MD: Rowman & Littlefield, 2012, pp. 84-85.

[37] Raymond Dawson, *The Chinese Chameleon: An Analysis of European Conceptions of Chinese Civilization,* London: Oxford, 1967, p. 209; Dickinson, *Autobiography*, p. 9.

[38] Goldsworthy Lowes Dickinson, *Letters from a Chinese Official, Being an Eastern View of Western Civilization*, New York: McClure, Phillips, 1904, pp. 12-13.

[39] William Jennings Bryan, *Letters to a Chinese Official, Being a Western View of Eastern Civilization*, New York: McClure, Phillips, 1906, p. viii.

[40] Bryan, *Letters to a Chinese Official*, pp. 47-48.

[41] Ibid., p. 56.

[42] Ibid., p. 97.

[43] Dickinson, *Autobiography*, p. 184.

[44] Mungello, *Great Encounter*, pp. 135-141.

[45] D. E. Mungello, "Reinterpreting the History of Christianity in China," in *Historical Journal* 55 (2012), pp. 534-535.

[46] 金泽、邱永辉编:《中国宗教报告(2013)》,北京,社会科学文献出版社,2013。撰写该报告的学者主要来自中国社会科学院世界宗教研究所,可以说该报告反映了政府认可的中国学界所持的正统观点。

[47] Murray A. Rubenstein, "The Protestant Missionary Enterprise, 1807-1841," in *Handbook of Christianity in China*, Vol. 2: 1800-Present, ed. R. G. Tiedemann, Leiden: Brill, 2010, p. 133.

[48] Rubenstein, "The Protestant Missionary Enterprise," p. 144.

[49] 《在华基督教传教士大会记录》,480 ~ 487 页, 上 海, 美 华 书 馆,1878。(*Records of the General Conference of the Protestant Missionaries of China Held at Shanghai, May 10-24, 1877*, Shanghai: Presbyterian Mission Press, 1878, pp. 480-487.)该次上海会议的统计资料见于上引著作所附表格。参见 S. Wells Williams, *The Middle Kingdom: A Survey of the Geography, Government, Literature, Social Life, Arts, and History of the Chinese Empire and Its Inhabitants*, 2 Vols, New York: Charles Scribner' s Sons, 1898, Vol. 2, p. 366。

[50] 关于中国的罗马天主教使团统计信息出自 1870 年《天主教通讯》(*Bulletin des missions catholiques*),转引自《在华基督教传教士大会记录》(*Records of the General Conference of the Protestant Missionaries*)第 488 页。

[51] Tiedemann, *Handbook*, Vol. 2, pp. 958-961.

[52] Ibid., Vol. 2, pp. 915-937.

[53] Katharina Wenzel-Teuber, "Statistisches Update 2013 zu Religionen und Kirchen in der Volksrepublik China," in *China heute* 33, no. 1 (181) (2014): 23. 需要指出的是,中国的新教徒数量常常遭到质疑,例如,根据皮尤论坛于 2011 年 12 月进行的有关宗教和公共生活领域(华盛顿哥伦比亚特区)的研究,中国的新教徒数量超过 5 800 万人。

[54] 《马克思恩格斯全集》,第十二卷,228 页,北京,人民出版社,1962。——译者

皇帝的肖像：1697年白晋笔下的康熙皇帝*

柯兰易

柯兰易（Claudia von Collani）/ 德国维尔茨堡大学

导论

1697年，莱布尼茨（1646—1716）出版了其关于中国的名著《中国近事》[1]。同年，另一部讨论中国的著作对中国在欧洲的形象产生了决定性的影响。这就是白晋（Joachim Bouvet）的《中国皇帝的肖像》（巴黎，1697）[2]。此书题献给法国太阳王路易十四，意在取得国王对耶稣会在中国传教的支持。它描述了传教士们在北京宏伟皇宫中的工作与生活，并且刻画了一位似乎十分接近于皈依基督教信仰的伟大中国皇帝。与马可·波罗的描述类似，这本书似乎打开了一扇朝向神奇东方世界的窗户，而借助基督教，这个世界能够成为西方的一部分。

除了关于皇宫和皇帝的描述之外，此书还包含了数量惊人的传教学（missiology）材料，它展示了本土化（accommodation）政策是如何付诸实践的。发表在种类繁多的学术期刊中的许多学术论文都以白晋这本小册子的某一方面作为主题[3]。这本书的另一个目的是强调在路易十四的资助下，法国文化和科学向中国的成功传播。白晋著作还标志着莱布尼茨和他之间著名通信的开始，这一通信使莱布尼茨在1699年再版的《中国近事》中收录了白晋手稿的拉丁文译文[4]。

历史背景

《中国皇帝的肖像》问世于1697年，此时白晋正以中国康熙皇帝（1661—1722年在位）使节的身份出访巴黎，白晋隶属于1685年由路易十四遣往中国的著名的法国耶稣会五人团。这一团队肩负科学使命，被称为“国王的数学家”（Mathématiques du Roi），但事实上，他们是受过科学教育的传教士，在比利时耶稣会士南怀仁（Ferdinand Verbiest，1623—1688）和柏应理（Philippe Couplet，1623—1693）的发起下，被派去扩大耶稣会在中国的传教。这一目的必须保密，因为中国属于葡萄牙保教区（Padroado），任何被允许在中国逗留和工作的传教士必须发誓效忠于葡萄牙国王。

由于他们的官方任务，“国王的数学家”（洪若翰，1643—1710；刘应，1656—1737；李明，1655—1728；白晋，1656—1730；张诚，1654—1707）成为巴黎的法兰西科学院的通信会员，负责和学院交换科学数据。法国国王向他们提供了生活津贴和科学仪器。但是，他们当然同时肩负传教、传播法国文化进而加强法国影响力的使命，正如希腊探险家法乌尔孔（Constantin Phaulkon，1647—1688）在纳莱王（Phra Naraï，1632—1688）统治下的暹罗（Siam）担任谋士所做的一样[5]。

在他们1688年到达北京之后，白晋和张诚被选派在皇宫居留和工作。这两位初来者与被视为“幕后黑手”（Grey Eminence）的教友比利时人安多（Antoine Thomas，1644—1709）以及葡萄牙人徐日升（Tomé Pereira，1645—1708）一起，成为教授康熙皇帝欧洲科学的老师[6]。葡萄牙人和法国人的关系并不太好。前者认为后者的到来是对保教区的违犯，并在任何可能的地方刁难后者。葡萄牙人经常掌握着生活津贴和寄往科学院以及从科学院收到的信件。

法国耶稣会士们运用其先进的科学知识在敌对的境况下获得了一个稳定的地位。当然，康熙皇帝注意到了他们的困难，并赠送给他们一栋房子以及一片教堂居住用地，以表达对他们忠诚效力的认可。不仅如此，他还选派白晋作为代表觐见法国国王，以招募更多博学的耶稣会士。白晋于1693年7月离开北京[7]，途中停留诸多国度，在经过长途跋涉之后，于1697年3月方才抵达欧洲。在法国停留一年之后，他与12名耶稣会士一起于1698年6月从拉罗谢尔（La Rochelle）出发，1698年11月2日返回中国[8]。

白晋成功地招募了更多博学的耶稣会士，但却未能在太阳王和康熙帝这两位东西方最荣耀的统治者之间建立官方联系[9]。

1696—1699年法国耶稣会士的著作

问世于1696—1699年的三本重要著作运用了法国耶稣会士们搜集的有关中国的材料：（1）上文提及的白晋小册子，（2）郭弼恩（Charles Le Gobien）的《中国皇帝颁诏恩准基督教传播史》（巴黎，1698），以及（3）李明（Louis Le Comte）的《中国近事报道》（巴黎，1696—1697）[10]。这三本书常常在礼仪之争的语境下被错误论及。1692年，康熙皇帝颁布了所谓的“宽容敕令”（Edict of Toleration），敕令认定基督教为一种有益的宗教，并向其提供与佛教和道教相同的权利。然而，仅仅一年之后，福建的宗座代牧（Apostolic Vicar）颜珰（Charles Maigrot）发布了“教令”，“教令”规定中国基督徒不得用除“天主”之外的任何名字来称呼上帝。更为严重的问题是，“教令”还禁止中国基督徒参与祭孔祭祖，而这些是国家对所有中国民众的规定义务。很明显，罗马教廷对颜珰教令的批准将会意味着基督教在中国传教的终结。但颜珰却立即派遣其教友查尔莫（Nicolas Charmot，1645—1714）前往罗马，将教令呈送给罗马教廷以获得批准。直到1698年查尔莫才到达罗马将颜珰教令递交给教廷[11]。

由于这三本书是在1693年颜珰教令发布后出版的，因此它们经常被视为耶稣会士阻止颜珰教令被教廷批准的努力的一部分。然而此说实为谬误，因为直到1698年耶稣会士方才得知这一事件，而此时它们早已出版[12]。

这三本书的主要目的是描述法国在中国传教的重要性和成就，以招募更多的耶稣会士，动员更多的赞助人在购买书籍和科学设备方面支持传教事业。在停留法国期间，白晋游说太阳王和其他法国贵族提供支持，显然他正是以此三本书作为论据的。然而，李明和郭弼恩的著作无意中却在礼仪之争中举足轻重，因为查尔莫使得索邦神学院对书中若干关于古代中国“自然宗教”具有与犹太教相同价值的断言[13]进行了指责。

郭弼恩

郭弼恩（1653—1708）从1702年到1708年去世前担任《耶稣会士书信集》（*Lettres édifiantes et curieuses*）的编辑，从未到过中国。他居住在巴黎的耶稣会“宣誓屋”（Professed house），并在其中国教友和欧洲通信伙伴之间扮演中间人的角色，保管着他们的书信（例如白晋写给莱布尼茨的信）[14]。郭弼恩《中国皇帝颁诏恩准基督教传播史》一书最重要的素材很有可能来自白晋，后者运用了其他法国传教士在中国搜集的材料，并有可能在其漫长的旅欧途中对这些材料进行了编辑。早在1697年抵达巴黎之后，白晋肯定将材料交给了郭弼恩，后者立刻投入写作，1698年著作便付梓刊行[15]。在1697年6月10日从巴黎寄给身在罗马的吉贝尔神父的信中，白晋写道：“总之，我相信是天意让我不能现在这么做，至少不是现在，因为我还需要一个半月的时间理顺我的事情，才能将这本有关中国皇帝的小书翻译成意大利语，将它呈现在教宗陛下和传信部的面前，这本书忠实完整地记录了有关中国皇帝和他对天主教敕令的一切所为。”[16]在1697年10月18日从枫丹白露寄给莱布尼茨的信中，白晋又写道：“接下来的几个月以来，它（即《历史肖像》）的进度有如神助，您肯定会喜欢它的新意，但更会满意它的内容。这是一份全新的令人高兴的敕令，中国皇帝庄严地承认了基督教。这本小书的报道将更为详尽、细致、符合事实。这都胜过了之前被您用优美拉丁文译出并梓行的那本书。我为国王图书馆带回了三百多卷中文书籍，所涉主题繁多，特此附上一份简短的提要……”[17]

白晋小册子的故事

1697年10月18日，白晋在写给莱布尼茨的第一封信中同样提到了自己的小书：“我把它（《中国近事》）读了一遍又一遍，总是伴随着新的乐趣。我希望让您知道，福音有望在今日的中国生根发芽，并且在皇帝的许可下，整个中国的归信指日可待。由此，我希望您能收下这本出版不久、有关那位伟大君主的小书。我相信这本小书的名字和主题都能使您感到满意”[18]。莱布尼茨于1697年12月2日立即回信。他赞同“重新编印这本《中国近事》的小书”将十分重要，并提出：“您在一本已出版的作品中对中国皇帝其人的描述，无人能出其右”[19]。因此，白晋小册子的拉丁文译文被收录进1699年再版的《中国近事》中。

《历史肖像》的初稿最早出现在1691年白晋写给教友让·波斯米尔（Jean Bosmier，1621—1705）的信中[20]。这封信与其他手稿一起被寄往巴黎的皇家科学院，但是葡萄牙人徐日升在北京将其扣留下来。只是很久之后，这些手稿才和“lettre ample”一起被呈送给路易十四的私生子曼恩公爵（Duke of Maine），他是法国在中国传教事业的重要赞助人。他同样由于可能成为路易十四的继任者而变得举足轻重[21]。白晋曾寄出一封信给他，“在信中，我们为公爵呈上了中国皇帝的肖像，并简要介绍了皇帝的生平事迹”[22]。这封寄给曼恩公爵的二十页信是白晋与郭弼恩于1691年11月30日合写而成的，由后者执笔[23]。没有开头和结尾的部分手稿可以在B.Nat.fr.17240被找到（连同白晋和其他法国耶稣会士的手稿）[24]。这封信要与其他两份白晋手稿联系起来阅读，它们的标题分别是《北京宫廷日志》[25]和《由中国皇帝派遣前往觐见基督君主的耶稣会传教士白晋神父旅行日志》，后者描述了白晋漫长旅欧途中的艰难跋涉[26]。其中一段前往广州的旅行情况，同样可以在巴黎国家图书馆的手稿中找到[27]。前者则叙述了给康熙皇帝的日常授课[28]。

白晋到达法国之后，他在这封信和两份日志的基础上迅速写成小册子，以达成下述目标：

1）呈送给法国国王以争取其对中国传教的支持，本册子即题献给他。

2）反击葡萄牙耶稣会士，为法国在中国的传教会辩护，向罗马耶稣会总会长补充论据。

3）向教皇和传信部展现法国的传教成果，以获得支持。

小册子包含的主要信息是认为法国耶稣会士能够引导中国皇帝归信基督教。为了证明这一断言，白晋详细报告了由全体法国耶稣会士精诚合作而获得的宽容敕令。在1697年6月23日给耶稣会士约瑟夫·吉贝尔（Joseph Guibert SJ）的信中，白晋写道："我告诉他：正值中国皇帝颁布支持宗教的敕令，我会尽快将中国发生的一切事情向您做忠实而全面的报告；人们将会看到，上天有意让法国耶稣会士……取得如此光荣的成绩。谨此附上《中国皇帝的历史肖像》——皇帝对法国耶稣会士极其友善——从中或可看到，上帝有意使他们成就一番大事业，以他们为使者，向中国显示上帝的荣耀。这些文字亦可呈给圣座和传信部，望能为我们的传教事业产生积极的作用"[29]。

当耶稣会士们得知颜珰教令已由查尔莫交予罗马教廷时，白晋旋即决定前往意大利，为法国传教会辩护，并采取行动对抗颜珰在罗马的影响。他计划将小册子呈送给教皇和传信部，然而由于时间不够，他的计划未能付诸实施[30]。

本土化的实践：宫廷生活

诚然，中国皇帝构成了白晋小册子的核心内容。但除此之外它也介绍了一些身居高位之人和宫廷中的重要人物。在白晋时代，宫廷中有两支颇具影响力的满族派系，其中一支围绕在皇叔索额图（1636—1703）周围，另一支以皇亲明珠（1635—1708）为首[31]。白晋在《中国皇帝的历史肖像》中如是描述两位皇亲贵胄，"宗教的坚定支持者，公开自称为我们的靠山"[32]。基督教传教会取得两支宫廷权势派系支持的这一事实表明了其在中国的重要地位。

索额图是耶稣会士的朋友，"他未经太多周折，就宣称要做［支持］我们的大人和神圣律法的保护者"[33]。他是前任满族摄政王索尼的第三子以及满族正黄旗的成员。皇太子的母亲孝诚皇后（1654—1674）是索额图长兄噶布拉的女儿。由于是皇后的大叔，索额图在宫廷位高权重。1677年，索额图辅佐年轻的康熙皇帝（彼时13岁）技擒满族摄政王[34]。在1688年中国和沙俄的谈判中，索额图是中方首领，并成功地在1689年签订《尼布楚条约》，结束谈判。由于谈判语言为拉丁语，两名作为翻译官的耶稣会士徐日升和张诚协助谈判[35]。当索额图问及他们想得到什么作为良好服务的奖赏时，张诚特别请求他帮忙撤回在历法事件中颁布的反基督教法令。索额图承诺此请，事实上，他在1692年的宽容敕令中发挥了决定性的作用[36]。皇帝派遣他作为调解人前往礼部，在那里，他以非凡的魄力通过表明基督教因有助于防止叛乱、通奸和抢劫而对中国大有裨益完成了使命[37]。而向法国耶稣会士宣布皇帝已赏赐给他们毗邻皇宫的寓所的人同样是索额图[38]。他对基督教的态度似乎是积极—实用的，并且对于基督教团体更重要的是，他从不忌惮公开表现出对基督教的亲近。洪若翰甚至报告说，索额图在一次重病之后，"人们让他相信，是基督徒的上帝使他痊愈，为此他前往教堂，在祭坛前俯身祷告”[39]。白晋视他为“朝廷重臣中最早、最公开的保护者”之一[40]。

不幸的是，索额图陷入宫廷丑闻，1699年以后，其运势江河日下[41]。原因包括他的大外甥皇太子品行不端，他本人的权力过度，他和家族聚敛的巨大财富，他的傲慢不逊，还有在与准噶尔（Zongars）战争中的失败[42]。另外，索额图还支持康熙皇帝提前退位，以辅佐皇太子胤礽（1674—1725）继位[43]。他被康熙囚禁，1703年饿死狱中[44]。

关于明珠及其与耶稣会士的关系，我们知之甚少。然而，索额图党羽是纯正的满族，而明珠党羽则是满汉混合[45]。明珠的其中一个追随者就是汉族士大夫和哲学家李光地（1642—1718），他与白晋交情甚笃[46]。1715年，在白晋的协助下，李光地编纂了《周易折中》，其中包含了一些关于《易经》的附加注释。他赞同白晋的观点，即中国的上古“历史”并不是历史，而是神话[47]。

本土化的实践：世界上最伟大的两位君王

第一代耶稣会传教士仅仅在中国的地方行省接触品级较低的士大夫，这一局面因汤若望1644年担任钦天监监正一职而得到改变。宫廷变成传教工作的中心，这也是耶稣会士传教伊始的意愿。在宫廷，他们可以证明其传教策略行之有效。他们可以基于对康熙皇帝以及中华帝国最高官员们的科学和精神教育来尝试其传教方法。针对这一艰巨的使命，他们需要那些经过特殊训练的法国耶稣会士，这些耶稣会士是在巴黎这一17世纪晚期欧洲科学中心接受教育的。皇帝的课程，“或许其中一些在全部数学教育历史中的最好课程”乃是基于特殊的满文手稿[48]。这些讲课内容后来部分被收入一本关于数学的汉语著作，即《御制数理精蕴》，这本书直到鸦片战争前还依然在使用[49]。当皇帝生病时，科学课程中断，法国耶稣会士抓住机会教授康熙医学和天文学。他们甚至在皇宫拥有一间实验室[50]。他们的最大功劳是用奎宁治好了皇帝的疟疾[51]。耶稣会在中国的传教极有可能是人类历史上最为广泛的知识传播和交流之一，并且，事实上，仅此一次就足以值得我们去关注。

然而，白晋小册子最为重要的信息是宣告康熙皇帝离天国近在咫尺，因为他不仅喜欢世俗的科学艺术，而且对基督教也饶有兴致。因此，非比寻常的科学和哲学教育被证明是必要的。白晋写道：“让中国人，尤其是那些文人学者接纳福音的真理，最合适的方法莫过于提出一套完善的哲学”[52]。白晋甚至将康熙皇帝和被认为是世间最伟大君王的太阳王相比。白晋认为康熙皇帝集众多优秀品质于一身，这使得他成为一个英雄，他还认为，康熙是最完美的君王之一（仅次于该书题献的人物路易十四）。白晋接着说道：“身处于不幸的异教国家，如果失去了卓越的优势，他所有一切帝王品质也就没有半点真实、稳固之处了：可以说，他以某种方式将卓越品质加诸己身——他表现出崇敬之情；他以与我们交往为欢乐，毫不掩饰地彰显德行；令人感到希望的是，他的品行已经像半个基督徒。我们相信，上天将会眷顾他、帮助他。——而凭着科学和艺术，上帝在他心中安排了一些幸福的品性，皇帝似对宗教有了关切之情，我们可以放胆预言：有朝一日，他将摧毁中国的偶像崇拜；这样一来，他也就和在国内打击异端、建立巨大荣耀，向全世界传扬宗教的陛下您更加相似了。”[53]（这是指路易十四于1685年废除了南特敕令。）

因此，剩下的使命就是引导康熙皇帝皈依

基督教，“希望他能像您（路易十四）一样做虔诚的表率，亲身皈依圣教”。白晋总结道，“这一伟大的国君距离上帝之国并不遥远”[54]。在白晋看来，康熙颁布的宽容敕令及其赏赐给法国耶稣会士的后变为北堂的房屋，即是他与天国近在咫尺的鲜明标志。整个宫廷似乎都支持皈信。作为耶稣会士最大的希望之一，皇太子在帮助和支持他们，并且当刘应（Claude de Visdelou）确信基督教大部分真理和儒家互相兼容时，他感到十分兴奋[55]。皇帝同样看出完善“自然法”的基督教信条与中国的宗教并无抵牾[56]。

在南怀仁的欧洲科学课上，康熙帝第一次接触到基督教方面的指导。这位皇帝还阅读了一些相关的著作，特别是利玛窦所作的名著《天主实义》。他将此书留在身边超过半年，并且从中发现基督教和中国人上古的真正宗教之间相得益彰。这可能是他颁布宽容敕令的原因之一[57]。在给皇帝授课时，白晋和张诚不错过任何机会宣讲最重要的“基督教真理”（即教义）。结果是：“在皇帝身边，我们不止一次听他说起，从基督教的箴规、从它传入中国所取得的进展来看，他毫不怀疑有朝一日基督教会成为中国的主流宗教”[58]。对基督教感兴趣的不仅限于皇帝，皇家其他成员也表现出对基督教的亲近，例如，皇子胤礽和皇帝的长兄。这样，需要再次指出的是，最重要的任务就是皇帝的皈信，因为他是“宗教首领”，即原始儒家的大祭司。他还向耶稣会士明确表示自己敬畏唯一的上帝，天地之主，就像基督教一样。作为大祭司，他将其祭坛上的牺牲献给这一最高的理智，而非献给自然性的上天[59]。

白晋在其小册子中将康熙皇帝描写成一位博学开明的君主，他不仅在全部传统中国学问上造诣颇深，而且精通其满蒙祖先的武艺。他喜爱捕鱼、骑马、射箭；喜欢各种大炮和武器，并亲征叛乱的厄鲁特（Eluths）。他对现代欧洲科学兴趣浓厚，醉心于所有的科学仪器。他还在其宫殿里建立了一个艺术院。

随后白晋转而写太皇太后，即蒙古公主孝庄（1613—1688），她深受康熙敬爱，是汤若望（1591—1666）的救命恩人[60]。白晋还讲了十四位皇子、几位公主和皇妃，以及皇帝对皇子在武艺和科学研究方面教育的竭力关心。他特别提到了后来担任若干年外事负责人的皇长子胤禔（1672—1734），以及后来与其父皇和长兄龃龉的皇太子胤礽[61]。

康熙的成功皈依对于基督教、中国和整个世界来说将显得非常重要。如果中国成为基督教国家，那么这乃是得力于太阳王治下的法国耶稣会士，当然，这也将增添法国及其圣明君主的荣耀。最后，康熙皇帝将被拯救，获得永生。最后一点对于尊敬和喜爱他的法国教师们来说具有特殊的意义。他们梦想以科学和西方哲学来引导皇帝朝向基督教的真理[62]。他们将亚里士多德哲学看作极其具有教益的，因而准备尝试将亚里士多德哲学设立为科举考试的一部分。他们希望西方哲学能为神圣法和基督教在中国铺平道路[63]。特别是与各位皇家成员的深入讨论，使得白晋有理由坚信皇帝及其家族终将皈依[64]。“皇帝对我们科学的兴趣，同样让他产生了学习我们宗教的兴趣。……在皇帝身边，我们不止一次听他说起，从基督教的箴规、从它传入中国所取得的进展来看，他毫不怀疑有朝一日基督教会成为中国的主流宗教”[65]。

在这篇对康熙皇帝的颂词结尾处，白晋引用了一封1695年荷兰语书信作为康熙可能皈依的客观证据：

> 中国皇帝颁布了敕令，允许臣民拥抱基督

宗教；此后，在中国全境之内，每一天都能听到有人皈依的喜讯；皇帝慷允两位暂居宫廷的意大利籍耶稣会士将福音传往最偏远的省份，为这些地方指明通向天国的道路。中国可喜的宗教形势，带来了巨大的期盼：人们有望在一个世纪内见证天主教中国的诞生[66]。

白晋最后说：

……如果他真的皈依正信，可以说，这将引起巨大轰动，很可能这个广大的国度（从居民数目上看，她比全欧洲还要庞大）悉将踵随其后；或许周边的国家也会纷纷效仿，因为这些国家在各方面一向崇敬中国人的智慧[67]。

结论

由于并未在法国和中国之间建立官方联系，白晋代表康熙皇帝对路易十四的出访是部分失败的。而在使中国皇帝皈依方面，法国耶稣会士同样并不成功。本文未予分析的天主教会的内部格局，减少了康熙皇帝对基督教的善意，并最终迫使他终止基督教在中国的传教。但是白晋成功说服法国国王和一些贵族支持在中国的法国传教会。并且，白晋带着一批新的法国耶稣会士，搭乘著名的“安菲特律特”（*Amphitrite*）号航船，于1699年返回中国。这些新的传教士加强了法国耶稣会士的地位，扩大了中法之间的知识交流。1700年，法国传教会从葡萄牙副省（Vice Province）中取得独立。最终，当罗马教廷禁止中国基督徒参与国家祭祀仪式时，传教的大门被康熙皇帝关上了。但是，法国耶稣会开启的知识传播持续了数个世纪之久。

（石绘 译）

注释

* 本文出自《中西文化交流史杂志》2002年（Sino-Western Cultural Relations Journal XXIV 2002）。

[1] 1997年10月4日—7日在柏林召开了一次关于莱布尼茨和中国的国际会议，参见论文集：Wenchao Li, Hans Poser (Hrsg.), *Das Neueste über China. G.W.Leibnizens Novissima Sinaca* von 1697,2000。

[2] 1697年初版标题为《中国皇帝的历史肖像，献给国王》（*Portrait historique de l'Empereur de la Chine,présenté au Roy*, Paris, 1697），本文中的《中国皇帝的肖像》《历史肖像》《中国皇帝的历史肖像》均为初版标题的简称，1698年再版，第3版的新标题为《中国皇帝的故事》（*Histoire de l'Empereur de la Chine*）；拉丁语标题为：*Icon Regia: Monarchae Sinarvum Nunc Regnantis*；1699年版英语标题为：*The Present Condition of the Muscovite Empire...*, London, 1699；荷兰语标题为：*'T Leven en Bedrijf Van den tegenwoordigen Keiser van China...*, edition together with Le Gobien, Utrecht, 1699; 德语标题为：*Das heutige Sina*, 3. Teil, 1700; 意大利语标题为：*Istoria dell'Editto Dell'Imperatore della Cina...*, eds., S. Robert Streit, Josef Dindinger, 1710, *Bibliotheca Missionum* V, Freiburg, 1930, n. 2728。

[3] J. J. Heeren, "Father Bouvet's picture of emperor Kangxi," in *Asia monthly,* No. 7(1932), pp. 556-572; Joseph Dehergne, "Un envoyé de l'Empereur K'ang-hi à Louis XIV: Le père Joachim Bouvet (1656-1730)," in *Bulletin de l'Université l'Aurore*, sér. III, t.4, No. 3 (1943), pp. 651-683; John Witek, "Transmission of a Comparison: Father Joachim Bouvet's View of the K'ang-His Emperor and Louis XIV," in *Collected essays of the International Symposium on Chinese-Western Cultural Exchange in Commemoration of the 400th Anniversary of the Arrival of Matteo Ricci S. J. in China* (Taipei), ed. Lo Kuang, 1983, pp. 842-859; Isabell Landry-Deron, *Les leçon de sciences occidentals de l'Empereur de Chine Kangxi (1662-1722) par les Pères Bouvet et Gerbillon*, Paris, 1995 ; Isabelle Landry-Deron, "Les Mathématiciens envoys en Chine par Louis XIV en 1685," in *Archive for History of Exact Sciences*,

55(2000/2001), pp. 423-463.

[4] Claudia von Collani, *P. Joachim Bouvet S.J. Sein Leben und sein Werk*, Nettetal: Monumenta Serica Monograph Series XVII, 1985, pp. 32-44.

[5] Ibid., pp. 15-17.

[6] Ibid., pp. 19-21.

[7] Joachim Bouvet, "Journal des voyages de Père Bouvet...," Bayerische Staatsbibliothek, München (BSB), Codex Gallicus 711, ff. 163-170.

[8] Claudia von Collani, "Jesuits," in *Handbook of Christianity in China. Volume One:635-1800,* ed. Nicolas Standaert, Handbuch der Orientalistik, Section four: China, Volume Fifteen, Leiden, p. 314.

[9] 白晋 1691 年 10 月 20 日给李明的信，Archivum Romanum Societatis Jesu (ARSJ), Js 165, fo 101r。

[10] Joseph Dehergne, *Répertoire des Jésuites de Chine de 1552 à 1800, Rome*, Paris, 1973, p. 146f. 洪若翰和李明返回欧洲，李明在 1692 年底成为使团的检察官，也就是说他在中国仅仅待了三年。

[11] Claudia von Collani, "Charles Maigrot's Role in the Chinese Rites Controversy," in *The Chinese Rites Controversy: Its History and Meaning*, ed. David E. Mungello, Monumenta Serica Mnograph Series, Vol. XXXIII, Nettetal, 1994, pp. 151-155.

[12] Claudia von Collani, "Ein Brief des Chinamissionars P. Joachim Bouvet S.J. zum Mandat des Apostolischen Vikars von Fukien, Charles Maigrot MEP," in *Neue Zeitschrift für Missionswissenschaft*, 43(1987), pp. 17-20.

[13] Claudia von Collani, "Das Problem des Heils der Heiden. Die Apologie des P. Vincentius Mascarell S.J. aus dem jahre 1701," in *Neue Zeitschrift für Missionswissenschaft*, 45(1989), pp.17-20.

[14] Hans Zacher, *Die Hauptschriften zur Dyadik von G. W. Leibniz. Ein Beitrag zur Geschichte des binären Zahlensystems*, Frankfurt, No. 98(1973), p. 101.

[15] David E. Mungello, *Leibniz and Confucianism. The seach for Accord*, Honolulu, 1977, p, 44*; Curious Land: Jesuit Accommodation and the Origins of Sinology*, (Studia Leibnitiana Supplementa 25), Wiesbaden, pp. 343-353; Dehergne, 1973, no 106.

[16] Biblioteca Nazionale Centrale Vittorio Emanuele Ⅱ, Roma (BNC VE), A. 8[63b].

[17] Leibniz-Briefwechsel, Hannover (LBr) 105, 1r-2r; Widmaier, *Leibniz korrespondiert mit China. Der Briefwechsel mit den Jesuitenmissionaren (1689-1714)*, Frankurt, 1990, p. 47. 除此之外，莱布尼茨还出版了耶稣会士何塞·苏阿雷斯（José Suarez, 1656—1736）关于《尼布楚条约》的报道，参见《中国近事》，1~149 页。

[18] Widmaier, *Leibniz korrespondiert mit China*, p. 47.

[19] Ibid., p. 59.

[20] Witek, "Transmission of a Comparison: Father Joachim Bouvet's View of the K'ang-His Emperor and Louis XIV," p. 845.

[21] Michaud, *Biographie universelle ancienne et moferne 26*, Paris.

[22] 白晋 1695 年 12 月 21 日致法国助手让·波斯米尔的信，ARSJ, JS 166, fo 94r。

[23] ARSJ, JS 165, ff. 137-147v.

[24] 该信部分内容的复印件现存于巴黎国家图书馆，Ms. Fr. 17 240, ff. 326r-333v。这个集子的其他部分为白晋自 1704 年起致修道院比尼昂院长（Abbé Bignon）的信，以及致莱布尼茨的著名信件的复印件，另外还有巴多明（Dominique Parrenin）所写的信件。

[25] B. Nat., Ms. Fr 17 240, ff. 263r-290; 301a-d.

[26] BSB München, Codex Gallicus 711.

[27] B. Nat., Ms. fr. 17 240, ff. 291r-300v; 302r-317v; Du Halde.

[28] Landry-Deron (1995) and (2000/2001); 部分"日志"参见：Joseph Dehergne, "La Mission de pékin à la veille de la condemnation des Rites," in *Neue Zeitschrift für Missionswissenschaft 9*, 1973, pp. 91-108。

[29] 白晋 1697 年 6 月 23 日致约瑟夫·吉贝尔的信，ARSJ, JS 166, fo 200v; cf。白晋 1697 年 12 月 2 日致耶稣会总会长的信，ARSJ, JS 166，fo 262r，在该信中白晋谈及其《肖像》的拉丁文译本。Addressee of the relation was about the Edict of Toleration was Fr. Buffier.

[30] 参见白晋1697年6月10日写给吉贝尔的信，BNC VE, FG A. 8[63b]。

[31] Joachim Bouvet, *Histoire de l'empereur de la Chine*..., La Haye, 1699, pp. 152f (2. edition); Silas Hsiu-Liang Wu, *Passage to Power: K'and-his and his Heir Apparent 1661-1722,* Cambride, Mass, 1979, p. 25.

[32] 参见白晋1693年10月11日写给身在广州的安托万·威尔日（Antoine Verjus, 1632-1706）的信。Canton, ARSJ, JS 165, fo 419r.

[33] 参见白晋1691年11月7日写给洪若翰的信，ARSJ, JS 165, ff. 116r-117r。

[34] Lawrence D. Kessler, *K'ang-his and the Consolidation of Ch'ing Rule 1661-1684*, Chicago, 1976, pp. 127f.

[35] 洪若翰写于1703年2月15日的信，*Der Neue Welt-Bott*, ed. Joseph Söcklein, Augpurg, Gräz, 1726, Nr. 97, pp. 14f。关于《尼布楚条约》参见《中国近事》中收录的何塞·苏阿雷斯的报道。另参见 Joeseph Sebes, *The Jesuits and the Sino-Russian Treaty of Nerchinsk (1689), 1961, The Diary of Thomas Pereira, S.J*, Rome,1961。张诚关于条约和拉丁语及德语文本的介绍参见 Wilhelm Leibniz, *Das Neueste von China (1697). Novissima Sinica,* herausgegeben, übersetzt, erläutert von Heinz Günther Nesselrath, Köln; Hermann Reinbothe,1979, pp. 100-126。

[36] 洪若翰写于1703年2月15日的信，参见：Stöcklein, *Der Neue Welt-Bott*, 97。

[37] Georg Pray, *Geschichte der chinesischen Gebräuche* Ⅰ ,Augsburg, 1791, pp. 351-365.

[38] 参见白晋于1695年12月21日从苏拉特（Surat）写给波斯米尔的信，ARSJ, JS 166, fo 97r。

[39] François Froger, *Relation du premier voyage des François à la Chine*, ed. E. A. Voretasch, Leipzip, 1926, p. 102.

[40] 参见白晋于1695年12月21日写给波斯米尔的信，ARSJ, JS 166, fo 97r。

[41] Froger, *Relation du premier voyage des François à la Chine*, p. 102.

[42] Jonathan D. Spence, *Ich, Kaiser von China. Ein Selbstportrait des Kangxi Kaisers*, Frankfurt, 1985, p. 28, p. 84, p. 188.

[43] Wu, *Passage to Power: K'ang-his and his Heir Apparent 1661-1722*, p. 56.

[44] Kessler, *K'ang-his and the Consolidation of Ch'ing Rule 1661-1684*, p. 128; *Sinica Franciscana,* Vol. Ⅷ, Rome, 1975, p. 98 Nr. 8; 另参见 Claudio Filippo Grimaldi 1703年的信件，该信收入 *Der Neue Welt-Bott*, Nr. 87, p. 28。

[45] Kessler, *K'ang-his and the Consolidation of Ch'ing Rule 1661-1684*, p. 129.

[46] Arthur W. Hummel, *Eminent Chinese of the Ch'ing Period (1644-1912)*, Taipei, 1970, pp. 308f.

[47] Collani, *P. Joachim Bouvet S.J. Sein Leben und sein Werk*, pp. 69f.

[48] Catherine Jami, "From Clavius to Pardies: The Geometry transmitted by Jesuits," in *Western Humanistic Culture Presented to China by Jesuit Missionaries (XVII-XVIII centuries),* ed. Federico Masini, Roma, 1996, pp. 186f, based on Bouvet's *Histoire*, pp. 82-99.

[49] Jami, "From Clavius to Pardies: The Geometry transmitted by Jesuits," p. 185.

[50] Bouvet, *Histoire de l'empereur de la Chine*..., pp. 101-106.

[51] Bouvet, *Histoire de l'empereur de la Chine*..., p. 107; 参见 Reinhard Wendt, "Des Kaisers wundersame Heilung. Zum Zusammenhang von Mission, Medizin und interkontinentalem Pflanzenaustausch," in *Sammeln, Vernetzen, Auswerten. Missionare und ihr Beitrag zum Wandel europäischer Weltsicht*, ed. Reinhard Wendt (Hrsg.), Tübingen, 2001, pp. 23-43。

[52] Bouvet, *Histoire de l'empereur de la Chine*..., p. 99.

[53] Ibid., pp. 7f.

[54] Ibid., pp.153-155.

[55] Ibid., p.147.

[56] Ibid., p.148.

[57] 另参见白晋于1697年8月30日—10月15日在巴黎枫丹白露写的信件，ASJP, Fonds Vivier, pièce 52, 印刷在 von Collani, "Ein Brief des Chinamissionars P. Joachim Bouvet S.J. zum Mandat des Apostolischen

Vikars von Fukien, Charles Maigrot MEP," pp. 204, 208, 210。另参见 Bouvet, *Histoire de l'empereur de la Chine...*, pp. 146f。

[58]　Bouvet, *Histoire de l'empereur de la Chine...*, pp. 112f.

[59]　Von Collani, *Neue Zeitschrift für Missionswissenschaft*, p. 210.

[60]　Alfons Väth, *Johann Adam Schall von Bell SJ. Missionar in China, kaiserlicher Ratgeber am Hofevon Peking 1592-1666*, Monumenta Serica Monograph Series, Vol. XXV, Nettetal, 1991, pp. 314-316.

[61]　Klaudia von Collani, "Kilian Stumpf SJ zur Lage der Chinamission im Jahre 1708," NZM 51, 1995. pp. 139-141.

[62]　Collani, *P. Joachim Bouvet S.J. Sein Leben und sein Werk*, pp. 19f.

[63]　陆安德（Antonio Lubelli）1683 年 12 月 15 日致耶稣会总长的信，引自 Noël Golvers, "Verbiest's Introduvtion of Aristoteles Latinus in China," in *The Christian Mission in China in the Verbist Era: Some Aspects of the Missionary Approach*, ed. N. Golvers, Leuven, 1999, pp. 40f。

[64]　Bouvet, "Journal à la Cour," B.Nat., Ms. fr. 17240, fo 286r.

[65]　Ibid., pp. 112f.

[66]　Ibid., pp. 155-157.

[67]　Ibid., p. 166.

马国贤《日志》第三卷（1716—1720），关于康熙时代历史的新文献*

樊米凯

樊米凯（Michele Fatica）/ 意大利那不勒斯东方大学

谁是马国贤？

马国贤（Matteo Ripa，1682—1746）于1682年3月29日生于艾博利（Eboli，当时内亲王国省［Principato Citeriore］，即现在的萨勒诺省［Salerno］的一个小镇），十六岁的时候到那不勒斯学习医学。马国贤出身地方中产阶级，家庭成员主要是律师和医生。他的父亲乔瓦尼·菲利普（Giovanni Filippo）是一名内科医生兼艾博利公立医院的负责人[1]，他为马国贤预先规划了一条成功的职业道路，而年轻的马国贤却在经历了一段放荡的生活之后决定改变自己的人生轨迹。彼时，马国贤和他的哥哥迭戈住在一起，迭戈是那不勒斯著名的医生。马国贤在被任命为司铎之前，主要的工作是救济那不勒斯贫寒地区的穷人以及学习绘画[2]，他感受到了神意的召唤，于是在1705年3月28日，波那文都拉·波艾里奥（Bonaventura Poerio）大主教在萨勒诺授予他神职，同年11月30日马国贤抵达罗马。神父安东尼奥·托雷斯（Antonio Torres，1637—1713）是虔敬者修会会长以及马国贤的灵修导师，命令他的教子去中国传播福音。托雷斯在教皇克莱蒙特十二世阿尔巴尼的指示下行动，后者计划在乌尔巴努斯学院设立专门的院系以培养到中国传教的传教士。马国贤对中国一无所知，但是他遵从了灵修导师的要求，违背了自己父亲和哥哥的意愿。马国贤并没有立即离开罗马，由于没有家庭的经济支持，他的第一次罗马旅居是在极度贫困中度过的。之后他获得了红衣主教小安东尼奥·巴尔贝里尼（Antonio Barberini junior）的赏识，多亏红衣主教的庇护，他才能够继续支付学习铜版画课程的费用[3]。

马国贤一行五人于1707年10月23日离开罗马动身前往中国，他们的任务是将红衣主教的命令带给教皇钦定特使铎罗（Charles-Thomas Maillard de Tournon，1668—1701）。罗马教廷对耶稣会充满了敌意，他们派特使前往印度和中国的秘密目的是谴责耶稣会士采取的妥协策略，耶稣会传教士允许印度和中国的新皈依者保留一些自己的传统，比如印度教（马拉巴人的仪式）和孔教（中国人的仪式）。铎罗特使的最终目的是减少或者消除耶稣会士在世界尤其是在印度和中国的影响力。包括马国贤在内，这个使团是罗马教皇以及传信部反对耶稣会的策略之一，红衣主教奖赏了一名教长，后者非常明确地谴责了马拉巴仪式（*Inter Graviores* 诏令，于1704年6月23日签署于本地治里）和中国的仪式（*Nanchinensis* 诏令，于1707年1月25日签署于南京）。当马国贤于1710年1月6日抵达澳门的时候，他发现铎罗特使已被葡萄牙当局囚禁，原因是康熙皇帝不满于铎罗特使所为，将他驱逐出中国转交给葡萄牙政府，而葡萄牙政府也被铎罗特使对中国传统仪式轻率的谴责所激怒。然而，在铎罗特使满怀期待地同康熙皇帝第一次会面期间，他声称即将到来的西方才俊愿意为大清帝国效力，在这些人中有担任画家一职的马国贤。康熙帝本人想要考察一下马国贤的才能，于是令他在诸多官员面前作画，这些画作送到了北京并得到了康熙皇帝的认可，就这样，马国贤获准到朝廷任职，并于1711年2月6日抵达北京。他成为康熙御用的皇家画师[4]和铜版画雕刻师[5]（从此他的中文名字叫马国贤），但与此同时他也开始了同耶稣会士的艰苦抗争，支持他的是另一位传信部的虔诚代表人物：德理格（Teodorico Pedrini）。耶稣会同罗马教廷明争暗斗，马国贤计划建立一座小型修道院以培养忠诚于罗马天主教会正统教义的中国神职人员。但是迫于耶稣会士的压力，他只好采取了一个权宜之计：带着四名年轻的学徒、一位教授汉语的老师和书信返回那不勒斯。

马国贤的手稿和出版物

自从马国贤在1705年11月26日离开那不勒斯去罗马之后，他将上面提及的重要事件都记录在了记事本中。1724年11月24日返回那不勒斯之后，他一直焦急地等待着哈布斯堡皇帝查理六世和罗马教皇本笃十三世的授权，以便同意他建立一所培养中国传教士的学院。直到教皇克雷芒十二世在1732年4月7日颁布了 *Nuper pro* 谕令，认可了中国学院（collegium juvenum sinensium atque Indorum[6]）之后，马国贤才决定出版他的一些手稿。1739年那不勒斯帕里诺（il Parrino）出版社出版了他的《迦百列·贝利萨里奥传略》（*Compendiosa relazione della vita di Gabbriele degli Angeli Bellisario, compilata dall'abate d.Matteo Ripa*）。然而，早在1734年2月2日，他就开始撰写中国学院以及教区神父修会（名为“耶稣基督圣家族会”）的历史，题为《耶稣基督圣家族会暨学院创立史述》（*Istoria o sia relazione dell'erezione della Congregazione e Collegio della Sagra Famiglia di Giesù Cristo*）。这本手稿有69章的内容，其中他用5章的篇幅简单描述了从1700年到1724年发生的重大事件，之后他便讲述了中国学院创立和发展的历史，这一历史一直更新至1744年。

当马国贤在1743年5月26日着手创作他的五卷本《日志》——年代从1705年跨越至1724年——时，他已经61岁了。他收集整理了他的笔记，这些笔记带有拉丁语、汉语、西班牙语以及葡萄牙语等外文文献。他为什么要在晚年的时候从事这项有关其在北京旅居十三年之记忆的整理工作呢（事实上，三年之后即1746年3月29日他就去世了）？1740年，约瑟夫·斯皮内利（Joseph Spinelli）被奉为那不勒斯大主教：他因是罗马中心“小拱门”（l'archetto）的支持者而著名，后者因其反对耶稣会而为人所熟知。同年本笃十四世升任教宗，在1742年7月11日颁布的教皇诏书 *Ex quo singulari* 中他对耶稣会的敌意显露出来，这一诏书非常明显地谴责了中国礼仪。在这种充满了对耶稣会敌对情绪的社会氛围中，马国贤决定撰写自己的回忆录。然而值得注意的是，马国贤意识到很多文章是不能被大众阅读的，因为在当时耶稣会仍保有活力并且非常强大（只有到了1773年才被解散）；因此他的回忆录只能被耶稣基督圣家族学院的成员以及被任命为司铎且被派往中国当传教士的中国学生（或校友）所阅读。根据规定，在那不勒斯培养的中国传教士被禁止加入耶稣会。

1773年7月21日教皇克莱蒙特十四世通过颁布教皇谕令 *Dominus ac Redemptor*，解散了耶稣会，此后耶稣会士的复仇危险便消失了。那不勒斯主教座堂的神父甘杰米（Niccola Gangemi）研习了马国贤的手稿，尤其是《日志》，在《耶稣基督圣家族修会暨学院史述，附创始人马国贤传》（*Storia della Congregazione e Collegio della Sacra Famiglia di Gesu Cristo colla vita del fondatore D.Matteo Ripa*）一书中（Naples，Gigante dei Gervasi，1789），他从《日志》中节选并引用了一些马国贤敌视耶稣会的篇章。

1832年圣家族会的成员决定通过出版马国贤神父的回忆录来支持他们的奠基者列入真福的过程。然而耶稣会在那时又复活了（1814年8月7日教皇庇护七世颁布的教皇诏书 *Sollicitudo omnium* 恢复了耶稣会），并且变得比原来更有影响力。为了避免新耶稣会士阻挠将创会者马国贤列入真福，回忆录的编者删除了马国贤所写的关于反对耶稣会的所有篇章，这意味着《日志》百分之六十的内容都被删除了。不仅如此，为了补齐所删减的部分，他们将《日志》（1705—1724）与《史述》（1700—1744）加以混合。但是最让人感到痛惜的是他们窜改了马国贤对阿方索·玛利亚·德·利古力（Alfonso Maria de Liguori）的严厉批评，原因是庇护七世于1816年9月郑重地为利古力的列入真福发布了谕令，并授予马国贤的父亲以贵族头衔，这一点是马国贤本人没法提及的。编者还改变了马国贤所使用的旧体意大利语，最终强调说所有的变化和窜改都是马国贤本人手稿笔迹不清所致。如果说1832年发行的回忆录是马国贤游记手稿的删节本，那么福尔图纳托·普兰迪（Fortunato Prandi）[7]1844年的英文本便是删节本的删节本，但是这一版本仍然多次刊行，并且成为中国学者了解马国贤本人的唯一资源。

《日志》最终出版了，但并不是真正按照马国贤所写的形式出版的，当法国的译本依据手稿起草修订时，1832年的编者却并没有出版此书，他们最终决定只出版一部分没有附录的修订手稿。遣使会（即味增爵会或拉匝禄会——译者）决定将马国贤在华回忆录收入匿名的——虽然被归于加百利·佩尔波瓦尔（Gabriel Perboyre）名下——《遣使会回忆录》（*Mémoires de la Congrégation de la Mission*，Paris，1863—1866）卷四到卷十二之中，这个版本完全呈现了马国贤对于耶稣会的强烈敌对态度，这一做法引起了耶稣会士的极大不满，为此这些卷本被列入禁书目录。

直至1991年，编辑出版马国贤神父原初手稿第一卷的可能性才出现，因为此前手稿已经被中国学者郭栋臣（1846—1923）带到中国。郭栋臣在那不勒斯的前中国学院教授中国语言与文学，1869年意大利政府整顿学校体制，将其重新编组为“亚洲学院”（Collegio Asiatico）；在进一步的整顿之后于1888年将其更名为“东方学院”（Istituto Orientale）。郭栋臣将从那不勒斯带回来的手稿保存在湖北武昌。当中国人民解放军于1949年抵达武昌时，方济各会士又将这些卷本带回了意大利，将18世纪的卷本留存在罗马，19世纪的卷本送到威尼斯，后者现存放于方济各会威尼斯省档案馆内（Via Padre Gelain，5，Marghera）。

目前，马国贤著作中的更大部分存放于罗马方济各总会档案馆（Archivio della Curia Generalizia dell’Ordine dei Frati Minori，Via Santa

Maria Mediatrice，25）[8]。

1716—1717 年：教皇与皇帝之间的纷争以及传信部与耶稣会士的纷争

马国贤《日志》的第三卷记录了从 1716 年 11 月 1 日至 1720 年 4 月 9 日发生的事件，其中包括三个重要的问题：第一，康熙皇帝和罗马教廷之间的关系；第二，康和子（Carlo Castorano）[9] 将教宗宪令 *Ex illa die*（1715 年 3 月 19 日签发）的最高秘密对在朝廷工作的传教士公开，康和子是北京主教伊大任（Bernardino della Chiesa）[10] 的代理主教；第三，康熙皇帝、耶稣会士以及马国贤和德理格对于解密的教宗文献的反应。

第一个问题是在康和子和康熙皇帝之间引发的，前者想要秘密地出版教宗宪令，而此时的康熙皇帝正在焦急等待着他首次派往罗马的两个特使的消息，他们是耶稣会士龙安国（António de Barros）和薄贤士（Antonie de Beauvollier），以及他的第二个使团——耶稣会士艾若瑟（Antonio Provana）和陆若瑟（Ramón Arxó），他们分别于 1706 年和 1708 年离开中国，带着中国皇帝的信件前往罗马教廷，在信中康熙皇帝向罗马解释了中国仪式不是盲目崇拜而是文明礼仪。过去了八年、十年之久，康熙帝没有这两个使团的任何消息。于是他颁布红票（见图 1），此红票由满语、汉语、拉丁语三种语言写成，并被大量印刷，在广东的从世界各地回来的船员中间分发，询问有关使节的消息。

以下是红票的内容。

武英殿等处监修书官伊都立、王道化、赵昌等字寄与自西洋来的众人：我等谨遵旨于康熙四十五年，已曾差西洋人龙安国、薄贤士，四十七年差西洋人艾若瑟、陆若瑟奉旨往西洋去了。至今数年，不但没有信来，所以难辨真假。又有乱来之信，因此与鄂罗斯的人又带信去，想是到去了。必竟我等差去人回时，事情都明白之后，方可信得；若是我等差去之人不回，无真凭据，虽有甚么书信总信不得。因此唯恐书信不通，写此字兼上西洋字刊刻，用广东巡抚院印，书不封缄。凡来的众西洋人多发与带去。

康熙五十五年九月十七日 [11]

马国贤《日志》第三卷的开头誊写着这份红票，这并不是偶然的。

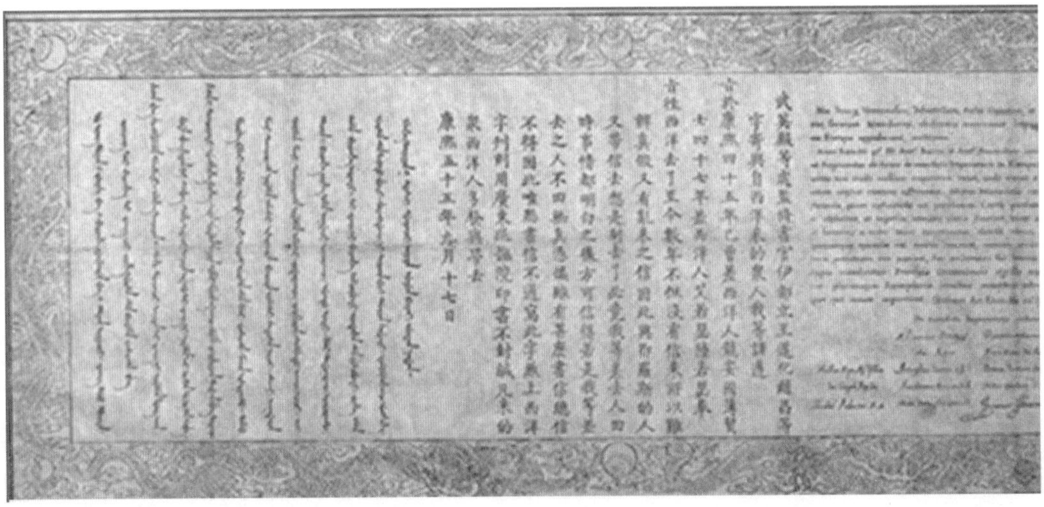

图 1　红票

康熙皇帝派到罗马教廷的两位大使旨在建立中国和罗马的友好关系，这关系基于对彼此文化的相互理解。康熙帝还就有争议性的观点做出了另一个解释，这一解释于1714年12月9日以差使函的形式由马国贤和德理格签名，经由莫斯科送往罗马。

争议的首要问题是有关God的命名问题。怎样称呼基督教的上帝呢？耶稣会传教士解释称“天”、“天主”或者“上帝”并没有差别。1675年6月15日康熙帝赏赐给耶稣会士一个带有丝绸装饰的木制匾额作为礼物，根据传统惯例，皇帝用朱笔在匾额上写下两个字“敬天”，其意为“敬神”[12]。康熙皇帝的刻在匾额上的字迹被复制多份，这些匾额被悬挂在天主堂门上或者摆放在祭坛的旁边。对于一些传教士而言，康熙帝成了中国的君士坦丁大帝。但是在17世纪末期，方济各会和多明我会的会士认为这些匾额题刻代表着偶像崇拜，因为“天”并不意指上帝，仅仅是自然性的天空。然而，康熙帝在上文提及的那一封差使函中对“敬天”做了如下解释，此函件写于1714年12月9日，并由马国贤和德理格签名，经由莫斯科送往罗马：

至于敬天之字亦不是以天即为天主。乃是举目见天不能见天主。天主所造之物甚多其大而在上者莫如天。是以望天存想内怀敬耳。

争议中的第二个问题是祖先崇拜。对于这个问题康熙帝在同一封差使函中强调有生命之物都同祖先有着深切的联系，中国文化的根基在于孝道：

中国供牌一事，并无别意，不过是想念其父母，写其名于牌上以不忘耳，原无写灵魂在其牌上之理。即如尔们书父母之像以存不忘之意同也。然画像犹恐画工有工拙不如写其名，则无错矣[13]。

然而，并没有从西方传回皇帝特使的消息：使团失败了，或者是因为不幸事故[14]，或者是因为罗马教廷反对耶稣会士传教方法和实践的势力占了主流[15]。然而，1716年11月5日神父康和子秘密地来到北京，向耶稣会士和隶属传信部的传教士公布教宗宪令*Ex illa die*。这一来自教皇的神圣律令拒绝了以上两个争议中的重要问题，这无疑结束了罗马教廷和中国对话的可能性。我们可以看到克莱蒙特十一世对康熙皇帝解释的回应。第一点：

西方称God（上帝）为天、地以及世间所有万物的创造者。因为God这一词在汉语中没有合适的读音，于是在中国的西方人以及皈依天主教的中国人经年累月用“天主”一词来指代God。从现在起，这样的词比如“天”“上帝”不允许被使用：God应该被称作天、地、世间万物的主。带有“敬天”汉字的匾额不允许被悬挂在天主教堂里面，已经悬挂了的需要立即摘除。

对于第二点，教皇是如下作答的：

任何一位中国天主教徒都不允许在家族祠堂中进行祖先崇拜。无论是在家里、在墓地里还是在葬礼中，中国天主教徒不允许进行祖先崇拜仪式。即使身边都是非天主教徒，他也不允许这样做。无论处境如何，这种仪式在本质上都是异教性的[16]。

康熙皇帝又做何回应呢？康熙帝认为教皇

和他的支持者们对于中国传统和文明一无所知。他们虽然已经被告知相关内容，但是却并不理解这些内容。康熙帝的想法概述在马国贤《日志》的第三卷中：

他们认为祭奠父母是迷信……他们不知道他们自己在说什么。他们不愿意承认祖先的牌位，也不允许在祖先的牌位面前进行传统祭祀活动，因为他们认为中国人渴望从他们的祖先那里获得幸福。多么无知！在我统治期间，我曾判处很多罪犯死刑。他们的子孙后代，尽管很贫穷，也不会忘了将牌位摆上，在牌位面前进行传统的祭祀仪式。难道他们真的是太蠢了吗，渴望从不幸的祖先那里寻求幸福？如果父母都不能够为他们自己带来幸福，他们又如何能够把幸福传给他们的子孙呢？中国人进行祖先崇拜仅仅是孝道的体现[17]。

至于祭祀孔子，康熙帝认为这是对中华文化创立者的一种忠诚的敬意[18]。康熙帝对罗马教廷思考问题方式的谴责造成了两个国家之间的决裂，这一鸿沟在教宗宪令之后再也没有弥合。但我们不能忘记问题的另一方面：一些西方传教士同康熙帝玩起了阴谋，他们隐藏了已经到达中国的教宗文献。这些人是谁？朝廷官员指认了三个应该受到惩罚的人：伊大任，方济各会士以及北京教区主教，他是一位住在山东临清的老人；康和子，代理主教，他应该为其隐瞒律令在传教士之间的流传负主要责任，这些传教士在清廷工作却不了解皇帝；德理格[19]，遣使会的司铎、音乐家和乐器制造者，他被指控秘密地给罗马教皇写信[20]，在信中他谎称对中国礼仪的谴责并不会对天主教在中国的传播产生影响。

马国贤《日志》的第三卷包括很多外人知之甚少或根本就不为人所知的文献，这些文献记载了皇帝反对教区主教、代理主教以及德理格的行动。1716年11月底，在方济各会翻译家南怀德（Miguel Fernandez Oliver）的帮助下，伊大任被三名朝廷官员审问。我们有一个官方的版本印制在方济各会报 *Sinica Franciscana* 的第五卷和第八卷中[21]，而马国贤《日志》的第三卷提供了另外一种版本，此版本用18世纪的西班牙语写成。主教最重要的辩护观点在这里被归纳出来。

伊大任面对的最重要的指控是：为什么他想使最新的教宗宪令为人所知却并不公开先前的教皇政令？他通过强调教宗宪令和先前的教皇文献在对待中国礼仪问题上的巨大不同来为自己辩护：先前的政令对中国礼仪问题的谴责是温和的（他使用了西班牙语形容词 suabes），最新的政令是严厉的。如果他当初隐藏了这个新的律令，他就会被教廷革职并且开除教籍；在他了解了写于1714年10月20日北京经由莫斯科呈送给教皇的信件——在信里德理格向教皇保证康熙皇帝将会接受关于礼仪问题的任何谴责——之后，他认为很有必要遵守教皇的命令，使在清廷工作的传教士熟知教宗宪令。由此耶稣会士、马国贤以及北京教区的主教同意指控德理格，康熙帝判他为“该死敌”[22]。德理格于1721年被囚禁，而此前康和子曾入狱一周（1716年11月7日至14日）。德理格记于1715年9月4日康熙帝回忆录中的论述与他的信件内容不符，该信被送往教皇那里并仅仅在耶稣会文献那里被人知晓，北京教区主教和教皇谴责该文献为诽谤册[23]。然而，马国贤《日志》的三卷本保留了这段回忆，这些文献既有中文版本也有耶稣会士翻译的拉丁语版本。我们在下面的附录中再次引用了它，以表明马国贤回忆录的重要性。在马国贤和耶稣会士之间存在着激烈的冲突。前者是这样为自己观点辩护的：耶稣会士就像犹大一样，公开指责康和子是教皇派往清朝皇帝以及官员赵昌那里的秘密代理。后者声称康和子的仆人已经无意中将他们主人的身份向赵昌显明了。

附录
德理格康熙帝回忆录中的中文报告

前言

马国贤在《日志》第二卷1715年11月12日条目下写道：

> 今天我们去泡温泉，在那里康熙帝有一栋精巧的行宫。当时德理格正在同大臣交谈，之后太监递给康熙帝一个密封文书。没有人知道这个文书写了什么，这引起了耶稣会士和清朝官员的极大不安。我让他公开文书的内容，但是他只告诉我他将10月份来自罗马法蒂内利（Abbot Fattinelli）的信件放在了密函之中，此外再无任何透露。这封信我们两人都收到了，而且他还给了我一份抄本。我不得不在1716年11月12日提到这份文书以及来自法蒂内利的信件，彼时这些文件被朝廷官员所知，这导致了德理格的贬黜；我将会抄录法蒂内利的信件以及德理格于1715年9月5日呈送给皇帝的回忆录[24]。

这一段引用文字显示了康熙帝对于教皇回应其使节带去函文的等待已颇有时日。1716年10月印行的红票也证明了康熙帝的急迫，而同一年教宗宪令 *Ex illa die* 的秘密传播使其更加愤怒。皇帝很自然地认为自己被骗了；因此他惩罚了德理格，因为德理格不仅将错误的信息带到罗马而且隐藏了来自西方的信息。之后康熙帝想阅读中文版的法蒂内利的信件以及德理格呈现在回忆录里的报告，正如马国贤在1715年11月12日条目下记录的那样。德理格的回忆录写于9月5日，但是两个月后才给康熙帝过目，也就是11月12日。这两份文件被马国贤抄录在他《日志》的第三卷里，标明的日期是1716年11月12日，这距第一次提及法蒂内利的信件以及德理格的回忆录恰好整一年。注释23提到的拉丁语著作 *Informatio pro veritate* 在第91v-94v页，并做题记如下："作者在附录中收录了德理格奏折全文，以拉丁语译出其汉语原文；此奏折曾于1715年11月呈给中国皇帝本人；1716年11月12日，皇帝下令将其转呈给奏折中所厚诬的赵昌大人及众耶稣会士"（In Supplementum Appendiculæ quam Auctor suæ Relationi subiecit de Libello R. D.Theodorici Pedrini，subjicitur hic totus Libellus latine versus ex Originali Sinico，quem Imperator Tartaro-Sinicus，sibi oblatum a dicto Domino mense Novembris 1715，sequente anno 1716 die 12a Novembris 1716 tradi iussit Mandarino Chao Cham et PP.ibus Soc，Iesu，in eo falso accusatis），此处第一次复现了德理格的回忆录。之后，在第95-95v页，这个匿名作者（可能是纪里安［Kilian Stumpf］）增加了法蒂内利的信件，题记如下："以下为一封拉丁文书信，德理格大人曾将其与上书一起上呈中国皇帝，而法蒂内利大人的书信于12月15日作于罗马"（Sequitur Versio Latina Epistolæ，quam Dominus Pedrini una cum superiori Libello obtulit Imperatori Tartaro-Sinensi in Idiomate Sinico，tanquam Epistola R. Domini Joannis Fatinelli ad se datam Romæ 15 Decembris 1713）。

一个问题是：谁是法蒂内利？他出生在卢卡（托斯卡纳区），在罗马成为罗马圣母大教堂主教教堂的教长。他属于没有到过中国也不懂汉语却研究中国礼仪的首批西方学者，他们认为中国礼仪是迷信的并且同基督教相矛盾的。出于此他写了 *Historia cultus Sinensium: Seu varia scripta de cultibus Sinarum...*（Cologne，1700）[中国宗教史，或中国宗教杂论]。这本书成为罗马钦定特使铎罗的指南。事实上铎罗在出任印度和中国使节期间，任命法蒂内利为他在罗马的代理人。马国贤《日志》第一卷回忆了法蒂内利为已故的红衣主教铎罗编写了讣告，这一讣告由卡尔洛·马耶罗（Carlo Majello）传达并命名为 *Relazione della preziosa morte dell'eminentissimo, e reverendissimo Carlo Tomaso Maillard di Tournon prete cardinale della S.P.Chiesa... seguita nella citta di Macao li 8.del mese di giugno dell'anno 1710* [钦若至敬枢机主教铎罗神甫之讣辞，其人于 1710 年 6 月 8 日故于澳门城]。有一部匿名的小册子也被认为是法蒂内利所作：*Delle Risposte date dal Procuratore dell'Em. Mo Sig.Cardinale di Tournon alli cinque Memoriali del P. Provana contro le Osservazioni fatte sopra di esse da un Autore Anonimo*（n.p.，1710）[为至钦铎罗主教巡查使答艾若瑟五奏折的答复辞一辩，驳匿名作者的看法]。他肯定也是教皇起草教宗宪令 *Ex illa die* 的顾问。

另外一个问题是：为什么法蒂内利的信如此重要？那是因为这封信可能打开了缓和中国同罗马教廷关系的道路。让我们来看一下信件内容的以下片段：

现在全世界都笃信中国皇帝的审慎和英明，他并不妄想给那些信奉不同宗教的人施加压力；因此我们希望他能对我们的教士表露出同样的容忍态度，如果这样可行，便可以向他的大臣保证将会有不计其数的英才愿意为皇帝效劳，如果这些西方人在京城可以衣食无忧地生活，那就更不成问题了[25]。

康熙帝将此内容看作友好的证明，但意想不到的是随后对中国礼仪问题的谴责秘密地进入了中国。康熙帝推测这一切都是德理格的撒谎造成的，他应当受到惩罚。1716 年 11 月 12 日，在位于北京附近的行宫畅春园，在康熙帝和德理格之间展开了一场戏剧性的对话，最后康熙帝向德理格说："去年你向我呈送了一份关于中国礼仪问题的回忆录，我当时并没有回复；我只是告诉你我已经派艾若瑟带着我的谕召去了欧洲。之后我命令下人带走了回忆录将其严密保管，并让我的三皇子和十二皇子阅读它。"文中所说的回忆录是德理格在 1715 年 9 月 5 日呈上的。

正文

德理格的康熙帝回忆录的中文本保存在上述的罗马方济各总会档案馆里，与马国贤的大部分手稿一起收录在 Hankou Missions，6-9，1 这部分中。

德理格的汉文奏折是对康熙帝 1715 年 9 月 5 日圣旨的恭敬回应，这一旨令命令德理格提交一个报道"西洋信"的"启奏"。旧的中文本是手写的，并且没有标点，有的地方很难读懂。下面展示的是带有标点的现代抄本，以下是出现在马国贤《日志》中的六页回忆录的复本。

臣德理格谨奏：奉八月初八日下的旨意，教臣启奏西洋信总纂前事。启奏皇上：

自昔在中国传教西洋人见中国拜孔子祖宗所行之礼，疑惑此礼与天主教之理合否。有这样疑惑，遵古规就具启教化王，求定合不合。教化王亦不是私意定，必和有德有学之人取天主教的道理，比一比所辨之礼。若与天主教之理相合，教化王不能说不合；若与理不合，教化王不能说合。

在中国耶稣会与别会西洋人启知教化王，他们先启教化王之书所说的话不一。有说所行之礼是这样，有说所行之礼是那样。到底教化王查耶稣会人先写的书，及中国回去的耶稣会庞嘉宾、诺合林等所启的本，到书明白所行之礼。

到天主降生一千七百零四年十一月二十日，即康熙四十三年，内定了自己的主意，但犹未传。然已将此意吩咐铎罗，命在京西洋人遵依行教。铎罗见有不听他的话的西洋人，于天主降生一千七百零七年二月初七日，即康熙四十六年内将教化王所定之意明白公传与传教人知是哪年哪月教化王定了。

康熙四十八年艾若瑟到了西洋说奉有皇上的旨意。教化王听这句话，很侍他好，体面更都，小心念了这个旨意。康熙四十九年，西洋船到了中国，带了信说教化王传了自己的主意。这个主意就是臣旧年当面奏过的，今再略细具奏："造万物主该称呼天主，不该称天、称上帝、西洋话陡斯（Deus——译者）等字。在中国西洋人总未辨驳天主二字使不得。

教中收祖宗牌使得，但不要写灵位神位等字。寡写祖宗名字别号等字。另外旁边或左或右写灵魂必有所归，人子当如何真孝父母的道理。祭礼，独万物主可受，不论何等超类之人不能受。在中国西洋人总未许奉教人春分、秋分祭礼。但祭孔子祖宗的时候，奉教人，或有不能辞取相和不相恨之意，在祭的所在自站看望，亦无不可。另外用寻常事人礼貌亦无妨碍。"

此即教化王所定之语。耶稣会之人看见教化王之主意，好几次写了折子多说支吾之话驳教化王，即如法兰西与葡萄牙国耶稣会的人去年啰唆皇上。

天主降生一千七百一十年九月二十五日，即康熙四十九年内，教化王又发谕教传教人确守先定的主意。另外传谕在罗马府各会的大会长吩咐各会内人遵守。

耶稣会大会长听见人人说他会内人不听教化王的命。于天主降生一千七百一十一年十一月二十日，即康熙五十年十月十一日，会齐二十五个管本会事的人。艾若瑟亦在其中。

公具一本启教化王。其中极言本会人愿守教化王所定，即臣奏的教化王规矩，丝毫不敢违。若本会中但有丝毫不遵的意思之人，求教化王重加谴罚。大会长也罚这样人，看他如野生之子等情。

去年腊月内住在山东临清州主教伊大任着副祭康和子到京传给西洋人教化王的主意。

纪理安等使矫计避传信之人，使他不得白其词。后来写书与主教吓他很厉害说："你传给西洋人这样的主意，我们就启奏。皇上的王法很重。"等语。

伊大任见他们恼的，人必遭他们害，如毕天祥、依格安当、高廷用在广东受苦。致高廷用死于禁内，而毕、依二人困禁五年。如此情形夫谁不惧？

伊大任亦恐触他们之怒累及别人，故此教副祭康和子回临清不传此信罢。彼虽不获传闻，然此教化王之主意在中国西洋人都知道了。

澳门耶稣会四十九年的会长阿玛喇尔当年收了这个信，但他们不欲万岁知道。故一年挨一年不启奏实信，使凡遵教化王命之人不敢入中国，以遂其心。

所以万岁问西洋信，他们常常启奏绕弯子的话。即如康熙五十一年住在澳门罗若德进献了西洋来的教化王之书，他们很恼了他，黑夜里强他上去印度的船。

又康熙五十一年皇上着新来的西洋人看艾若瑟奉的旨。彼时臣与马国贤及已故山遥瞻回奏明白。赵昌教写臣等的话，但臣说的话一半教写一半不教写。

臣说“教化王所定主意的信到了中国，定的是这样这样规矩”。这些话都没有写。

后来和纪理安、巴多明等秘密地商量启奏了。所奏的话臣不知道。巴多明也说赵昌没有启奏臣说的话。又见皇上常问西洋信，大概巴多明的话是真。

所以臣旧年将此事奏闻。因为臣启奏了这个信，耶稣会的人也恼了臣。常常厌恶、欺负臣。在他们的房内很难。他们极愿臣不在中国，万岁撵臣去，不爱别人在这里。

故此，他们拿臣旧年奉旨写启教化王之书，都改坏了。那个书中，臣求教化王着人来。皇上的宽恩一定待他们好。

臣闻他们秘密地写了别的书，说有人来遵教化王定的主意，万岁一定要撵他们去。这个书底下赵昌亲笔写了自己的名字。他们要赵昌的名字是要教化王信他们是真话，不着人来。

赵昌很护着他们，锉磨臣。臣闻有缘故，但不敢定。故此，他教臣改启教化王之书。臣遵亲听旨意教“一个字不要改”。臣不肯改。

他传他的旨意教改，拦住臣不教见面。臣没奈何改了书，都变了，不是臣原写的书。

臣写这个书时，旨意教臣写当面奏过的话。臣写毕，付王道化。赵昌写假帖子给王道化换臣启奏的。

王道化不肯收，说：“这个不是德理格的帖子。”赵昌说：“不相干！你拿去启奏罢！”臣彼时已到，在赵昌背后，都听见这些话。

就拿王道化手上的帖子，跪着说：“这是臣奏过的话，进呈御览。”赵昌拿自己的帖子，给一笔帖式收。他们进内后，臣取耦［？］对笔帖式收的帖子。臣看字样多有不同。

又康熙五十二年六月内，他写了一个张起麟传的旨意，为教徒弟很羞辱臣。臣给张起麟看，他说：“这个旨意写得不是。”到了养心殿，当他面教改。

今年山遥瞻骨尸到京时，臣请旨在哪里埋。因为无旨，不敢埋他人坟里，并无别意。

赵昌传旨教臣要拿骨尸带西洋去，即令带回去。臣请旨，折内总未提带骨尸往西洋去的话。连也想不到这样的话。

臣自进京蒙皇上殊恩待臣极好至死。臣愿给万岁出力，寡怕赵昌或他着的人弄甚么诡，在万岁面前背地里说臣。臣孤独，实无所靠，惟依天主皇上保护。

今具奏的话是真真的话，臣不敢在万岁面前说谎。皇上要知道臣奏之信真否，秘密地着人问伊大任、康和子，问教化王奏了什么主意否，怎么样定了。

但恐怕伊大任信纪理安先说的话，不敢明言。他是七十多岁的人。心内或想恐皇上不悦。故此皇上着的人说给他甚么安心的话。臣想他说明。

于今臣恳求皇上不教人知道这个臣奏的话。伊大任知道，一定恼臣，因为他信纪理安的话，怕了。

早有信来教臣等不要启奏这个话。臣不敢瞒皇上要知道的话，所以臣剖白丹心于皇上面前，即今年来的西洋信也不提这件事。因为此事教化王早定完了，也知道此信早到了中国，所以臣故轰纂其事冒渎圣聪。

臣收广东来信，听见印度来的耶稣会画画的配药的二人。听见艾若瑟不来了。在广东耶稣会的人说教化王不教他来，但未必有这句话。臣想是他不来有别的缘故。

八月初七日到了两个西洋船，一个是法兰

西的，一个是英吉利的。说西洋太平了。臣收了一封罗马府管臣等事的教化王面前大人写的书。今并译呈御览。

（张文琦 译）

注释

* 我非常感谢安德斯·汉森（Anders Hansson）博士帮助我提高英语，我同样感谢汉森博士和刘晶晶博士帮我查对附录中的中文文本。

[1] 20世纪80年代之前关于马国贤和他家庭的传记学知识具有传奇性。那些描写马国贤、马国贤父亲和其兄弟的人试图给马国贤的父亲安上一个贵族阶级的头衔（Planchetella男爵或是Chianchetella男爵）；事实上，乔瓦尼·菲利普根本就没有进入贵族的行列。然而，马国贤的弟弟洛伦佐（1686年生于艾博利，1739年卒于那不勒斯）是一位成功的律师，在1714年10月6日获得了Planchetella或Chianchetella（现在的阿维利诺省）封地，这一分封使他荣列男爵行列；参见Erasmo Ricca, *La nobiltà del Regno delle Due Sicilie*, Naples: Agostino De Pascale, 1859, i, 372; Michele Fatica, *Matteo Ripa, Carlo VI, la Compagnia di Ostenda e il progetto di fondazione a Napoli di un Collegio dei Cinesi,* Naples: Italiano per gli Studi Filosofici, 1997, p.15。在其他的三个兄弟，托马索·安德里亚、马提和迭戈中，马提1667年生于Giffoni Sei Casali，1733年卒于科森扎，是艾博利圣玛丽教堂的教区司铎，并且在1729年被尊奉为希伯伦地区的名义主教；参见Remigium Ritzler et Pirminum Sefrin, *Hierachia Catholica medii et reventioris evi...1667-1730*, Padua: Il Messaggero di S. Antonio, 1952, v, p. 217; Michele Fatica, ed. *Matteo Ripa e il Collegio dei Cinesi di Napoli (1682-1869)*: *Catalogo della Mostra*, Collana Matteo Ripa, i, Naples: Università degli Studi di Napoli, 2006, p. 164。迭戈1677年生于艾博利，1742年卒于那不勒斯，是一名著名的内科医生、宗王安格里·多利亚的氏族朋友，并且同贵妇安东尼娅·卡拉乔洛有密切关系，贵妇卡拉乔洛嫁给了里奇王子；迭戈作为科森扎地区（意大利南部）销售海盐的承包人最终陷入了法律纠纷；参见Fatica, *Matteo Ripa, Carlo VI,* 3。

[2] 他对绘画有天然的爱好，他秘密地追随自己的天赋而违背了父亲的意愿，他的父亲希望他成为一名医生；参见Oreste Gregorio, ed. *Tommaso Falcoia, Lettere a S. Alfonso de Liguori, Ripa, Sportelli, Crostarosa*, Rome: Edizioni Paoline, 1963, p. 37。在从朴茨茅斯到澳门的旅途中，他所设计的作品可以在以下这本书中看到：Collana Matteo Ripa, *Giornale,I(1705-1711)*, ed. Michele Fatica, 9, Naples: Istituto Universitario Orientale, 1991; and in Fatica, *Matteo Ripa e il Collegio*, pp. 173-189。

[3] Matteo Ripa, *Giornale,II (1711-1716)*, ed. Michele Fatica, Collana Matteo Ripa, 14, Naples: Istituto Universitario Orientale, 1996, p. 38: “Parlando in primo luogo dell’acquaforte, io altro non ne sapevo che una misera lezione,che me ne fu data in Roma da un certo pittore, da me a questo effetto pagato” .（在罗马我曾雇用一位画师给我简单地上了一节铜版画课，除此之外我对铜版画一无所知。）

[4] 马国贤的画作基本都遗失了，留下的一小部分也是匿名的，一幅地下室壁画在那不勒斯中国学院旧址的入口处，并带有神圣家族修会的封印，他通过这幅壁画来教导中国教士，另外一些同样规格的壁画在圣母升天修会的门上方，画着圣母升天的图景；参见Fatica, *Matteo Ripa e il Collegio*, p. 256, p. 258。不仅如此，台北“故宫博物院”的三幅画作也有可能出自他手：*Ladies in Pawlonia Shade, Figures of Various Countries, and A Panoramic View of Mountains and Waters*; 参见Mo Xiao Ye, “Artistic Exchanges between the East and the West during Wu Li’s Time,” in *Culture, Art, Religion: Wu Li (1632-1718) and his Inner Journey: International Symposium organised by the Macau Ricci Institute, Macau, November 27th-29th 2003*, Macao: Instituto Ricci, 2006, p. 161。

[5] 他幸存的画作很少，我们有很多其铜版画的复本（这项技术是经他传给中国的，而非耶稣会士），比如《御制避暑山庄三十六景诗图》（1713年）和《皇舆全览图》，这些复本收藏在伦敦、维也纳、博洛尼亚的阿奇吉纳西欧宫市政图书馆、那不勒斯东方大学、圣彼得堡和罗马社会地理图书馆里。欧洲对三十六景更

多的重要研究是：Christophe Comentale, *Matteo Ripa: Un peintre graveur-missionnaire à La Cour de Chine*, Taipei: 1983; Christophe Comentale, Matteo Ripa, (Eboli, 1682-Naples, 1746), introducteur de la gravure à l'eau-forte en Chine', *Quaderni utinensi,* 15-16 (1996), pp. 239-258, 有九幅铜版画的说明；Richard E. Strassberg, "Transmittiing a Qing Imperial Garden: Kanxi's Thirtysix Views of *Bishu shanzhuang* and Their Journey to the West"（"一座清代御苑之传播：康熙避暑山庄三十六景及其在西方的传播历程"，中文译者王劲涛），见 *Flora of Landscape Thoughtl*《山水百家言》（中英文双语在线出版），2009:6，http://sites.google.com/site/xinwuxin/column/flora-of-landscape-thought。关于这一主题最重要的中文文献是《铜版〈御制避暑山庄三十六景诗图〉圣祖玄烨诗》，北京，学苑出版社，2002：每一景都表现在马国贤版画中并配有圣祖（康熙帝）的诗作，这是该版画第一版复刻版的复制品。其余的是研究《皇舆全览图》的：Luciano Petech, "Una carta cinese del secoli XVIII," *Annali dell'Istitute Universitario, Orientale*, 5(1953), pp. 185-187; 李孝聪：《欧洲收藏部分中文古地图叙录》，160～163页，北京，古籍文化出版公司，1996; Andreina Allbanese, "La carta geografica di Matteo Ripa: caratteristiche dell'esemplare della Biblioteca Universitaria di Bologna," in *La missione cattolica in Cina tra i secall XVIII-XIX: Matteo Ripa e il Collegio dei Cinesi, Atti del Collloquio Internazionale, Napoli, 11-12 febbraio 1997*, eds., Michele Fatica and Francesco D'Arelli, Naples: Istituto Universitario Orientale, 1999, pp. 135-183; 李孝聪：《马国贤与铜版康熙〈皇舆全览图〉的印制兼论早期中文地图在欧洲的传布与影响》，见 Fatica and D'Arelli. *La missione cattolica*, pp. 123-134; Giovanni Stary, "Manchu Toponomy in the Atlas of Matteo Ripa," in *La missione vattolica*, eds., Fatica and D'Arelli, pp. 185-193; Giovanni Stary, "Nota sul rittovamento a San Pietroburgo di un 'Atlante' di Matteo Ripa," in *Scritture di storia* 2, eds., Luigi Cortesi and Michele Fatica, Naples: Edizioni Scientifiche Italiane, 2001, pp. 123-126; Andreina Albanese, "Matteo Ripa e la carta geografica dell'Impero Cinese commissionata da Kangxi," in *Matteo Ripa e il Collegio*, pp. 49-70; Giovanni Stary, "Sulla toponomastica mancese dell'atlante di Matteo Ripa," in *Matteo Ripa e il Collegio*, pp. 71-86; 汪前进，刘若芳：《清廷三大实测全图集》，北京，外文出版社，2007。最后一部作品中的第一幅地图是《皇舆全览图》，马国贤将其刻制在铜版上。

[6] 为了获得查理六世的授权，马国贤吹嘘说能够胜任印度语的翻译，奥斯坦德东印度公司需要为其在Banquibazar（在现在孟加拉国的海岸线上）和Cabelon（科罗曼德海岸）的公司寻找翻译。查理六世于1722年12月19日授予奥斯坦德公司许可证明。1727年5月31日列强英国、法国、荷兰强迫查理六世解散公司，因此没有印度青少年来到中国学院：参见Fatica, *Matteo Ripa, Carlo VI*, pp. 22-28。

[7] *Memoirs of Father Ripa during Thirteen Year's Residence at the Court of Peking in the Service of the Emperor of China; with an Account of the Foundation of the College for Education of Young Chinese at Naples*, London: Murray's Home and Colonial Library, 1844; 最新的中译本李天纲：《清廷十三年：马国贤在华回忆录》，上海，上海古籍出版社，2004。

[8] 这一章节是对马国贤介绍的缩减，*Giornale,i,* xv-clxv。

[9] 本名安东尼奥·霍拉提，或者称为奥拉西，他借鉴了法国习俗后将自己的姓氏和名字改为了卡尔洛·达·卡斯托拉诺（1673年5月2日生于意大利阿斯科利皮切诺[Ascoli Piceno]省的卡斯托拉诺村；卒于1755年2月1日，同样在卡斯托拉诺村），参见Gherardo De Vincentiis, *Documenti e titoli sul privato fondatore dell'attuale R. Istituto (antico Collegio in Napoli) Matteo Ripa sulle mission in Cina nel secolo XVIII. e sulla costituzione e consistenza patrimoniale della antica fondazione*, Naples: Melfi e Joele, 1904, dlxxix-dxc; Giacomo Di Fiore, *La legazione Mezzabarba in Cina (1720-1721)*, Naples: Istituto Universitario Orientale, 1989, pp. 135-136; Francesco D'Arelli, "Manuscript notes of Carlo Horatii da Castorano O.F.M. and Francesco da Ottaviano O.F.M. On some of Aleni's Chinese Writings," in "*Scholar from the West*" *: Giulio Aleni S.J. (1582-1649) and the dialogue between Christianity and China*, eds., Tiziana

Lippiello and Roman Malek, Brescia-Sanke Augustin: Fondazione Civiltà Bresciana-Monumenta Serica Institute, 1997, pp. 433-454。

[10] 关于这位主教（1644 年生于威尼斯，1721 年卒于山东临清）参见 Giuliano Bertuccioli, "Della Chiesa, Bernardino," in *Dizionario biografico degli italiani,* Rome: Istituto della Enciclopedia Italiana, 1988, Vol. 36, pp.742-745; and Claudia von Collani, "Chiesa, Bernardino Della," in *Biographisch-Bibliographisches Kirchenlexikon*, Herzberg: Taugott Bautz, 1998, Vol. 14, pp. 874-878。

[11] 英译本由圣弗朗西斯科大学里奇研究所整理出版，参见圣弗朗西斯科大学官网（http://usf.usfca.edu/ricci/liberary/exhibits/manifesto/index.htm）。

[12] Fortunato Margiotti, *Il cattolivismo nello Shansi dalle origini al 1738*, Rome: Edizioni Sinica Franciscana, 1958, p. 150, p. 422, p. 434; Claudia von Collani, "Jing-Tian-the Kangxi Emperor's Gift to Ferdinand Verbiest in the Rites Controversy," in *Ferdinand Verbiset, S. J. (1623-1688): Jesuit Missionary, Scientist, Engineer and Diplomat*, ed. John W. Witek, Monumenta Serica Monograph Series, 33, Nettetal: Steyler, 1994, pp. 453-470; 张西平:《跟随利玛窦到中国》,146 页，北京，五洲传播出版社，2006; Paola Dematté, "Christ and Confucius: Accommodating Christian and Chinses Beliefs," in *China on Paper*, eds., Marcia Reed and Paola Dematté, Los Angeles: Getty Research Institute, 2007, p. 31。

[13] 信件的内容在陈垣的《康熙与罗马使节关系文书》中重新刊印。(陈垣:《康熙与罗马使节关系文书》，北京，故宫博物院，1932)；带有意大利文的中国文书（樊米凯译）见 Ripa, *Giornale,*pp.295-302。

[14] 1708 年，龙安国和薄贤士所乘的船只在看得见葡萄牙海岸线的地方翻船了；1711 年，陆若瑟神父在西班牙谢世。

[15] Antonio Sisto Rosso, *Apostolic Legantions to China of the Eighteenth Century*, South Pasadena, P. D. And Ione Perkins, 1948, p. 178, p. 181; Di Fiore, *La Legazione Mezzabarba*, pp. 54-56; Giuliano Bertuccioli, "Informatori, avventurieri, spioni, agenti più o meno autentici in duemila anni di storia delle relazioni italo-cinesi," in *Mondo cinese*, 101(1999), p. 22: "A Roma... Provana averva trovato solo ostilità e incomprensione: era stato trattrenuto troppo a lungo senza poter dare sue notzie e senza poter far ritorno. Quando finalente si era potuto imbarcare era morto durante il viaggio"（在罗马……艾若瑟发现的仅仅是敌意和不理解：他在旅途中停留了太久，其间也没有任何可能向中国传递消息或者返回罗马，最终，当他上路的时候，在旅途中死去）; John W.Witek, "Sent to Lisbon, Paris and Rome: Jesuit Envoy of the Kangxi Emperor," in *La missione cattolica in Cina tra i secoli XVIII-XIX, Matteo Ripa e il Collegio dei Cinesi*, eds., Fatica and D'Arelli, pp. 328-333; António Vasconcelos de Saldanha, *De Kangxi para o Papa pela via de Portugal*, Macao: Istituto Português do Oriente, 2002, i, pp. 122-139; ii, pp. 367-371, pp. 405-434; iii, pp. 311-312, pp. 319-424.

[16] 从拉丁语翻译而来，译者 Dun J.Li, *China in Transition, 1517-1911*, New York: Van Nostrand Reinhold, 1969, pp. 22-24。

[17] Credono che il rispettare i genitori sia cosa superstiziosa,...non sanno quello si dicono, Non vogliono permettere le rabbelle de' defonti, né fare avanti di esse le solite cirimonie su la credenza che i cinesi sperano felicità da' loro antenati. Che spropositi sono questi? Io nel mio regnare ho condannato a morte molti malfattori, i figli di questi, per poveri che siano stati, non avevano lasciato dì eriggere le tabbelle, e fare avanti esse le solite cirimonie. Pensate voi che questi siano tanto sciocchi, che anniano voluto sperar felicità da progenitori tanto infelici? Se li genitori non hanno avuto felicità per sé stessi, come mai possono darla a loro figli? Queste cose, che si fanno in Cina, unicanmente si fanno in segno del filiale affetto, che a genitori si deve portare, anche dopo seguìta la loro morte, e non già perché da essi spera felicità alcuna. Ripa, "Giornale," III, Nov. 17(1716).

[18] Ripa, *Giornale,* II, p. 65.

[19] 德理格（1671 年 6 月 30 日生于费尔莫 [Fermo]，1746 年 12 月 10 日卒于北京），参见 Jacques Baudouin's historical novel, *Le Mandarin blanc*, Paris: J.C. Lattes, 1999; Peter C. Allsop and Joyce Lindorff, "Teodorico Pedrini:

The Music and Letters of an 18t h-century Missionary in China," in *Vincentian Heritage Journal*, 37/3 (2008), pp. 43-59; 加布里尔・巴雷特 (Gabriele Tarsetti) 和法比奥・加莱菲 (Fabio Galeffi) 发现了一个非官方网站，上面有许多有趣的资料：他们也是这篇文章的作者 "I Lazzaristi a Fermo e Teodorico Pedrini," in *Atti del XLIV Convegno di Studi Maceratesi: Ordini econgregazioni religiose dal Concilio di Trento alla soppressione napoleonica: Abbadia di Piastra, 22.23 november 2008*, 44 (2010), Macerata: Studi Maceratesi, pp. 507-631。

[20]　标注的日期是 1714 年 10 月 20 日，"途经蒙罗维亚" 送达罗马。参见 Tarsetti and Galeffi. "Lazzaristi a Fermo" , p. 617。

[21]　*Sinica Franciscana*, v, 2; *Relationes et epistolas Ill. mi D. Fr. Bernardini Della Chiesa OFM*, eds., PP.Anastasius Van Den Wyngaert et Georgius Mensaert, OFM, Rome: Collegium S.Antonii, 1954, pp. 655-659; *Sinica Franciscana*, viii; *Relationes et epistolas fratrum minorum Hispanorum in Sinis, qui a 1684-92 missionem ingressi sunt*, ed. P. Fortunatus Margiotti, OFM, Rome: Collegium S. Antonii, 1975, pp. 938-941.

[22]　Ripa, *Giornale*, III, Nov. 8(1716).

[23]　拉丁译文见 *Informatio pro veritate contra iniquiorem famam sparsam per Sinas cum calumnia in PP. Societatis Jesu et detrimento missionis communicata missionariis in Imperio Sinensi* (Beijing, 1717), pp. 91v-96r。

[24]　Alli 12 gintumn ai bagni date Sua Matxta v ha un bel casmu, Qui il signer Pedrum parlo a Sua Maesta; indi le frce introdutte un gransn piegn soggellatn, per via dell'runuco, senta far sapere ad alcuno quello che vi si connteneva, il che fu causa dì porre in gran sospetto nou solo í Gesurn ura I'isressi mandarni. Lo lo pregal volesse dire quello che in esso piego eia scrirtu, ma altrn non volle dirmi che vi aveva racchiusu una lerrera, che nell'antecede mese di ottobre avera ricenia da Rorna, dal signnr ahare Fattinelli, conune a noí due e della quale aveva ã me daro una copia. Di detto piego a di detta lettera del Fattineili, dovendone parlare sotto il 12 nnvemnre 1716, nell'occasione che, pubblicatasi da Sua Maesta, Furono cause della disgrazia du essu Pedrînî, îvî ancora no rapportero le copie.

[25]　Già tutto il mondo è persuaso dalla prudenza et altissima comoernsione del Grande Imperadore della Cina, il quale non pretende nel suo vasto dominio di strincere le coscìenze di quelli che sono d'altra religione; e perciò noi speriamo che questa medesima moderazione sia per usare ancora con i nostri missionari cristiani, e quando sia così lor signori pottanno francamente assicrare Sua Maestà che averà al suo servizio quanti virtuosi vorrà; e massime se potranno aver casa o parte nella regia città di Pekion, in cui possino convivere in pace.

17 世纪欧洲的中国植物志：“品味中国园圃的奇珍异果”*

里纳尔迪

里纳尔迪（Bianca Maria Rinaldi）/ 德国汉诺威大学

一

自基督教入华传教伊始，中国本土植物就深深地吸引着耶稣会士们，并成为他们关注的对象。例如，利玛窦（Matteo Ricci，1552—1610）就曾谈及中国因各地气候不同而物产多样，称那里“既有耐寒的产物，又有喜热的产物，还有一些属于温带的产物”[1]。曾德昭（Alvaro Semedo，1585—1658）则认为，仅中国一个国家便有遍布世界各国的所有植物。他这样写道：“[中国] 盛产和享有丰富多样的物种，就好像那里的自然将散落世界各地的物种汇集一地。”[2]

随后前来中国传教的耶稣会士们留下的文字，明确展现了他们如何一如既往地以由衷的赞叹描绘和通报东方植物的奇异和独特。不过，在这些描述和通报中也明显存在着方法和构成上的演变。在最早的文字中，耶稣会士们感兴趣的大多是那些看起来最为奇异的植物，如被称为“皇家水果”的荔枝和茶、大黄等。后来，随着对更多物种的探查和对更详尽信息的关注，传教士们的中国植物研究在深度上和质量上都发生了变化。

当耶稣会士们将他们的注意力转向那些可以被引入欧洲栽培的实用性植物时，他们的研究就不再只是对奇珍异果的单纯呈现了，而是朝着真正植物学描述的方向发展，这也激起了欧洲学者们的兴趣，促使他们从传教士那里寻求有关中国植物的更多信息。通过探查耶稣会士们留下的相关著述，我们不难发现他们在植物研究方面所取得的进展。大约在 17 世纪中叶，那些最初包括在行政区域描述中的植物志通报逐渐演变为更为具体的研究报告。“植物学家”耶稣会士，如卜弥格（Michael Boym，1612—1659）或若昂·德理路（João de Loureiro，1717—1791），编纂了关于东亚植物的科学论著；法国耶稣会传教团寄回来有关中国植物的专著、说明和图解，开始了在中国和欧洲之间的物种传播。

本文的研究对象是耶稣会士 17 世纪期间对于中国植物的描述与报告。论文首先探讨的是那些包括在中国行政区域报告中的有关植物的章节[3]，然后讨论第一本出自耶稣会士之手的专注于异域植物的研究著作：卜弥格的《中国植物志》（*Flora Sinensis*）。本文旨在展示在 17 世纪时耶稣会士是如何将那些尚不为人所知的中国植物呈现给欧洲人的，以及这些描述是如何影响了欧洲人对于异域植物的普遍认知的。

二

就“植物学”这个术语的现代意义而言，那些出现在介绍中国行政区域报告中的有关中国植物的记述不能被视作真正的植物学著作。当时的耶稣会士们既未尝试也无意于精确鉴别他们所描述的物种，不过只是给这些植物起一个易识别的中文名字。尽管如此，正是这些传教士们第一次向欧洲人提供了关于中国植物的大量信息，而在多数情况下他们的信息都是准确的，因此人们很容易根据他们的描述辨别实物[4]。

这些文字构成了西方人对于中国植物的最早了解，但就其仅仅提供了这些新的外来植物之主要外部特征而言，它们对“来自中国园圃之奇珍异果”[5]仍然是浅尝辄止的。另外，它们对个别物种的描述基于与一些在欧洲同样可见要素的比较，以使这些植物便于理解。这些描述也涉及了植物的普遍外貌和在全国的地理分布；它们通常会注意到叶子的外形，果树的果实本身，及其形状、颜色和不可忽略的味道。

在这些文字中，对于对象之相同性质的探查和来自不同著述的类似解释，最终催生了对于中国植物的主题性分析。为此，在本文中那些被包含在中国区域概述中的植物学描述被细分为五种主要类型：草本植物、水果、香料和药材、木材、观赏植物。

草本植物

耶稣会士们发现，即使最简单的草本植物，在中国和欧洲大陆都存在着诸多不同。曾德昭注意到，“中国没有莴苣和刺莱蓟”[6]，但这并无大碍，相反“它们有另外一些我们没有的物种”[7]。

耶稣会士们一到中国，便对一种草本植物尤感兴趣，然而先前来华的商人和欧洲旅客却对此甚少提及[8]。这是一种令利玛窦着迷的常绿灌木（Caeillia thea Link.= Camellia sinensis L.），他称此类灌木“无论在哪儿都具有极高的价值”[9]。传教士们解释道，因浸泡其叶而得的冲剂益处良多，中国人和日本人对其评价甚高。曾德昭写道，“初用，其颜色、气味及味道皆令人不爽，久矣，便觉心旷神怡”[10]。

此叶在中国各地称谓不同，最常见者为“茶”（cha）。李明（Louis Le Comte，1655—1728）解释道，这个字在福建方言中的发音在全中国都是独一无二的，类似于西文音节“tea”。稍晚一些的杜赫德（Jean-Baptiste Du Halde，1674—1743）认为，“我们的‘茶’（tea），其名乃从此方言来”[11]。

首次提及茶的西方典籍似乎是16世纪末意大利耶稣会士乔瓦尼·皮特罗·马菲（Giovanni Pietro Maffei，1536—1603）的16卷本《印度史》（*Historiarum Indicarum libri XVI*）。在该书第6卷开篇关于中国物产的简录中，马菲谈到一种被称为“Chia”的健康饮料：

> （在中国）有种由草本植物而来的健康饮料，被称为“茶”，日本人通常喝热茶：正是由于饮用这种饮料，得以远离黏膜炎、头痛和眼部炎症，他们大多长寿且几乎从不患病[12]。

利玛窦称这种植物为“无果实的灌木，其叶可制‘茶’”[13]。“茶”是一种中国人常喝的烹制热饮，“甚至可说，整日不离口”，因为它“非常可口，……怡情养性，还有助于消化”。

茶树种类繁多，“一种胜于一种”，它们都

很受欢迎，但价值不一。利玛窦写道：“有时一磅茶叶只值一个意大利银币，有时却要二或三个之多。”[14] 他还注意到，日本的茶叶价格要高于中国。也许是这两个远东国家泡制茶叶的方式不同，导致茶叶的用量殊异：

在日本，他们将茶叶碾成粉末，于每杯热水中加入一或两勺饮用。而在中国，他们在一壶热水中泡入半盎司的茶叶，只喝茶水，茶叶则留于壶中[15]。

在曾德昭稍晚几年留下的文字中，茶的文化意味得到了补充说明：茶“不仅是日常饮料，也是出门访客宜带的礼物”[16]。这位来自葡萄牙的耶稣会士详细描绘了茶树的形状，是第一个尝试将还不为当时欧洲人所熟知的茶树呈现给欧洲的人。他没有使用插图，他对茶树的描述是基于与欧洲常见植物之比较的，以表明这种被中国人如此珍视、又令传教士们如此好奇的自然灌木之外形特征及一般习性：

茶树与桃金娘树类似，在有的省份跟罗勒一般大小，在别的省份则有小石榴树那么大[17]。

卫匡国（Martino Martini，1614—1661）对茶树的描述尤为有趣，因为它是专门写给“植物学专业学生”[18] 看的。这就难怪他会以一段非常精确的对比开头，声称茶树叶很像一种漆树科植物苏模（sumac）的叶子，并特意强调了这种漆树的植物学名称：

茶树的小叶子与西西里漆树（Rhus Coriaria［苏模］）的叶子几无二致，尽管我并不相信二者为同一物种[19]。

卫匡国继而描述了茶树的起源、外表形状、花和浆果的颜色：

茶树非自然长成，而由人工栽培；它不是树，而是有许多分枝的灌木；除了颜色偏黄，其花与西西里漆树之花可谓相差无几。夏天花瓣盛开，散发着幽淡的清香，随后便开始结浆果，初为青绿，旋即转黑[20]。

再有，卫匡国注意到，并非所有茶树叶子都能泡出“气味幽香、口感愉悦、颜色偏绿”的茶水，最好的茶叶通常出自“一片一片仔细挑选采摘的早春嫩芽”。

当时的耶稣会士们很快便将注意力转向了茶的益处。卫匡国发现，“中国人称道热茶的好处和功效”，并引述传统看法称，常喝茶能预防“肾结石和痛风”。饭后喝茶，则“能消除胃部坠胀感或其他不适，极大地促进消化”[21]。曾德昭也写道：“茶叶有许多益处”[22]，而他对茶叶强烈的兴奋作用更感兴趣：

茶香醒神，使大脑放松而没有任何副作用，因此喝茶能使任何需要或想要保持清醒的人毫无睡意。茶叶是公认极受学者青睐的[23]。

耶稣会士们坦承，茶叶的这一特性使他们感到十分惊喜。阿塔纳斯·基歇尔（Athanasius Kircher，1601—1680）便认为这是茶叶的一个“独特功效”，其神奇如此，“若非从神父们那儿听说，我简直不敢相信”[24]。基歇尔将之视为茶叶在欧洲传播的根本动力，这使它的使用“不可能仅限于中国人，而势必渐为欧洲所接受”[25]。

水果

许多亚洲热带水果虽已久为欧洲所知，但随着耶稣会士们在中国传教事业的展开，他们又增进了对这些水果的认识。耶稣会士们旨在展示中国远胜于欧洲的植物多样性，果树便是一例：

> 除了欧洲人熟知的水果，中国还有许多我们没有的水果[26]。

耶稣会士们热情称赞这些“在世界其他地方无处可寻”[27]的果树，称其不仅有迷人的外观、美味的果实，还使中国“美得像个花园”[28]。

耶稣会士们发现了一种“极好”[29]的水果，它耐看且可口，李明称“在欧洲无一种水果能出其右”[30]。曾德昭注意到，“中国人称其为‘荔 枝’”[31]（Nephelium litchi Cambess.= Litchi chinensis Somm）。华南大量种植此果，且据耶稣会士们记载，它无疑是“最可口”[32]的中国水果，也因此被誉为“皇家水果”[33]。

耶稣会士们试图通过一系列与西方人熟知植物的对比，向欧洲读者传达荔枝树的主要特征。卫匡国称其叶类“月桂”，其果略似圆形“小松果”[34]，甚至如“李之心形”[35]，“胡桃一般大小”[36]，生糙壳以护之，此壳乃呈“鳞状，然薄”[37]。曾德昭发现，一旦荔枝成熟，皮壳便为“深红”[38]，近于紫，“缀于枝叶间”[39]。那时，便如卫匡国言，整棵树似“饰以红心”，“观者可大饱眼福”[40]。其壳虽硬且紧，然实则轻薄，因而“易于剥落”[41]。正如曾德昭所述，剥开粗糙的外皮，荔枝果肉“颜色喜人”[42]，白似“珍珠”[43]，入口则唇齿留香，令人心旷神怡[44]。李明又补充道，其果肉“柔软多汁”[45]，内含“长而大”[46]之种子一粒。

据耶稣会士们记载，还有一种水果与荔枝不相上下，亦“分外可口”[47]，名为“龙眼”[Dimocarpus longan Lour. = Nephelium longan（Lam.）Cambess.]。在中国各地，其名也异：如曾德昭所言，中国人通常称之为“Lumen”；安文思（Gabriel De Magalhães，1610—1677）写道，在澳门它被叫作“Longans”[48]；李明则写道，广东人和福建人称之为“lon yen”。虽叫法有细微差别，但其意思不变，即“龙之眼”[49]。

耶稣会士们尝试通过将之与欧洲大陆的或者他们此前描述过的一些果树相对比，来阐明这种使他们深感好奇的果树之形。据李明记载，龙眼树之高度及特征与“欧洲之坚果树”[50]相类。龙眼果实圆圆的，似樱桃，比荔枝小[51]，表皮呈灰色，“成熟时近黄”[52]。其壳紧致如荔枝，然而“更加鳞纹斑布”[53]。其果肉“夹于外皮与种子之间，薄薄一层”[54]，“色白，味酸，且多汁”[55]。其味“异常鲜美”[56]，它“健康而温和”[57]，风干食用亦可。同荔枝一样，龙眼也是从福建运往其他各省而“举国同享”的[58]。

除却荔枝、龙眼，柿子（Diospyros kaki L.f.）是第三种被耶稣会士们认为“中国特有”[59]的水果，几乎中国的各个省份皆有所产[60]。中国人自己称之为“Suzù”、“Séze”或“Su çu”，西方人则常称其为“中国的无花果”[61]。据曾德昭解释，自葡萄牙人将其命名为“红色无花果”，这种叫法就一直沿用下来。虽然柿子的颜色、形状、味道均与欧洲的无花果相去甚远，但“不同品种柿子之间的差异之大，与我们各种无花果之间的差异之大，并无二致”。据曾德昭记载，柿子“似酸橙大小”[62]；李明则称柿子似苹果，有的椭圆“如鸡蛋，但通常比鸡蛋大”[63]，产于山西和陕西的柿子“更大更结实，也更好吃”[64]。安文思认为“最大最好的柿子跟隅石大小无二，但比隅石更薄、更美”[65]，柿子里有“一粒或两粒去壳杏仁大小”[66]的黑种子。

柿肉黄澄澄的“似十足的金苹果”[67]，食之“黏稠多汁”[68]，分外甘甜。曾德昭如此描述道：柿肉多汁，“口味卓然，天下珍馐当列之一席”[69]，其外覆有薄皮，使整个柿子看上去“外红内黄”[70]。安文思认为，也许正是因它甜味“出众”[71]，欧洲旅客们才将之与无花果相比；又或者如曾德昭和李明一致认为的那样，干柿子与“干无花果”[72]类似，才使二者时常被相提并论。至于风干的柿子，李明特别提道：

> 当柿子像我们的无花果一样被风干的时候，口感变得很面，而且表面覆着一层糖霜，因此味道极好[73]。

香料和药材

耶稣会士们亦颇为震惊，没想到某些植物对中国人那么重要，他们的“医药甚至以此为基，并且疗效显著”[74]。好些植物“为中国独有，例如大黄”[75]（Rheum officinalis Baill.）（见图 1 和图 2）。“波斯的撒拉逊人经由陆路，将之带到世界各地，并以高价出售。”[76]欧洲人由此得以知晓这种植物。然而，传教士们对大黄来自波斯的观点提出了疑问，“因为那些从远至印度的地方经由陆路穿越波斯抵达欧洲的旅人，根本没有提及曾在波斯见过这种有益健康的植物”[77]。

倒是中国北方大量产出大黄，这才是培植大黄的地方，正如曾德昭所记：

> （这种植物）不像一些人以为的那样是野生的，而是在家庭园圃里精心栽培的[78]。

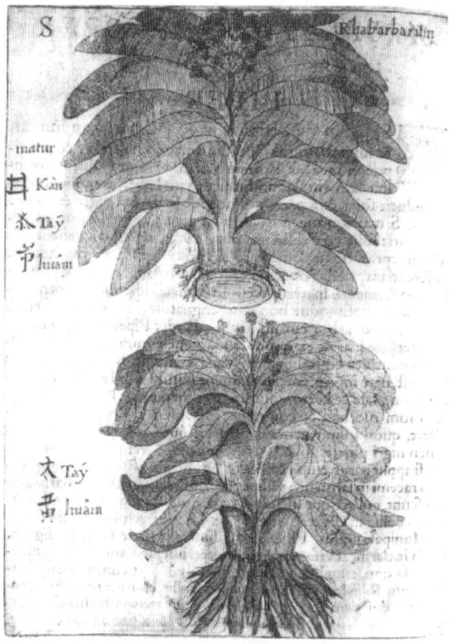

图 1　大黄（Rhabarbarum，Tay huam–Rheum sp.），卜弥格《中国植物志》（维也纳，1656）

图 2　大黄（Rheubarbarum Matthioli），阿塔纳斯·基歇尔《中国图说》（阿姆斯特丹，1667）

大黄是“有名的药物，中国人通常称之为‘Taihoang’”[79]。它是多年生植物，长得很“高”[80]。但是如何向那些从未见过它的人描述其外形呢？耶稣会士们再一次借助了比较，他们发现大黄宽阔的叶子与卷心菜叶子极为相似，就如卫匡国所写：

> 大黄叶子除了比我们的卷心菜叶子要大，其形状相差无几[81]。

彼时只有极少的人描述过大黄，基歇尔便是其中之一，他通报了“我们眼光细致的神父”[82]之描述，提供了一些关于大黄叶子的细节：

> 它们大致两个手掌长，叶面紧致宽阔，边缘毛茸茸的。一旦成熟便开始腐败，渐而变黄，然后落叶[83]。

这位德国耶稣会士转录了卜弥格关于大黄开花以及整体外观的描述：

> 茎支撑着叶子，像在地面上撑起一只手掌，这些叶子中间有一枝纤细的分枝，上面结满了状如中提琴的花朵，散发着刺鼻的味道[84]。

大黄的药用价值在其根部，基歇尔写道：

> 大黄的根一般一两个手掌长，有时则有三个手掌那么长；呈古铜色，有几分暗黑，常长到人的胳膊一般大小[85]。

同大黄一样，另一种草本植物也因其根部的药用价值为中国人所珍视，这便是人参（Aralia quinquefolia Decne et Planch. = Panax ginseng C. A. Mey.）。时代变换，耶稣会士们始终保持着对人参的好奇和兴趣。他们从词源上分析了“人参”这个词。卫匡国解释道，它的前缀“gin”代表了汉语中的“人”，此名源于其外观特征，因为它“看起来像双腿叉开的人”[86]。

基歇尔称通过食用人参，“中国人竟误以为自己会长生不死”[87]，也正是这个广为流行的观念使人参珍贵无比。曾德昭似乎是第一个将人参记载于册的欧洲人，他称其为根部售价不菲的“神奇药材”[88]。

人参在日本同样广为人知，日本人称之为“Nisi”。卫匡国总结了人参的特点，他将人参比作“我们的曼陀罗草”[89]（Atropa mandragora）。然而，人参并不如曼陀罗草大。但这位意大利耶稣会士执意认为人参是东方的曼陀罗草，“因为它有着和曼陀罗草一样的外形和特征”。卫匡国自称没有见过人参的叶子，但它的根“一旦变干，颜色就渐浅，它还有着头发般的根须和令人不悦的甜味，其中夹杂着些许苦涩的味道”[90]。

关于这种一煮熟便“散发某种香芬”的根茎，中国人还“道出了它的其他益处”，卫匡国也记载了人参这尤受珍视的医药属性：

> 它可极大地增强生命的精气，恢复虚弱之人的力量，使其身体重新散发生命的热量。然而，那些天生强壮或性热者因精气过盛，食用人参可能适得其反。反倒是那些体弱、久困于病或因其他原因疲于应付的人，服用人参却是效果奇佳，有时甚至能起死回生[91]。

基歇尔引用卫匡国之言，以示对中国人深信之人参功效、中医基础即特定植物医药属性之怀疑。这位德国传教士写道：

世上没有哪种药能对抗死亡。然而令人惊讶的是，聪慧至极的人们居然讨论此等蠢事[92]。

木材

耶稣会士们注意到，在中国“几乎所有建筑皆用木材营建，即使皇宫也如是”[93]。根据利玛窦的记述，在中国境内生长的树木“与我们的基本无异”，但它们在那里成材不仅被用来营建房屋，也被用来制造“船只”或“棺木”。而“棺木向为中国人所重视，好的棺木价格高达一千意大利银币”[94]，就所用材料而言，香柏木是首选。在被耶稣会士们描绘为“其成材可视为珍品”[95]的树木中，有一些以香味浓郁为特征，如被（中国人）称为沉香（Aquilaria siensis Lour.）者，其被葡萄牙人称作黄檀（Pao de Rosa）。基歇尔写道，此木在印度被用作火葬的燃柴：

（印度人）有一种非同寻常的仪式，他们误以为被祝祷者会欣然于焚烧此木的香味，又以为这有益于灵魂的轮回[96]。

卫匡国特别提到，在中国同样受珍视的沉香木则常被用来制作“诸如箱子、桌子、椅子等”[97]实用之物，盖因其颜色及外观装饰性尤强：

其色由黑到红，不一而足，纹理美丽精妙，乍见之下，如似手绘[98]。

耶稣会士们并没有找到一种可供对比之物，以使西方读者了解沉香木之形貌。基歇尔转述了一些人的看法，称其与地中海地区特有的某些小树相似，如乳香黄连木（Pistacia lentiscus）或松脂木（Pistacia terebinthus L.），但基歇尔本人并不认为这些说法确切可靠。

此外，利玛窦在关于中国木材的笔记中还提及“一种被葡萄牙人称为 bamboo 的藤”[99]，其坚韧如铁。卫匡国也提到了这种坚韧的植物，并称“中国人一般称其为‘竹’”[100]。他对竹子有如下描述：竹身有节，其色多为翠绿或墨绿。竹叶长青，呈“椭圆状，形似小剑，叶尖微卷”，使竹子愈发“赏心悦目”[101]。

耶稣会士们发现，竹子在中国用途广泛，甚至相信有“超过六百种之多”。例如，可以用它制作“席子、橱柜、花瓶、梳子”等物件。由于空心，竹子更有了“轻巧、挺直、体积大和坚固”等优点，特别适用于“引水导管和照明管道”的建造。卫匡国还谈到了竹子的食用功能，称在竹子长叶之前可食其根。

如萝卜、刺菜蓟及熟菜蓟一样，（竹根）可和肉一起烧制；用醋腌制后，亦可作为味道醇香的调料或伴菜存放起来慢慢食用[102]。

观赏植物

在耶稣会士们留下的有关中国植物的文字中，观赏植物并未占有多少篇幅。显然，他们更加关注可结果实的植物和具有药用价值的草本植物。究其原因，应该是那时的传教士中很少有人真正造访过中国园林。不过，这些网罗中国珍奇的耶稣会士确实也注意到了，中国人对花卉“尤为看重”[103]。曾德昭简要提及过园林里出现的观赏植物，认为中国人“热衷于让他们的园林四季如春”。他并未详细描述这些植物，只粗略地说中国有“美丽而独特的花卉”。有些花卉，如散发着淡香的“腊梅”树［Chimonanthus praecox（L.）Link. = Calycanthus praecox L.]，“花期异常”，令人感到惊奇。他写道，冬天一旦开始落叶，腊梅渐次开放，“香气怡人”，而花则近似“蜡黄”[104]，色与香比，略逊一筹。

卫匡国还提到一种“备受中国人推崇”[105]的花，在印度的葡萄牙人称其为“茉莉花”[Jasminum sambac（L.）Aiton]。卫氏认为，茉莉花色纯白而气味香甜，与欧洲的素馨花相类。冬天，这些小灌木被精心养护于专门建造的温室里，以防严寒恶劣天气的侵袭。

还有一种花也深深吸引着卫匡国，“此花最为中国人欣赏，乃是花中之王”[106]。它生长于陕西西南的山区中，但各省也都有人工栽培，人们称之为“牡丹”（Paeonia suffruticosa Andr. = Paeonia moutan）。卫匡国似乎是第一个细察此花的欧洲人，他将其与玫瑰相比，认为玫瑰是与之最为相似的西方花卉：

> 它与我们的玫瑰外形相类，但比玫瑰大，枝叶也伸展得更开，较玫瑰更美。它没有刺，花色近白，花瓣似是红白相间的，然也有红黄二色的[107]。

卫匡国察觉到，长于中国的玫瑰品种非常特殊。它们于一天之内由白变红，“神秘莫测”[108]。实际上，卫匡国犯了和他同道们相同的错误，被他称为“中国玫瑰”的乃是芙蓉（Hibiscus mutabilis L.）。芙蓉花本为白色或玫瑰色，但夜幕降临时，在其凋谢之前，它会变红。另一位耶稣会士、著名花卉培植专著《养花论四卷》（*De Florum Cultura libri IV*，罗马，1633）的作者乔瓦尼·巴蒂斯塔·法拉利（Giovanni Battista Ferrari，1584—1655），也曾提及“中国玫瑰”（rosa sinensis）。一生从未离开过欧洲的法拉利认为，这种中国植物因其一日之内的颜色变化而与众不同。他自豪地指出，“我是第一个在罗马种植此花并将之介绍于众的人”[109]。法拉利指出，罗马园林主要引进了三个品种：第一种花“重瓣，花瓣有褶皱且厚”，第二种相对“少叶”，第三种只有“简单的五瓣花”[110]。

李明则将注意力转向了一种美丽得可以“种在花园里”[111]的树，这便是“梧桐”（Firminiana simplex W. F. Wright = Sterculia platanifolia L.）。李明自己画的一幅图有助于展示这名字颇具异域情调的植物，可以满足欧洲读者的好奇心。李明写道，以“梧桐”命名，可能是因为此树与西卡摩槭树相类，其叶长而宽阔，足有“八到九英尺”，因而形成一个厚厚的树冠：

> 梧桐叶极其浓密，厚厚地簇拥在一起，似乎阳光都无法穿透[112]。

“尽管树大”，梧桐的果实却“十分小”，这“非常特别”，因而也令这位法国耶稣会士尤感兴趣。李明很可能亲眼见过梧桐树：

> 枝条上一小簇叶子新长出来时，便与其他叶子不同；它们更白、更软，不那么宽阔，占据了花朵的位置；在这些叶子的边缘，三四颗小粒的种子生长出来，像绿豌豆，环绕着一个姣好的白色物体，它像极了还未成熟的榛子[113]。

除此之外，耶稣会士们还注意到了水生植物。例如，李明记述了一种中国人称之为“荸荠”（Eleocharis tuberose Schult）的水生栗子，这是“一种长在水里的睡莲或荷花”[114]，遍布全中国。卫匡国写道，“它的果实圆圆的，不比栗子大多少”[115]。红色薄皮包裹着多汁的白色内核。其果味甜，刚摘下便立即食用则更加可口，李明以为“这点倒像极了榛子”[116]。

卫匡国还发现了另一种分布广泛的水生植物——“莲”（Nelumbo nucifera Gaertn），在中国其花名为“Lien”。莲之根粗壮，长“两三腕尺”[117]，隐于水下，花朵成簇，与之相连。“这些花颜色各异，红的、白的、杂色的、大蒜花似的粉色的等等，不胜枚举”，而其形则似郁金香。卫匡国毫不吝惜其赞美之辞，称莲之美“远胜于我们的百合”，然就香味而言，百合胜之。从卫氏的记述中不难看出，莲花在中国是如何作为一种既普遍又高贵的观赏植物的：

（中国人）将莲花栽于装满水和泥的大陶罐里，置其于花园、公园及皇宫庭院里，把它养得高高的，欣赏其优雅与美丽[118]。

三

耶稣会士们对中国植物的兴趣相对集中，至少在来中国传教的早期，其兴趣是相当明确的。他们更喜欢收集医用植物、独特的水果、具有审美价值的或有美丽花纹的建筑木材这类植物的信息。传教士们想要呈现那些能够唤起欧洲读者兴趣的植物。卜弥格在《中国植物志》[119]的开篇就申明了此意：首先，要将远东最主要的果树形象呈现给欧洲读者，他们会因对异域水果味道的朦胧描述而兴趣大增：

善良的读者，我意欲向你们介绍中国和印度最主要的水果及树木，我相信你们会对这片土地有真正的理解……我将不会描述任何欧洲水果……这本书向你们最善意的眼睛，展示印度和中国独特的水果、树木、一些香料植物和为中国所独有的动物……你的味觉和视觉均将享受盛宴；尽请通过其杰出的造物来冥思我主[120]。

与标题所示相反（让人误以为是详尽介绍），这部专著实际上只考察了极少数的植物，连植物的外部特征也只有相当有限的描述。因此，它不是对中国植物的总体研究。这样的误解也许源于这一事实，即从时间先后来看，卜弥格是最早采用“flora”一词来指代植物群的作者之一，而当时对这一词的使用还具有某种模糊性。事实上，纵观此书各个章节，不难发现书里仅记载了两类植物：果树和被作者称为“芳香植物”（Aromaticae arbores）的香料及药用植物。

这部作品的某些特征，如它的非技术性风格和内容的一般性，使它更像之前考察过的关于中国整体情况的概述作品。但相比于那些中国整体地理描述中的植物学信息，卜弥格的著作有实质性的进步。首先，他试图阐明植物学按层级描述的标准，这点从其对果树的说明中可见一斑。描述果树时，他通常从树干开始，其后是叶子和果实。他对芭蕉树（Musa sapientium L.）的描述可以作为例证：

芭蕉树有绿色的大树干，然而由于它富含水分，不甚坚固，看起来更像是由一些大而圆的卷曲状叶子组成的。其叶呈浅绿色，长九掌，宽二掌半；此树只在叶子中长出一个分枝，其上开出的花朵能结出肉质的果实，有时一个分枝上能长出一千多个果子。有的果子很小，有些比拇指大，有的枝条很粗壮因而结出的果子比手掌还长。它们有着黄色外皮，白色果肉柔软香甜，有甜甜的草莓香[121]。

卜弥格还发现了一些看似一样但第二特征不尽相同的植物，例如他称之为“攘波”的蒲桃［Syzygium jambos（L.）Alston = Eugenia jambos L.］。卜弥格记述了在印度发现的两个品种，其花朵颜色不一但味道相同，它们都散发着“玫瑰般的芬芳”[122]：一种为马六甲莲雾（Eugenia malaccensis L.），其花为紫色；另外一种是蒲桃（Eugenia jambos L.），它的花白色偏黄。两个品种呈现出相同的特征：

树干、树枝皆呈灰色，叶薄，长一掌，宽三指，甚美。果实大小如苹果，性极寒，内含柔软的果肉，既不全甜，也不全苦[123]。

卜弥格对水果的肉质、味道和香味格外关注，例如，他对杧果（Mangifera indica L.）的描述为：

当其成熟之时，或绿，或黄，或红……果肉味之甜美，其他水果莫与之能比[124]。

和前辈曾德昭或卫匡国相比，卜弥格的描述更有条理，更少为了方便欧洲读者的想象而将中国的水果同欧洲的做比较，他只在极少数情况下借助这种手段。例如，在谈到枇杷[Eryobotrya japonica（Thunb.）Lindley = Mespilus japonica Thumb.]时，他指出其味道“类似于我们的李子”[125]；在谈到波罗蜜（Artocarpus heterophyllus Lam.）时，他写道：“它有栗子的甜味，其形为椭圆，其大小、重量均超过了最大的葫芦，但是它的味道优于葫芦”[126]；又如在描述肉桂时，他称其“有像橄榄一样的种子”[127]；还有在谈到生姜（Zingiber officinale Rose.）时，卜弥格认为它的叶子“与小米相似”[128]，其色绿如竹子。

卜弥格也观察了一些植物的繁殖系统，并且提到某些物种的性特征。例如，关于椰子树（Cocos nucifera L.），卜弥格写道：“只有雄椰树在周围的时候，雌椰树才是多产的，没有雄树，雌树不仅不结果，甚至连花都不开。”[129]他还通过提供果实成熟的季节等细节来充实他的文本。他发现“荔枝”和“龙眼”“在六、七月成熟”[130]；不同地方生长的柿子，成熟的时期也不一样：“柿子在广东和东京湾，一、二、三月成熟，但在陕西、河南及其他北方省份，则要六、七、八月才能成熟。”[131]

除了考虑自然繁殖，他把关注点还转向了文化层面。在《中国植物志》前言中，卜弥格阐述了“印度人和中国人培育树木”[132]的三种方法。第一种方法是有性繁殖，“把种子放入地上挖出的一个孔里”[133]。卜弥格特意指出了中国园丁在种橙子树时的不同做法，“他们通常将之全部种进地里”[134]。接下来他记述了两种批量繁殖的方法：其中一种方法“同欧洲一样，即通过嫁接树枝”[135]；另一种方法是“酿酒人用嫩枝来培植葡萄树”时采用的。此方法是东方人的古老传统，“需辛勤地观察”：

根据经验，中国人在太阳进入白羊宫15度的那天把树枝植入土地，他们相信这样树枝能够更顺利地生根；毫无疑问，他们遵循祖先的传统，并从中吸取教益，认为一年中只有那天是适合种植的。任何树木如想很快枝繁叶茂并且将来能结硕果，它就必须在那个特定的时间被大地所接受[136]。

此外，卜弥格还发现了有些植物有益健康，如槟榔（Areca Catechu L.）就是“医生会毫不犹豫入药”[137]的果树之一，同蒲桃一起可用于治疗“发烧和霍乱”[138]。

“芳香植物”更有益于健康，且更受追捧。长胡椒（Piper longum L.）“被用来治疗眼部感染和抵抗病毒”[139]，如“和食用油一起使用”黑胡椒（Piper nigrum L.）的叶子则“可以远离疝气，还可治腹痛”[140]。菝葜（Smilax china）的根被用来治疗“坐骨神经痛、肾溃疡、梗阻、麻痹、水肿、骨痛和全身疼痛”[141]。肉桂（Cinnamomum cassia Bl.）“利尿强心，医治脾脏、神经和大脑，而且可以用作毒药和毒蛇咬伤的解药”[142]，其名“肉桂”乃是“命名了‘中国’（China）和‘桃’（momo）之商人所取，意指具有香甜气味的中国木材”[143]。

卜弥格所描述的植物里，还有一些并非远东本土的植物，它们长于南美洲和中美洲，被先前来华的葡萄牙人带入中国，如反椰树（Carica papaya L.）（见图3和图4）、臭果树（Psidium Guayava L.）、亚大（Anona squamosal L.）、槚如树（Anacardium occidentale L.）、反波罗蜜果子（Ananassa sativus Schult. f.）（见图5和图6）等。这位耶稣会士将它们与远东本土植物相混淆，可能源于他对其原产地的无知，他从头至尾并没有提到这些地方中的任何一个。他亲眼见这些具有十足活力的植物生长在他所熟悉的地带[144]，更加固了他对这些植物的误解。卜弥格的误解可恰当地表明他对植物学的态度：卜弥格是一个仔细的观察者，但不能被当作真正的植物学专家。

卜弥格作品的原创性和独特性在于它丰富的图像学资料：他一共描述了23种异域植物，其中19种都有整页插图[145]。这些图片全都基于现实中预先完成的绘画，这些画作简单朴实，遵循严格的创作和设计标准，旨在增进对整株植物及其主要部分的理解与对比。所述植物的实质总是在其整体中凸显，例如就果树而言，长有果实的植株占据插图的中心，这使得它看起来更为逼真，其形象能更好地为人所感知。当没有整株植物的图像时，被呈现出的部分则能体现果树整体结构的突出

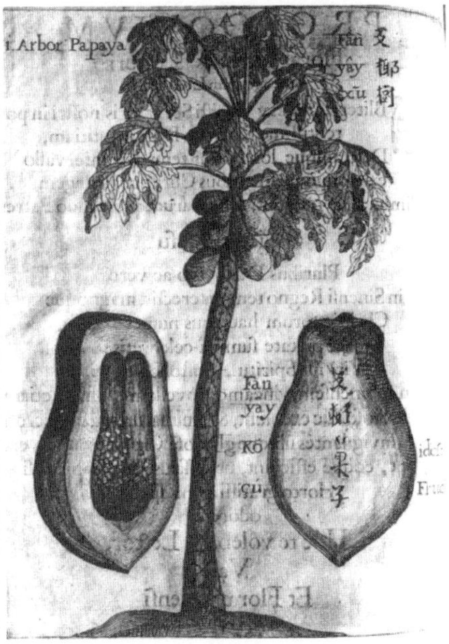

图3　反椰树（Arbor Papaia，Fan yay xu-Carica papaia），卜弥格《中国植物志》（维也纳，1656）

图4　反椰树（Arbor Papaya），阿塔纳斯·基歇尔《中国图说》（阿姆斯特丹，1667）

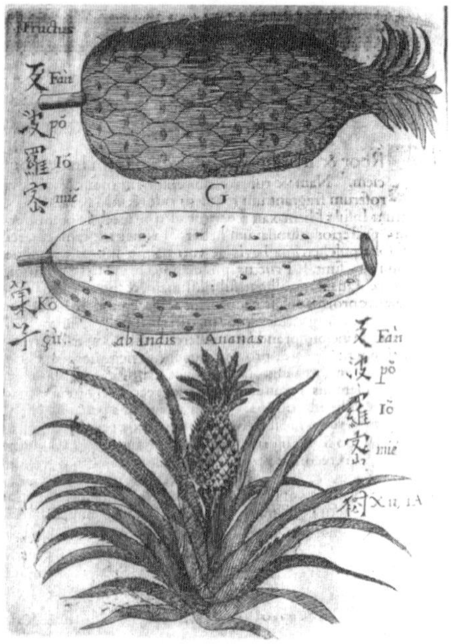

图 5　反波罗蜜果子（Ananas Fructus，Fan-po-lo-mie），卜弥格《中国植物志》（维也纳，1656）

图 6　反波罗蜜果子（Fam polomie，Ananas Fructus），阿塔纳斯·基歇尔《中国图说》（阿姆斯特丹，1667）

特征。植物的总体形象往往伴随着细节的描绘，这在水果外观的呈现上体现得尤为明显：整体与部分兼具，以期能同时展示它的内外部结构和种子的位置。在对整个果实进行描绘时，卜弥格还展示了它的茎和离得最近的叶子。《中国植物志》中一些诸如枇杷和柿子的插图，就只是局部的，几乎只是关于果实本身的。这表明卜弥格很可能没有见过整株的树，仅见过它的果实和叶子。

那些产香料的植物同样有真实详尽的插图，整株植物、根、其他重要部分、果实形状，均一览无余。植物名既有中文，同时也有其音译。多亏优良的绘图，卜弥格版画所复制的画作才能精良详尽，勾勒出一个三维视图，将由树叶、树皮、果皮等不同部分构成整株植物的质感都一一呈现出来。卜弥格有时会求助于失真的图画，使难以描述的部分呈现其微妙的质感。以杧果种子为例，卜弥格的画作[146]绘出了连着种子和果肉的小钩，以强调种子不易从果肉中提取和分离开来。卜弥格以此表明他是一个插图画家，不仅要考虑写实性的再现，还要考虑到再现技术中的想象作用：他制图无关幻想，而是尽可能使图画呈现出植物外观的质感。如有名且受欢迎的生姜，卜弥格用极其浓重的笔触来表示它根部的扭曲与表皮的平滑[147]。荔枝粗糙的木质外壳与圆润的珍珠白果实对比强烈，因此，对荔枝的描绘尤其能清楚体现这种处理植物的果粒、质感及不同表面纹理的方法，好些作者屡试不爽。卜弥格也以此笔触画出剥了一半果皮的水果，来强调果肉的光滑和果皮的粗糙。

基歇尔在其《中国图说》（*China Monumentis qua Sacris qua Profanes, Nec non Variis Naturae et Artis, Aliarumque Rerum Memorabilium Argumentis Illustrata*）中使用了很多卜弥格绘制的动植物插图。不过，两个人对相同种树木的不同表现清

楚地表明，较之卜弥格的写实手法，基歇尔更愿意呈现一种中国气韵。《中国图说》中的图像无疑具有一种更为复杂的色调，明显表现出当时刚刚接触到中国风的欧洲艺术趣味。图片常增添矫饰性细节，有时甚至完全歪曲了植物比例。反椰树的配图便是如此，图中[148]的驯猴正攀爬树干，为主人采摘果实（见图 4）。这幅图聚焦于小场景，很难维持画面的真实感。不难看出，反椰树果子与正在吃它的猴子相比，似乎显得过于庞大了。

基歇尔巧妙地歪曲了卜弥格的插图，以求用一种易于为读者接受的形式去阐释那些他自己也并未真正理解的东西。例如，比较一下两位耶稣会士著作中的菠萝（Ananassa sativa）（也称“反波罗蜜果子”）插图[149]便可发现：卜弥格插图（见图 5）的菠萝叶细长而精美，而基歇尔图中的菠萝叶（见图 6）看上去完全就像是另一种更为人知的异域植物龙舌兰的叶子。同样，《中国图说》中的香蕉树（Musa sapientium）结出的果实也并不像香蕉，而更像是菠萝[150]。

总体来说，卜弥格力求提供植物的写实图像，甚至不惜展示其不规则、畸形和杂乱，基歇尔则将植物图像处理得更加规则，以强调其或迷人或古怪的审美特征，同时力求使插图与《中国图说》整体的艺术主旨相一致。这样，通过将卜弥格对异域植物的写实再现转化为一种形式上的普遍统一，基歇尔扮演了一个文化调和的角色，而在其背后或可窥见造物主之手的力量。

尽管如此，基歇尔显然常常直接使用卜弥格的图像资料，有时甚至连植物的名字都原封不动地照搬。例如，在这两位耶稣会士的著作中，波罗蜜均以“Polomie”[151]之名出现，而《中国图说》中的波罗蜜插图（见图 8）明显来自卜弥格的《中国植物志》（见图 7）。只是基

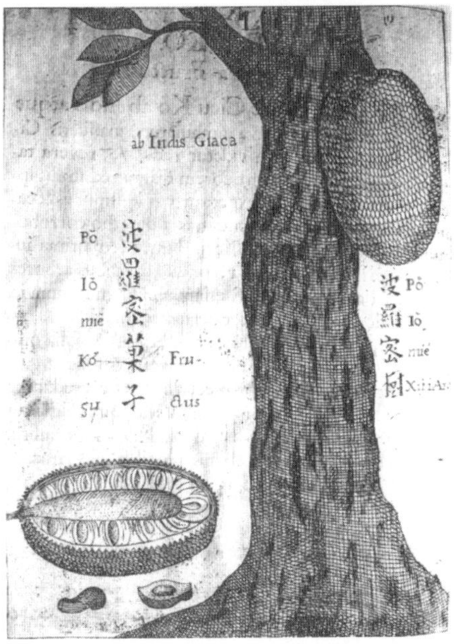

图 7　波罗蜜（Po-lo-mie-Giaca fructus），卜弥格《中国植物志》（维也纳，1656）

图 8　波罗蜜（Polomie），阿塔纳斯·基歇尔《中国图说》（阿姆斯特丹，1667）

歇尔将树皮的纹理表现得更加规则，从而使在卜弥格作品中用来表示粗糙表皮的浓重笔触变成了基歇尔作品中由分离斑块构成的几何图形，它们看上去就像豹子皮的图案。

一个更显著的例子是大黄的图像。在卜弥格的插图（见图1）中，大黄的植株和茂密的叶子分别以不同视角的两幅图加以呈现：下面一幅是俯视图，它以呈现叶子构成的方式完整地展示了整株植物；上面一幅是仰视图，以根部的切口来展现植物主干的剖面与叶子的底面在组织结构上的一致性[152]。基歇尔则借用了卜弥格插图中丰盈繁复的枝叶的形象，以一种全新的方式演绎了大黄（见图2）。通过强调其叶子波浪状的运动、花朵的形状和生长，基歇尔成功地创造了一种与《中国植物志》里的图片相去甚远的典型巴洛克式图像。在基歇尔的插图中，作为整株植物最重要部分的根部被单独呈现，这就如同收藏家们将作为奇珍的钟乳石或珊瑚树摆放在多宝槅上单独展示一样。

（王盛爽 译 耿幼壮 校）

注释

* 本文出自《中西文化交流史杂志》2004年（Sino-Western Cultural Relations Journal XXVI 2004）。本文为作者在汉诺威大学景观建筑史专业所完成博士学位论文（即将出版）的节选。学位论文研究的是17、18世纪耶稣会士在中国植物和园艺设计被引介到欧洲过程中所起的作用，其完成得益于由汉诺威隐修会（Hannover Monastery Chamber）慷慨资助的园艺与景观建筑研究中心奖学金。

[1] "Letter of Matteo Ricci to Giambattista Román, Zhaoqing, September 13, 1584", Francesco D'Arelli, ed., *Matteo Ricci, Lettere (1580-1609)*, Macerata: Quodlibet, 2001, p. 63.

[2] Alvaro Semedo, *Relatione della grande monarchia della Cina*, Rome, 1643-1st ed. Madrid, 1642, p. 8.

[3] 研究文本如下：Giovanni Pietro Maffei, *Historiarum indicarum libri XVI*, Florence, 1588; Nicholas Trigault, *De Christiana expeditione apud Sinas*, Augsburg, 1615; Alvaro Semedo, *Relatione della grande monarchia della Cina*, Rome, 1643; Martino Martini, *Novus Atlas Sinensis,* Amsterdam, 1655; Athanasius Kircher, *China monumentis... illustrata,* Amsterdam, 1667; Gabriel de Gabriel de Magalhães, *Nouvelle Relation de la Chine*, Paris, 1688; Louis Le Comte, Nouveaux *Mémoires sur l' état present de la Chine*, Amsterdam 1698-1st ed. Paris, 1696。

[4] Emil Bretschneider, *History of early botanical discoveries in China*, Leipzig: Zentral-Antiquariat der Deutschen Demokratischen Republik, 1972-1st ed. 1898, pp. 8-9.

[5] Alvaro Semedo, *Relatione della grande monarchia...*, 给弗朗切斯科·巴尔贝里尼 (Francesco Barberini) 枢机主教的献词。

[6] Ibid., p. 8.

[7] Ibid., p. 8.

[8] 茶叶不是16世纪末被葡萄牙商人进口到欧洲的物品之一，虽然他们肯定知道茶叶对中国人的用处。

[9] Trigault, *De Christiana expeditione apud Sinas...*, p. 16.

[10] Semedo, *Relatione della grande monarchia...*, p. 27. 确认曾德昭描述的中国植物所参考的著作是 Emil Bretschneider, *Early European Researches into the Flora of China*, Shanghai and London: American Presbiterian Mission Press, 1881, pp. 4-7。

[11] Jean-Baptiste Du Halde, *Description... de la Chine...*, t. i, The Hague, 1735, p. 20.

[12] Giovanni Pietro Maffei, *Historiarum indicarum...*, pp. 109-110.

[13] Trigaut, *De Christiana expeditione apud Sinas...*, p. 16.

[14] Ibid., pp. 16-17.

[15] Ibid., p. 17.

[16] Semedo, *Relatione della grande monarchia...*, p. 27.

[17] Ibid., p. 27.

[18] Martini, *Novus Atlas...*, p. 107. 这些作品可能不是合格的当代意义上的植物学著作。卫匡国描述的中国植物，见 Emil Bretschneider, *Early European Reserches...*, pp. 7-21。

[19] Martini, *Novus Atlas...*, p. 107.

[20] Ibid., p. 107.

[21] Ibid., p. 107.

[22] Semedo, *Relatione della grande monarchia...*, p. 28.

[23] Ibid., p. 28.

[24] Kircher, *China monumentis...illustrata*, p. 180.

[25] Ibid., pp. 179-180.

[26] Comte, *Nouveaux Mémoires...*, p. 141.

[27] Trigaut, *De Christiana expeditione apud Sinas...*, p. 10.

[28] "Letter of Matteo Ricci to Giambattista Román, Zhaoqing, September 13, 1584", Francesco D'Arelli, ed., *Matteo Ricci...*, p. 66.

[29] Semedo, *Relatione della grande monarchia...*, p. 11.

[30] Comte, *Nouveaux Mémoires...*, p. 141. 确认李明描述的中国植物所参考的著作为 Emil Bretschneider, *Early European Reserches...*, pp. 26-28。

[31] Semedo, *Relatione della grande monarchia...*, p. 10.

[32] Comte, *Nouveaux Mémoires...*, p. 141.

[33] Martini, *Novus Atlas...*, p. 123.

[34] Ibid., p. 123.

[35] Semedo, *Relatione della grande monarchia...*, p. 10.

[36] Comte, *Nouveaux Mémoires...*, p. 141.

[37] Martini, *Novus Atlas...*, p. 123.

[38] Semedo, *Relatione della grande monarchia...*, p. 10.

[39] Ibid., p. 10.

[40] Martini, *Novus Atlas...*, p. 123.

[41] Ibid., p. 123.

[42] Semedo, *Relatione della grande monarchia...*, p. 10.

[43] Ibid., p. 10.

[44] Martini, *Novus Atlas...*, p. 123.

[45] Comte, *Nouveaux Mémoires...*, p. 141.

[46] Ibid., p. 141.

[47] Magalhães, *Nouvelle Relation...*, p. 177.

[48] Ibid., p. 177.

[49] Comte, *Nouveaux Mémoires...*, pp. 141-142.

[50] Ibid., p. 142.

[51] Martini, *Novus Atlas...*, p. 123.

[52] Comte, *Nouveaux Mémoires...*, p. 142.

[53] Martini, *Novus Atlas...*, p. 123.

[54] Semedo, *Relatione della grande monarchia...*, p. 10.

[55] Comte, *Nouveaux Mémoires...*, p. 142.

[56] Ibid., p. 142.

[57] Semedo, *Relatione della grande monarchia...*, p. 10.

[58] Martini, *Novus Atlas...*, p. 123.

[59] Comte, *Nouveaux Mémoires...*, p. 142.

[60] "河南省、山西省、陕西省……产量最高，质量也最好，他们也将柿子风干运往全国"，见 Semedo, *Relatione della grande monarchia...*, p. 10。

[61] Ibid., p. 10. 这种水果的中国名字是"柿子"（Shizi）。

[62] Ibid., p. 10.

[63] Comte, *Nouveaux Mémoires...*, p. 142.

[64] Ibid., p. 142.

[65] Magalhães, *Nouvelle Relation...*, p. 177.

[66] Semedo, *Relatione della grande monarchia...*, p. 10.

[67] Magalhães, *Nouvelle Relation...*, p. 177.

[68] Comte, *Nouveaux Mémoires...*, p. 142.

[69] Semedo, *Relatione della grande monarchia...*, p. 10.

[70] Ibid., p. 10.

[71] Magalhães, *Nouvelle Relation...*, p. 177.

[72] Semedo, *Relatione della grande monarchia...*, p. 10.

[73] Comte, *Nouveaux Mémoires...*, p. 142.

[74] Semedo, *Relatione della grande monarchia...*, p. 8.

[75] Trigaut, *De Christiana expeditione apud Sinas...*, p. 15.

[76] Ibid., p. 15.

[77] Semedo, *Relatione della grande monarchia...*, p. 24.

[78] Ibid., p. 24.

[79] Martini, *Novus Atlas...*, p. 43.

[80] Semedo, *Relatione della grande monarchia...*, p. 24.

[81] Martini, *Novus Atlas...*, p. 43.

[82] Kircher, *China monumentis...illustrata*, p. 182. 基歇尔对大黄的描述直接转录自卜弥格的《中国植物志》(Wien, 1656)。

[83] Ibid., p. 183.

[84] Ibid., p. 183.

[85] Ibid., p. 183.

[86] Martini, *Novus Atlas...*, p. 35.

[87] Kircher, *China monumentis...illustrata*, p. 178.

[88] Semedo, *Relatione della grande monarchia...*, p.31.

[89] Martini, *Novus Atlas...*, p. 35.

[90] Ibid., p. 35.

[91] Ibid., p. 35.

[92] Kircher, *China monumentis...illustrata*, p. 179. 说到"没有任何智慧的人",基歇尔无疑是在暗指他的信徒卫匡国。

[93] Trigaut, *De Christiana expeditione apud Sinas...*, p. 14.

[94] Ibid., p. 14.

[95] Kircher, *China monumentis...illustrata*, pp. 181-182.

[96] Ibid., p.182.

[97] Martini, *Novus Atlas...*, p. 138.

[98] Ibid., p. 138.

[99] Trigaut, *De Christiana expeditione apud Sinas...*, p. 14.

[100] Martini, *Novus Atlas...*, p. 117.

[101] Ibid., p. 117.

[102] Ibid., p. 118.

[103] Semedo, *Relatione della grande monarchia...*, p. 12.

[104] Ibid., p. 12.

[105] Martini, *Novus Atlas...*, p. 16.

[106] Ibid., p. 16.

[107] Ibid., p. 51. 牡丹直到1789年才被引进到欧洲园林。

[108] Ibid., p. 133.

[109] 参见 *De Florum Cultura libri IV*, Rome, 1633, p. 479。

[110] 参见 Lucia Tongiorgi Tomasi, "L'arte ingenua e ingegnosa di coltivare i fiori. Note su *Flora overo Cultura di Fiori* di Fiori di Giovan Battista Ferrari", Lucia Tongiorgi Tomasi, a cura di, *Giovan Battista Ferrari, Flora overo cultura di fiori*, Città di Castello: Olschki, 2001。

[111] Comte, *Nouveaux Mémoires...*, p. 224.

[112] Ibid., p. 224.

[113] Ibid., p. 224.

[114] Ibid., p. 148.

[115] Martini, *Novus Atlas...*, p. 113.

[116] Comte, *Nouveaux Mémoires...*, p. 148.

[117] Martini, Novus Atlas..., p. 85.

[118] Ibid.

[119] 关于卜弥格和《中国植物志》,参见 Paul Pelliot, "Michael Boym," *T'oung pao* 31 (1935), pp. 95-152 ; Boleslaw Szczesniak, "The writings of Michael Boym," *Monumenta serica* 14 (1949-1955), pp. 481-538,其中包含了卜弥格作品的详细列表;Hartmut Walravens, "Eine Anmerkung zu Michael Boym's Flora Sinensis (1656)-Einer wichtigen naturhistorischen Quelle," *China Mission Studies/1550-1800 Bulletin*, 1 (1979), pp. 16-20 ; Elisabeth Rochat de la Vallée, "La Transmission de l'herbier chinois en Europe au XVIII siècle," *Actes du III colloque international de sinologie*, Paris : Cathasia, 1983, pp. 189-191;Hartmut Walravens, "Aus der Flora sinensis des P. Michael Boym," *China illustrata: das europaeische Chinaverstaendnis im Spiegel des 16. bis 18. Jahrhumderts*-Ausstellungskataloge der Herzog August Bibliothek Nr. 55, Weinheim : Acta Humaniora, VCH, 1987, pp. 57-66。魏汉茂(Hartmut Walravens)最近编了一本电子版的《中国植物志》,其中有魏汉茂的介绍和德语翻译,参见 Hartmut Walravens, *Michael Boym-Flora Sinensis*, Erlangen: Harald Fischer, 2002, 1CD-Rom。

[120] Michael Boym, *Flora Sinensis*, ff. 'e'v.- 'e2'r. 关于东方植物的描述紧接着对一些中国动物的描述。三幅雕刻里鸟有凤凰、野鸡,哺乳动物有麝鹿、河马、玄

豹，还有爬行动物蚺毒。参见 Hartmut Walravens (1979), p. 17。

[121] Ibid., f.‘C’r. 卜弥格称这种果树为“ficus Indica”，特别指出在中国它被称作“芭蕉”，但是在巴西它被叫作“Ba-nana”，在大马士革被称作“Musa”。

[122] Ibid., f.‘C2’r.

[123] Ibid., f.‘C2’r.

[124] Ibid., f.‘D2’r.

[125] Ibid., f.‘E’r.

[126] Ibid., f.‘F’r.

[127] Ibid., f.‘I’r.

[128] Ibid., f.‘K’r.

[129] Ibid., f.‘f’r.

[130] Ibid., t., f.‘C’r.

[131] Ibid., f.‘F2’r.

[132] Ibid., f.‘e2’r.

[133] Ibid., ff.‘e2’r.-‘e2’v.

[134] Ibid., ff.‘e2’r.-‘e2’v.

[135] Ibid., f.‘e2’v.

[136] Ibid., f.‘e2’v.

[137] Boym, *Flora Sinensis*, op. cit., f.‘f2’v.

[138] Ibid., f.‘c2’r.

[139] Ibid., f.‘H2’r. 卜弥格特别指出在东方胡椒有三种：长胡椒（Piper longum）、白胡椒（Piper album）和叶子“更柔软、味道更好”的黑胡椒（Piper nigrum）。

[140] Ibid., f.‘H2’r.

[141] Ibid., f.‘I2’r.

[142] Ibid., f.‘I’v.

[143] Ibid., f.‘I’v.

[144] 参见 Hartmut Walravens (1979), p. 17。

[145] 版画共有 17 幅，“肉桂”树（Cinnamomum cassia）和“榴莲”树（Durio zibethinus）在一页上，“胡椒”（Piper sp.）树和“茯苓”树（Smilax china）在一页上。

[146] Boym, *Flora Sinensis*, op. cit., f.‘D’v.

[147] Ibid., f‘12’v.

[148] Kircher, *China monumentis...illustrata*, p. 187; Boym, *Flora Sinensis*, f.‘A’v.

[149] Kircher, *China monumentis...illustrata*, p. 189; Boym, *Flora Sinensis*, f.‘C2’v.

[150] Kircher, *China monumentis...illustrata*, p. 188; Boym, *Flora Sinensis*, f.‘A2’v.

[151] Kircher, *China monumentis...illustrata*, p. 186; Boym, *Flora Sinensis*, f.‘F’v.

[152] Kircher, *China monumentis...illustrata*, p. 183; Boym, *Flora Sinensis*, f.‘H2’v.

儒家思想是一种人文主义吗？

程艾蓝

程艾蓝（Anne Cheng）/法国法兰西公学院

一

儒家思想是一种人文主义吗？这个提问是在向萨特1945年10月29日一场著名的演讲致意。他在这场演讲中问道："存在主义是一种人文主义吗？"而萨特的追问又与与其同样知名的海德格尔于1946年写给他在法国的代言人波弗雷（Jean Beaufret）的《关于人文主义的书信》（*Brief über den Humanismus*）相互呼应。20世纪欧洲两位最重要的哲学家，不约而同地在1945、1946年间，提出对人文主义的反思，这个时间点很明显与第二次世界大战结束密切相关。二战期间，世界各地连年的战争，加上纳粹大规模消灭犹太人的行动，使人文精神受到了前所未有的浩劫。萨特与海德格尔思考人文主义之际，欧洲才刚从这次充满创痛的经历中重新站起来。但也要注意到，二战期间大批反对人士遭到斯大林整肃迫害，即使这一点在当时没有被西欧知识分子所关注。

其实，我们如果重新查看《论语》翻译成现代欧洲语言的历程，可以发现，今天我们习以为常甚至觉得理所当然地将孔子学说视为一种人文主义的想法，其实是在二战之后才出现的。英文版的《论语》（最常译为 *Confucius* 或 *Confucian Analects*）是最早脱离"传教士翻译"传统的欧语译作。从17世纪起，耶稣会士开始将《论语》以拉丁语译出，1687年出版的《中国哲学家孔子》（*Confucius Sinarum Philosophus*）就是其中最著名的译本。到了19世纪，则出现了欧洲通用语言（特别是英法德语）的译本，但它依旧是由在华天主教或新教传教士所主导的，并通过中国文人的协助而完成的翻译。在1905年中国废除科举考试制度以前，这些文人承袭正统经学的脉络，且受到传统训诂、小学的训练。第一部明显打破"传教士翻译"框架的西方《论语》译作，应该非阿瑟·韦利（Arthur Waley，1889—1966）于1938年在伦敦出版的英译本《论语》（*The Analects of Confucius*）莫属。韦利在译序里表示，他重新翻译《论语》的目的在于让这本著作更符合当时的理念价值，但是他从头到尾都没有以"人文主义"谈及孔子。

20世纪中叶以降，孔子学说的第二次全球化不再局限于通晓拉丁语这一为神职人员所使用的语言的知识精英，而是借由现代英文来传播。在第二波孔子思想的全球传播中，孔子也以一个较“大众化”的形象出现：孔子从一个高高在上的、说教训诫的哲学家、智者，摇身一变成为一个与普通人无异的、语言浅显易懂的又平易近人的先生。此外，英语这个新兴的国际语言，也使得孔子学说突破在此之前仅在欧洲发展的格局限制，而名副其实地进入全球化的视野。我在下文中会先专门谈到早期在19世纪末、20世纪上半叶，孔子学说在英国的发展。继而，二战结束后随着美国霸权的确立，《论语》开始借由英文译本为全世界认识。美国对全球思想界的巨大影响，也体现在20世纪中叶以降，美国学界对《论语》或孔子的解读愈来愈成为主流。因此，孔子学说再一次以新的形式在世界上流传，实与二战后的全球氛围息息相关：全人类在历史上第一次遭受到如此大规模的战争，所有人文价值都受到莫大的挑战，而此时正在重新找回一种新形态的人文主义。同样地，也因为孔子的学说源于西方世界以外，所以它被视为一种“新”的人文主义。

二战后美国第一位尝试诠释孔子的学者是顾立雅（Herrlee Glessner Creel）。顾立雅1905年生于芝加哥，在他的出生地度过整个教职生涯，直到1994年去世。顾立雅众多著作大多是关于古代中国及帝制中国的思想与制度史，其中与本文最为相关的，乃于二战结束时出版的、探讨孔子形象地位的《孔子，其人及其神话》（*Confucius, the Man and the Myth*）。此书1960年于纽约由哈珀兄弟出版公司再版，更名为《孔子与中国道路》（*Confucius and the Chinese Way*）。这本专为一般读者所写的、于二战后美国出版的著作，明显意在将孔子塑造成和平人文主义的最佳代言人：“儒家指出，人的义务在于献身于追求和平、正义和仁爱”[1]。

当谈到孔子的政治理想，儒家强调一种仁爱的民主：“儒家强调，统治者不是因为他的出身就能够成为统治者，而是凭借他的德行与能力。政府的真正终极目标是人民的福祉与幸福”[2]。更进一步地，顾立雅明确将孔子塑造为启蒙时代欧洲民主及美国民主精神的灵感来源之一：“在儒家思想的驱使下，中国很久以前就已经几乎废除世袭贵族制，这点在法国跟英国都曾被拿来作为攻击世袭特权的利器。孔子哲学对欧洲民主理想的发展，以及在法国大革命的背景中，均扮演了重要的角色，并且间接地通过法国思想的传播，影响了民主在美国的发展。很有趣的一点是，杰弗逊曾经提议建立一个类似中国科举制的教育体制，以作为‘我们国家政府的基石’。儒家思想对西方民主发展的贡献程度，经常被人遗忘”[3]。顾立雅更是在倒数第二章中整篇讨论“儒家思想与西方民主”，此章开宗明义便说：“启蒙哲学与儒家思想之间有着许多非常重要的相似之处”。而且，“启蒙思想发展于十七、十八世纪，而正是在同一时期，儒家思想开始真正为欧洲人所熟悉，我们不禁要问，中国哲学是否隐含一些欧洲的思想”[4]。

虽然“人文主义”一词在顾立雅书中并未出现，但他对《论语》的解读很明显地凸显了孔子思想中可与启蒙精神有所对应的人文主义性质，而这也是二战后人文主义试图重建的价值。事实上，将“人文主义”一词用于儒学，直到20世纪60年代才出现。这是因为当时的思想界还是有些不情愿将一个如此与欧洲历史和身份认同紧密联系的概念，应用在一种非欧洲的文化上。然而，早在20世纪20年代，一位法国的印度学家，即从1894年开始担任法兰西公学院教授、直至1935年去世的西尔凡·列维（Sylvain Lévi，1863—1935），就已经在他的《印度与世界》（*L'Inde et le Monde*）一书中提出与印度人文主义相关的问题。此书收录的最后一篇文章，乃列维于1922年在达卡大学发表的演说，题为《东方人文主义》（“Eastern Humanism”）。他在演讲的导论中，如此解释这个他新创的词：“我想‘东方’与‘人文主义’二词大概从未被联结在一起。人文主义虽然字面上看来指涉着全人类，但实际上是西方式的概念；这个词本身以及它的含义都起源于西方，并且非常适用于西方思想”。列维继续问道：“在印度语化中，有没有什么能够与西方人文主义相提并论的元素？”之后的整篇演讲就是试图为这个问题找到一个肯定的答案。他的结论是：“就是这样，受到命运神秘力量的推动，就算不乐意也不情愿，印度成了东方人文主义的摇篮，足以与西方人文主义分庭抗礼”。这个被视为孕育于印度的“东方人文主义”，列维认为并非极具印度语化特色的“婆罗门文明”之产物，而是体现在“佛教人文主义”（《印度与世界》中有一章专门讨论）当中：“佛教文明，和基督教文明及穆斯林文明一样，传播无远弗届，拥有重大的影响力。我在本书提出的研究方向，不仅试图探讨佛教文明的深度与复杂性，也希望证明，通过这样的研究，我们能够建立一个新的、奠基于亚洲文明的人文主义，以冀能够填补我们欧洲人文主义的不足之处”。

列维在达卡演说中问到印度是否存在类似于西方人文主义的思想。那么，这个问题是否能够应用于中国呢？将焦点从印度转到中国，这个转移让我们想起四年前做出的一个结论。我们当时观察到，在18世纪以前，这两个文明在欧洲知识精英的东方异国想象中，是结合在一起的。直到18世纪中叶、19世纪初，印度才开始从中国形象中脱离。这个现象在德国浪漫主义的想象中最为明显。当时德国试图追溯自己的文化根源，认为在印度文明中可以找到欧洲语言以及思想形态的最初原型。因此，中国的异国色彩、他者性又更加强化了，直到今天欧洲人还是难以摆脱这个既定形象。

列维关于印度的提问，以及他在佛教人文主义中找到的答案，都被两位20世纪下半叶的华裔美国学者应用在了儒家思想上。第一位学者是1901年生于中国，在美国度过大半学术生涯，直到1994年过世的陈荣捷（Chan Wing-Tsit）。除了许多英文著作外，陈荣捷亦著有一本关于中国哲学文献资料的教材：《中国哲学文献》（*A Source Book in Chinese Philosophy*）。从这本书的第一章“人文主义的发展”第一句开始，“人文主义”就成为整本书很重要的关键词：“如果用一个词来贯穿整部中国哲学史，这个词非‘人文主义’莫属；不是那种否定或忽视一切至高力量的人文主义，而是一种强调天人合一的人文主义。在这个意义下，人文主义从中华文明初始之时起，便主宰着整个中国思想的发展”[5]。行文未远，他继续说道：“慢慢地，儒家思想标示着人文主义的逐步崛起，终至巅峰”。

第二章则更直接地以“孔子的人文主义”为题：“单就《论语》而言，孔子对中国哲学发展的影响首先在于确立中国哲学的人文主义特色。如前章所述，人文主义的趋势在孔子之前已经非常明显，然而是孔子使它蜕变成中国哲学最强的动力”[6]。陈荣捷书中开宗明义的第一句话“如果用一个词来贯穿整部中国哲学史，这个词非‘人文主义’莫属”，在第二位华裔美国学者杜维明的介绍中，被用来当作一场题为《新儒家人文主义的生态转向》（“Ecological Turn in New Confucian Humanism”）演讲的引言。杜维明生于1940年，先在台湾接受了学术训练，之后在美国各大名校任教，学术生涯成就辉煌。和陈荣捷不同的是，杜维明不满足于学术圈内的发展，也懂得赢取政治领导人物的重视。20世纪80年代，他与新加坡的关系密切，目前领导着北京大学高等人文研究院。杜维明可被视为当今新儒家人文主义的最佳弘扬者，面对不同属性的听众，他总是有办法用不同的方式宣扬其中的精神。在他主编的《儒家世界的观察：东亚儒家人文主义的当代讨论》（*The Confucian World Observed: A Contemporary Discussion of Confucian Humanism in East Asia*）中，杜维明化身为"第三阶段"儒家思想的真正先知，积极地在世界宗教的对谈中，居天主教和新教神学家、犹太教拉比、伊斯兰教伊玛目及佛教僧侣之林，扮演儒家思想代言人的角色。在他与池田大作（Ikeda Daisaku）合编的《东方人文主义的新视野：佛教、儒教与世界和平的追求》（*New Horizons in Eastern Humanism: Buddhism, Confucianism, and the Quest for Global Peace*）中，情况如出一辙。

二

但是，认为孔子的学说是一种人文主义，到底是基于哪些理由？此外，如果"人文主义"蕴含着"普世性"，儒家人文主义有哪一点具有像普世宗教（基督教、伊斯兰教和佛教）那样的普世性？如同列维谈到的佛教一样，我们不可避免地又会碰到一个无限循环的疑问：儒家思想到底该归类为"哲学"还是"宗教"？这个问题可溯源至我在上文中称为儒家第一波全球化、由耶稣会士自17世纪初主导的文化传播期。几年前，我们指出了18、19世纪之间，孔子及其学说如何历经百般磨难，像棋盘上的棋子一样，在欧洲知识版图上任人摆弄移动：自从欧洲将希腊视为自己的文化根源，并将自身文化认同定位在哲学这个新兴现代大学体制下的专业学科之后，孔子突然从18世纪上半叶启蒙学者眼中理性的哲学家，变成19世纪人们心中的宗教领袖。希腊根源和"哲学"此一分类，对中国而言，就像是双重的隔绝。这个双重隔绝也有双重效应：其一，就是"汉学"此一新学科的诞生。1814年，法兰西公学院首创为中国研究专设的讲座（2014年6月，法兰西公学院与铭文及经典文学研究院合办首创汉学讲座两百周年纪念国际研讨会）。

第二个效应则是儒家思想被归类为"宗教"。这点仅需阅读儒勒·巴泰勒米-圣-依莱尔（Jules Barthélémy-Saint-Hilaire，1805—1895）撰写的《希腊哲学》（"Philosophie Grecque"）便可见一斑。儒勒于1838—1852年间，在法兰西公学院担任"希腊与拉丁哲学"讲座教授。《希腊哲学》一文是他为阿多尔夫·弗兰克（Adolphe Franck）主编的、在1844—1852年间分六次出版的《哲学科学词典》（*Dictionnaire des sciences philosophiques*）所写的文章。文中他说道：

> 希腊哲学之所以不同于其他哲学，是因为它完全不凭借前人或来自超自然的权威……在中国，人们即使不直接地以神的启示权威为圭臬，但至少恪守祖先的传统与信仰。中国最著名的哲学家——孔子的学说即使到了今天，仍受到中国这个大帝国的知识分子们尊崇。但是，孔子只是想以传统价值的重建者与诠释者自居。而单就后世对孔子的赞颂来看，我们比较倾向视孔子为一个宗教的创始人，而非一个哲学学派的始祖[7]。

就这样，由于19世纪的"学院教授型的哲学"（也就是像以黑格尔为首的德国哲学家那样的教授，不久后，不少法国哲学家也群起效法，例如维克多·库桑［Victor Cousin］）将中国排除在外，孔子的学说，从17、18世纪欧洲传教士与哲学家（特别是法国哲学家）认定的"哲学”类，被移置到“宗教”范畴。也就是说，孔子思想从法国启蒙时期思想家眼中的那个理性主义，转换成比较宗教学者研究的“儒教”，而比较宗教乃19世纪末在英国学界发展出来的新学科。的确，儒家思想作为一种人文主义，正是由英国学界创造出来的新概念。19世纪下半叶在英语世界新形成的“宗教学”，或说“比较宗教学”，将儒家思想如同基督宗教划入宗教系统。因此我们可以看到，18、19世纪之交，孔子的相关学说不仅在欧洲智识版图上接二连三地被移动，也不断在欧洲地缘政治的再现中被移入移出：就智识版图而言，意指在哲学与宗教间移动；就地缘政治而言，就是指在当时几个欧洲列强间移动，例如法国、英国和德国，前两者更特别为当时最强势的两个殖民霸权。

在此应该强调，“Confucius”这个名字本身，就是耶稣会士将“孔夫子”这个称呼拉丁化，也就是欧化后的产物。而且，Confucianism一词在中文里也找不到任何对应词（因为中文不说“孔子主义”，也不说“孔夫子主义”）。正如比较宗教学专家古伊·斯特鲁萨（Guy G. Stroumsa）在著作《一个新科学：理性时代对宗教的发现》（*A New Science: the Discovery of Religion in the Age of Reason*）中指出的那样，耶稣会士当年在中国的适应策略呈现出深刻的悖论。这点我们也在四年前强调过，也就是说，为了说服中国人改信反对宗教改革的天主教，耶稣会士竟然认为儒家文人祭典中没有任何一点儿宗教性质，且认为这些祭祀行为纯粹是公民式（civil）的活动。他们指的特别是国家祭孔典礼以及祖先崇拜的行为。这些祭祀活动在18世纪初期引发了重大的礼仪之争，争论最后在18世纪的20及30年代，以大规模驱离天主教传教士收场。这个结果也使得从19世纪初开始，新一拨多数来自英语国家的新教传教士能够有机会登场亮相。不过这也引发了另一种形式的“礼仪与词汇之争”。

“Confucius”是17、18世纪耶稣会士将孔子的名字拉丁化的发明。根据牛津英文字典，英文中“Confucian”此一形容词则最早出现在19世纪40年代，“Confucianism”（儒家思想）一词应该于1862年首创于《作为国家与民族之基本信念的儒家思想完全忽视偶像崇拜》（*Confucianism, the State and National Creed, Ignores idol Worship Altogether*），但其实最早使用这一词的人是苏格兰公理会传教士詹姆士·理雅各（James Legge，1815—1897）。1876年，他在中国度过了34年后回到牛津担任首位中文教师时，使用了“Confucianism”一词来指称儒教。1877年5月1日，由于此时理雅各已在牛津，他通过代读的方式，在上海的一场传教士论坛（19世纪在中国的新教传教士愈来愈多，传教士论坛乃当时集结所有以英美人士为主的新教传教士之盛会）上发表了一篇论文。论文题为《儒教之于基督教》（“Confucianism in Relation to Christianity”），当中儒家思想就很明显地被视为一种宗教，和基督教有相同的性质。

在这篇演说中，理雅各表示自己将中文文献中提到的上帝一律翻译为英文的“God”，并坚信中文里的上帝，和基督徒信仰的神就是同一个神。这个立场在1877年的论坛上，引发了极大的不满，而美国传教士的反对异常激烈。上文中提到的“词汇之争”以及伴随它而来的“礼仪之争”可追溯至17、18世纪交接之际。当时的重点在于讨论古代中国是否有像基督教中独一真神那样的信仰。这个问题已经在著名的意大利耶稣会士利玛窦的中文著作《天主实义》（最近由Thierry Meynard，S. J. 翻译成

法语 *Le sens réel de Seigneur du Ciel*，由 Belles lettres 出版社收录在汉学文库中）中得到讨论。几年之后，理雅各不改初衷，他在“英格兰长老教会春季中国宗教座谈”（在伦敦的长老教会学院举行）上，以及稍后正式出版的《中国的宗教：关于儒教与道教的描述及其与基督教之比较》（*The Religions of China: Confucianism and Taoism Described and Compared with Christianity*）中说道：

> 我所用“儒教”（Confucianism）一词，主要是用来涵盖中国的这个古老宗教。其次，为了补充得更清楚，或是做一些修正，才会次要地谈到哲学家孔子本人的观点，包括他亲自撰写的内容，以及由其弟子记录下的教诲。这有点儿像我们通过基督宗教，来理解《旧约》《新约》中的记录与教导[8]。

然而，当理雅各于牛津担任中文教师时，他结识了弗雷德里希·马克西米利安·穆勒（Friedrich Maximilian Müller，1823—1900，也就是较为人知的马克斯·穆勒）。穆勒 1823 年出生于德国，于莱比锡大学攻读古希腊语、拉丁语与哲学（特别是黑格尔哲学），稍后又赴柏林，分别在被视为比较文献学之父的弗兰兹·波普（Franz Bopp，1791—1867），以及鼓励他研究梵文文学的哲学家谢林（Friedrich von Schelling，1775—1854）的指导下继续学业。1845 年，穆勒到巴黎师事欧仁·比尔努夫（Eugène Burnouf，1801—1852）。欧仁·比尔努夫当时是法兰西公学院梵文语言与文学讲座的教授，也是 1822 年建立、至今仍存在的亚洲学会（Société Asiatique）的创办人。比尔努夫鼓励穆勒出版全本的《梨俱吠陀》。这部著作在 1849—1874 年间由牛津大学出版社出版，是穆勒穷尽一生完成的大作。

正是为了为此项出版工作搜集资料，穆勒 1846 年来到英国，造访东印度公司图书馆。原本只是计划停留几周的短期拜访，最后变成了一辈子的长期居住。之后，穆勒一直在牛津大学执教。这当中还发生了一件有趣的逸事：1860 年，穆勒没能如愿取得牛津梵文讲座的职位，最后则在 1868 年受邀担任比较文献学讲座的首届教授。吊诡的是，1860 年的“求职”失利，对他来说是一生中的一大挫折，而且给他之后的学术生涯留下了不可磨灭的印记。但是，这次失利也为他提供了建立一个新学科的契机，这就是“宗教学”的创立。这个新兴宗教学的取径迥异于神学与宗教史。1870 年，穆勒在伦敦皇家研究院（Royal Institution）进行了四场演讲，得到热烈的回响。此一系列演讲不久后以《宗教学导论》（*Introduction on the Science of Religion*）为题出版成册。

穆勒与理雅各初识于 1875 年，当时，前者希望后者为他著名的“东方圣书”（Sacred Books of the East）丛书撰文。“东方圣书”是穆勒于 1876 年向牛津大学出版社提出的计划，他说明计划的宗旨在于“翻译东方五大宗教的圣书”（translation of the sacred books of the five great oriental religions）。这项庞大的丛书出版计划持续长达三十多年，1879—1910 年间总共编纂了五十册。这套丛书事实上区分了六部“宗教圣书”（the six so-called “Book-religions”），分别是：婆罗门的宗教（印度教或吠陀婆罗门教，21 册）、佛陀门徒的宗教（佛教及耆那教，12 册）、查拉图斯特拉门徒的宗教（祆教，8 册）、孔夫子门徒的宗教（儒教）、老子门徒的宗教（道教，6 册）、穆罕默德门徒的宗教（伊斯兰教，2 册）。这六个宗教，加上犹太教与基督教，组成世界八大宗教。

在《宗教学导论》第一场演讲（后于1870年出版）中，穆勒如此说道：

佛经有好几个不同语言的版本：巴利文、梵文、缅甸语、泰语、藏语、蒙古语及汉语。这部如此重要的宗教经典至今尚未有欧洲语言的译本，完全是我们欧洲人的错。中国的古老宗教儒教和道教，它们的经典则已经有很好的译本，任何对人类古老信仰有兴趣者皆可钻研。

1861—1872年间，理雅各出版了共五册的《中国经典》(*Chinese Classics*)，完全按照中国传统四书五经的分类排列如下：

1）易经

2）书经

3）诗经

4）礼记

5）春秋

6）论语

7）大学、中庸

8）孟子

因此，穆勒很自然地找上了同在牛津任教的汉学家理雅各，请他为“东方圣书”中中国经典的部分撰文。1879—1910年间，《中国圣书》陆续出版问世。这部著作其实就是理雅各之前出版的《中国经典》，再加上两部道教经典的翻译——《道德经》与《庄子》。由此观之，理雅各可说是使“儒教”跻身世界普世宗教之林的最强推手。借着与被视为宗教学或比较宗教学之父的穆勒合作，理雅各成功地使关于儒教作为一种宗教的辩论，从传教士的圈子里挣脱出来，成为学术界与智识界的课题，范围扩大也更具有全球视野。

在前引书、出版于1880年的《中国的宗教：关于儒教与道教的描述及其与基督教之比较》中，理雅各明确地提出这个问题：

经常有人问我：儒家思想真的是一个宗教吗？儒家思想难道不只是强调人类社会规范的道德体系吗？这个问题背后隐含的立场，在最近一篇文章里表现得最淋漓尽致。这篇文章的作者说：在我们的认知里，纯粹的儒家思想压根儿就不是个宗教。儒家思想的精髓在于维持传统礼仪形式而由此取代伦理学，在于怀疑、否认人与活生生的神之间存在任何关系的可能性，而由此取代宗教。就算儒家思想的确对非凡的人物有某种形式的崇拜，伴随着一些专制政治理论，但说实在的，我们可以就这样称之为宗教吗？[9] 当然，如果这是对儒家思想正确的理解，那么我也不会视儒家思想为宗教。但是，问题就在于，对儒家思想这样的描述，根本就是荒谬且不公平的[10]。

在这段引文中，理雅各将“儒教”与崇尚人文的儒家思想之间的区别，甚至这两者之间的绝对对立性，表达得再清楚不过。一边是被视为宗教的儒教，另一边则是以人为中心、怀疑任何神人关系、我们可称之为人文主义的儒家思想。穆勒虽然不谙中文，理雅各却援引他来论证自己将儒家思想视为宗教的看法：

我将会介绍一些中国人远祖的基本宗教思想，这些思想一直传承到今天，在现代中国人的信仰中仍可察觉。为此，我会先追溯到上古时期，在最古老的中国典籍尚未诞生前，从一些原始的文字中寻找蛛丝马迹……我们所采取的，是和印欧文献学家一样的策略。他们试图从梵文及其他相近语言的字根当中，还原早期印欧人生活的样貌，正如……穆勒教授在他的《论比较神话学》(“Essay on Comparative

Mythology"）一文中所阐述的。

第一个要探讨的字是"天"。这一个字最早应该指的是可见的天空，但随着历史的演变，它开始被拿来指称上天，具有无比的统治力量，它的意志主宰着所有人……穆勒教授说："在中文里，'天'意指天空或日子，但也和印欧语里的 dyu 一样，也用来指称上帝"[11]。

19 世纪末，关于儒家思想到底是不是一个宗教的辩论，成为英国学者与法国学者之间暗潮汹涌的角力战。我们只需从儒勒为理雅各翻译的、并且在 1879 年首度在牛津出版的《中国圣书：儒家典籍》（*Sacred Books of China: The Texts of Confucianism*；*Livres sacrés de la Chine: textes de la doctrine de Confucius*）一书所作的长篇书评中便可见一斑。这篇书评分四次在 1894 年的《学者期刊》（*Journal des savants*）上发表。这份刊物隶属于法兰西铭文及经典文学研究院，而儒勒当时担任此院的秘书。在这篇书评里，他反对将儒家思想视为宗教：

中国人的心灵里似乎严重地欠缺两样东西：他们既无自由的概念，也没有神的概念。论者常说，孔子创立了一个宗教，但这种讲法是不正确的，这是我们在继续使用此一概念时，必须注意的一点。宗教是人的灵魂与意识和赐予他这两样东西的造物主之间的联系。宗教的本质便是如此，而这也是宗教之所以伟大且有用之所在。在孔子的经典当中，没有任何类似概念的痕迹。所有的教诲纯粹来自传统，传道者一切以传统为原则；所有人际或个人的道德准则皆求诸传统。……也许正是这份对传统的强烈坚持巩固了中国社会，但也因此，中国倾尽全力复制并维持过去的传统，使得它几乎成为不会改变的文化体。说实话，即便这样的文化元素有助于社会关系的发展，然而真的称不上是宗教。毋庸置疑，也正是这种模仿过去的心态，造就了中国人可说是荒谬的样貌。如果说，任一种形式的自由观念在中国都不存在，那么神的观念又未尝不是如此？中国经典里常讲到天，而且天似乎包含了某种高于凡尘的力量。但是，这些字词是如此模糊，以至于要做很多补充说明，才足以证明天等于神。

在这段引文中，儒勒完全反对理雅各将"帝"或"天"等同于神或上帝的看法。他又继续说道：

如果有人指责中国人为无神论者，说他们不承认上帝存在，这是大错特错的。但是，如果认为中国人不知道神，不知道祂是全能的造物主，创造了宇宙并维持宇宙和谐的秩序，那么，对中国人是公平的。中国思想的确没有提升到如此超越的境界，而这也是中国思想绝大的缺失。佛教和道教也没有更明智。没错，中国人如此众多，从来没有自问过人从何而来，人又是什么。他们自始至终只有道德规范。从很多层面论之，他们的道德观非常纯粹，但也非常狭窄，而且几乎流于形式。

儒勒接着更直接地批评理雅各：

理雅各先生可以说是个专业且公正的法官。他在他的序言（第一部分，第 15 页）中说道："在读孔子的著作之时，我们不能忘记，中国的古典书籍从来都没有宣称自己的灵感来自神的启示，而它们绝对不涉及任何可能被我们视作启示的内容。这些书由史家、诗人等各种作者写成，只是为了阐述个人的想法。"这点的确是中国人与其他人类非常不同的地方。《圣经》、福音书、《可兰经》和吠陀经都是神的启示。波斯古经和佛经也与此类似。异教神话的唯一不同，在于它没有产生圣书，但是异教中也有神谕和解读神意的祭司。中国人的信仰则狭隘地停留在人间的范畴里。它只执着于传统，而这个传统又从未跨越出俗世的范围。

在此，我们读到的是一个19世纪欧洲对中国思想有点儿极端、但也因此十分鲜明的典型描绘：中国，或者更精准地说，孔子学说，既非哲学，亦非宗教。而做出这个结论的原因，在于中国自身没有投射到比存在与意识更高层次的能力（上引文中提到中国思想“绝大的缺失”）。然而，1893年，与儒勒撰文批评理雅各同时，在芝加哥由自由宗教协会中一神派与普救派人士举办的世界宗教议会，就正式将儒教置于世界宗教之林，与基督教、伊斯兰教和佛教分庭抗礼。

三

即使19世纪末到20世纪初之间，整体的情势有所改变，儒勒的批评到了20世纪的20年代依然有它的作用。理雅各与穆勒是1880—1890年间于牛津大学合作来往的。此时正值大英帝国国力最鼎盛的时候，在世界上有“日不落帝国”的称号。这也是为什么诺曼·吉拉尔多（Norman Girardot）在他专门介绍理雅各的《维多利亚时代对中国的译介：詹姆士·理雅各的东方朝圣》（*The Victorian Translation of China: James Legge's Oriental Pilgrimage*）中，将1873年到1897年之间称为“汉学的理雅各时代”的原因。1873年，理雅各已返英担任牛津中文教授，同年，斯塔尼斯拉斯·朱利安（Stanislas Julien，生前长期担任法兰西公学院汉语、鞑靼语及满语语言及文学讲座教授）在巴黎逝世。1897年，理雅各于牛津逝世，与此同时，于1893年选拔为法兰西公学院院士的爱德华·沙畹（Edouard Chavannes）已成为现代法国汉学的奠基者。19世纪末，在法国与英国这两个殖民强权之间，的确存在着激烈的竞争关系。英国在印度学研究中获得领先的地位，同时，法国则在汉学领域独占鳌头，特别是法国在1814年成立了法兰西公学院第一个汉学讲座，并在1898年于法属印度支那创立了“印度支那考古队”（Mission archéologique d'Indochine）。这支考古队从1900年开始驻在河内，改制为法国远东学院，至今仍持续在亚洲十多个国家内实地培养法国汉学学者。

孙笑冬（Anna Sun）在她出版的《作为世界宗教的儒家思想：饱受争议的历史与当代现实》（*Confucianism as a World Religion: Contested Histories and Contemporary Realities*）中，非常有见地地使用了“饱受争议的历史”。意思是说，真实历史的重现，不仅在不同学科间产生争议，也在欧洲殖民强权之间成为争论的焦点。我们可以看到，许多论争在变动的欧洲版图上展开，而这个版图可以同时是知识、科学、学院或地缘政治的版图，就像我们看到的，18、19世纪间，孔子的相关学说渐渐地从哲学被归类到宗教类，或者像它在法国、德国及英国之间的辗转那样。

1910—1920年间，儒家思想是否属于宗教的问题，开始有了社会学的思考方式。葛兰言（Marcel Granet，1884—1940）是法国汉学中最有名的代表人物之一。同时身为沙畹、涂尔干和莫斯（Mauss）的弟子，葛兰言在20世纪上半叶的法国汉学中举足轻重。在1919年出版的《古代中国的节庆与歌曲》（*Fêtes et chansons anciennes de la Chine*）中，葛兰言毫不留情地批评理雅各：

理雅各在处理中国经典时，考察更多的似乎是上古时代；但老实说，他看这些经典的观点非常狭隘。他常常看起来像是只有一个研究目标，那就是列出所有孔子的著作，然后再来决定，孔子到底是不是一个真伟人。他的评论有些短视，而且没有看出真正重要的问题。也就是说，理雅各的研究不过是个很辛苦的、学究型的文献搜集工作，当中没有任何方法。有的时候，他试图指出一些注释的荒谬之处，有时又没有经过判断，就把这些字词注释直接翻译进译文当中，以致他的译本没有太大用处，即便他的翻译已经是在最好的条件下进行的。

葛兰言在这段引文中充分表现出将理雅各的成果贬为“传教士翻译”的法国理性汉学的倾向。葛兰言完全舍弃典型的“传教士式”，亦即搜寻上古中国文献中的上帝概念。葛兰言感兴趣的，是通过这些文献，将“社会事实”识别出来。因此他把《诗经》中的一些段落，视为庶民文化中“节庆与歌曲”的残留，正如他在田野调查时，以一个民族学家的角度观察到的年轻男女在乡村庆典时，互相唱和的歌曲。

在1924年发表的《中国宗教的精神》（“L'esprit de la religion chinoise”）一文中，葛兰言如此写道：

在中国，圣域与世俗从来都没有严格的区分，但并不是说这两者只是两个并列的概念，这样的说法是不够深入的。一个行为伴随着宗教情感，或者纯粹基于实事求是的精神而做，皆取决于情势。我们都知道，一些传教士认为祖先崇拜是一个单纯的行为，但另一些传教士却认为它是“迷信”的危险表征。这两派传教士的观点有些有道理，有些则大谬，端看就什么角度而论。对一个个人而言，祖先祭祀有的时候纯粹是个家庭传统的纪念，有时则是充满玄秘情绪的时刻。它甚至同时兼具两种性质，只是比例不同，也完全难以事先预料。中国文化里，没有一个与圣域完全分开的场域。神的世界不仅仅是由上往下，加诸人间之上的，人间也不需要一个凌驾它的神职体系。

调和、融合的趋势是中国宗教思想长久以来的一大特征。这个特征在于对新兴事物的一种被动的好奇心、一种将不变的传统看得比坚定信念更重要的执着，并且无法将灵魂全心全意地投入在精准的概念里，没有真正深层的皈依，也没有激烈的成见。中国宗教思想可以完全不需要教条式的教义，这点正好反映在它不需要神职人员来负责宗教事务的特色上。

这篇文章总结道：

中国人的宗教想象里没有激烈的想法，也没有绝对的决心。这是一种有点儿被动的实用主义，加上一种很容易满足的理性主义的奇妙综合体。这个特色似乎让中国人没有那种充满野心、不愿妥协、可以创造也可以毁灭的宗教信念，也因而没有发展出这种宗教信念的产物：宗教概念与宗教制度。在中国，宗教从来没有成为（而且也没有这个趋势）集体生活中的一个独立功能。我甚至很想进一步断言，抽象思辨在中国又未尝不是如此。

虽然儒勒和葛兰言的观点截然不同，但在他们两人的著作中，我们都可以看到儒家思想被评价为“人性、太人性的”，这种略嫌武断、且过于简化的论调。这类论调认为，中国人的文化心灵，尤其是儒家思想，首先看重世间的和谐，因此完全缺乏“张力”，对“超越界”毫无追求。这样的观点在耶稣会传教士时期便存在，到了20世纪，虽然受到涂尔干影响的葛兰言的观点和传教士的不同，但他其实也和马克斯·韦伯（Max Weber，1864—1920）一样，强化了相同的论述。

对韦伯作品，尤其是其名著《新教伦理与资本主义精神》（*Die Protestantische Ethik und der Geist des Kapitalismus*）稍有涉猎的人，很快便能得出以下这个结论：对韦伯而言，中国之所以停滞不前、没有发展出资本主义的根本原因，在于中国文化里没有一个世俗之外的超越界，而人跟这个超越界毫无联系。而且，根据韦伯的分析，正是基于这一种超越性，新教改革为西方注入了一股张力。这股张力产生了个人的焦虑，也成为个人积极作为的动力。而这些焦虑与动力，是本来传统的西方基督宗教也欠缺的。韦伯在《儒教与道教》（*Konfuzianismus und Taoismus*）一书中给人的印象，的确是在列举种种对中国文化的负面观察。这些观察环绕着一些韦伯认为仅存在于欧洲、而于中国完全缺席的要素。例如，在“生活中的儒家取向”（L'orientation confucéenne de la vie）一章的大纲中，我们可以见到这些标题：“自然法观念之缺乏—形式法律逻辑之缺乏—自然科学理性之缺乏—儒教的本质—形而上学之缺乏与儒教的‘入世性’（Innerweltlichkeit）”。

在“结论：儒教与清教”（Résultat: confucianisme et puritanisme）一章中，韦伯如此写道：“和古希腊人不同的是，儒士并不将伦理观念置放在一个超越界里。对一个儒士来说，上帝的指令与祂所造世界之间的张力并不存在。也没有任何将‘善’这个观念投射在一个超越界的倾向，更没有绝对的‘恶’”。之后，韦伯又将儒教形容为“世俗认同（Weltbejahung）、与世俗调和的伦理，没有约束”。

前文提及的美国汉学家顾立雅做了很好的总结。在他1932年出版的《孔子是不可知论者吗？》（*Was Confucius Agnostic?*）中，他这么说道：“这在众多研究者得出关于孔子的种种论断中，没有一个结论比这个命题更加受到广泛的支持，更加显得不可置疑，那就是，孔子是不可知论者、实证主义者。他将他的眼界和兴趣框限在人类世界里，对‘形而上’的事物一点儿兴趣都没有”。

这种对孔子的看法不仅仅影响欧美汉学家，也颇受中国知识分子认同。20世纪初以降，中国的知识分子已不再是传统式文人。在帝国于1911年灭亡前的几年，传统科举考试便已于1905年废除。此际产生的新型知识分子受的是西式大学教育，他们甚至直接赴日本和西方（欧洲与美国）校园求学，也开始萌发了以西方观点重新查看自身传统文化的责任感。在这个脉络下，胡适与冯友兰两位皆是于美国完成博士学位的学者，开始使用“哲学”的概念，重新阐发中国的智识传统，并且将它翻译成“中国哲学史”，按照我们在上文中看到的、19世纪初在德法两国先后发展出来的“哲学史”架构来研究。作为“五四”运动与新文化运动中现代化与西化派之首的胡适，就在1929年直截了当地宣称孔子是“人文主义者与不可知论者”。他甚至将孔子的不可知论人文主义，与孔德的实证主义相提并论。因此，现代的中国知识分子不仅必须学习西方的思考模式，更需要以完全借自西方知识装备的整套范畴，来重新思考自己的传统。至于现代中国知识分子与儒家思想的关系，乃现代派运动中的一大焦点。为了不让孔子同样落入人们对封建、反动旧秩序的批评，唯一的解决之道，就是将孔子描绘成符合欧洲启蒙主义理想的人文主义者。

但是，相对地，如果要回应韦伯对儒教只

有世俗性、不渴望超越界的批评，我们就必须证明儒教传统中具有形而上学甚至宗教的层面。过去50年来美籍华裔学者对儒家思想的再诠释，以及1980—1990年间开始由中国境内学者做的反思，都凸显了世俗性与超越性之间的极大差距。持“超越派”或“宗教派”观点的论述，是在20世纪60年代开始出现的，例如杨庆堃（C. K. Yang）的划时代巨作《中国社会中的宗教：宗教的当代社会功能与其历史因素》（*Religion in Chinese Society: A Study of Contemporary Social Functions of Religion and Some of Their Historical Factors*）。吊诡的是，这个时间点正值陈荣捷在其《中国哲学文献》中提出“儒家人文主义”的口号，并认为其完全吻合启蒙时期的理性主义。这几十年来，我们看到在美国、欧洲，甚至在中国，出现了大量研究儒家宗教的著作。要解读这个现象，则必须把目前学界将“仪式性”等同于中国文化特色的现象，一并考虑、互相考察。

（谢歆哲 译）

注释

[1] Herrlee Glessner Creel, *Confucius and the Chinese Way*, New York: Harper & Brothers, 1949, p. 195.

[2] Ibid., p. 4.

[3] Ibid., p. 5.

[4] Ibid., p. 254.

[5] Chan Wing-Tsit, *A Source Book in Chinese Philosophy,* Princeton University Press, 1963, p. 3.

[6] Ibid., p. 15.

[7] Jules Barthélémy-Saint-Hilaire, “Philosophie Grecque,” in *Dictionnaire des sciences philosophiques*, ed. Adolphe Franck, Paris: Chez L. Hachehe, p. 587.

[8] James Legge, *The Religions of China : Confucianism and Taoism Described and Compared with Christianity*, Shanghai: Kelly and Walsh, 1877, p. 4.

[9] *The China Review*, ed. N. B. Dennys, Shanghai: Kelly& Co, Vol. VIII (1884), p. 59.

[10] Ibid., pp. 5-6.

[11] Ibid., pp. 5-6.

儒学的演变：“法治”与“人治”之间*

史华罗

史华罗（Paolo Santangelo）/意大利罗马大学

我们时常提出思想形态之灵活性和演变的问题：儒学是实用思想形态的典型，从其开创时代至今，它都在不断地自我调整以适应巨大的社会变化。其五个核心人伦，即五纲，以及诸多教诲的内涵，反映了特定时代的特定社会类型，并且必然不断地适应千百年来的变革。根据社会变化、等级制度、流动性等因素，这一学说唯有适时地转换方能历久弥新。我将从考察法治/人治之争的不同含义入手，继而简要地分析晚期帝制时期新人类学维度之构建的一些实例。

孔子意欲恢复的古代秩序随着周王朝的灭亡而土崩瓦解。法家的贡献在于创制了一套可以普遍适用于全体人民的成文刑法，并在国家建立了一元系统，以提高社会政治效率。儒家则相信人们与生俱来的道德良知，主张以德服人，在与法家的竞争中得到了更长久的发展。所谓帝制儒学，正是法家性质的帝制基础与礼治理想之间的妥协。单纯依靠法律的力量并不足以平定天下、治理人民及确保社会秩序和相互协作，毕竟人还是会对正义感和理想的召唤有所回应，因而不能仅仅以其对惩罚的畏惧和对奖励的渴求来治理他们。于是，通过强调人的道德需求和教育中的乐观信任，儒学促进了人的德行和社会和谐。孔子曾如是表达良知原则对权力法则的优先性：

> 子曰：“道之以政，齐之以刑，民免而无耻；道之以德，齐之以礼，有耻且格。”[1]

强调统治者德行优先于法律施行的训导，在儒家经典其他篇章中亦屡有提及。如《康诰》：“惟乃丕显考文王，克明德慎罚”，“罔不明德慎罚，亦克用劝”。[2] 再如“善人为邦百年，亦可以胜残去杀矣”[3]。

儒家在道德、教育及社会实践各个方面实施统治的根基，可以通过“礼治”和“德治”来表达，即所谓“为政以德”[4]，这些原则实则接近于“人治”：道德教育可使人心回归性善，也可以借羞耻心建设善心。德治是人治的理想模式，不过这有赖于统治者和官员的正直恭敬：统治者必须言传身教，做人民的楷模。“子曰：‘其身正，不令而行；其身不正，虽令不从。’”[5]

这种思想强调“教化”，反对基于“恶恶”之上的压迫。儒家宣扬这种上行下效的理论，并使之与天命思想相结合，对威权与单纯法治形成了一股制约、弱化的力量。尤其是孟子的性善论成为主流后，关于人之良知的思考有了更多的空间。明代王阳明从孟子入手来论述内在良知绝非出于偶然。

因此，重道德而轻法律，在增强个人责任感方面自有其优点，然而，至少从现代的观点来看，它同样带来一些消极的影响：

（1）弱化了全体人民的义务和权利的客观界限。

（2）人际关系中出现了一种不平等标准的危险。

（3）最后是道德主义的风险，即统治者为了文过饰非、倾轧敌手而滥用道德辩护的风险。道德主义不能管理人际事务，因为它很容易产生守旧和伪善，亦会削弱个体的创造力。在人性的历史上，少数不与大众共享一致准则的人遭受以道德之名的压制屡见不鲜。事实上，从政治的观点来看，对统治者、帝王或官员之德行的强调，并不是消除权力滥用的有效工具，因为它确实无法提供理论和实践方面的限制。

为了清楚地阐述这个问题的一些术语，我们要注意两种情况：第一，传统社会“人治”之争的精神不同于现时代争论中所运用的相似概念。第二，在中国，今天人们同样追求的法治道路——以法律保障公民权利——有别于古代中国人所意欲的法治道路：事实上，法家的法治观念恰恰等同于现代视角下的人治[6]。

须谨记，中国传统和欧洲传统对于以上概念的解释很不相同。可做一简单回顾：无论是天生而善（孟子性善论），还是积学而善（荀子“化性起伪”论以为人有能力变善），中国人都持乐观信念，而西方人则持悲观态度，以为人性本恶（典型地表现在“原罪”观念中）。

人治既不意味着法律和权利的缺席，也不是少数人（法外之君［legibus soluti］）的独断和专权。因此，人治与法治的对峙，自有其价值和准则，不可以西方标准度之。中国传统中的法律主要指刑法，且与法家关系密切[7]，因此其概念与现代启蒙运动的法律观念相去甚远，后者意味着限制王权，保护公民免受统治和权力的威胁。在传统中国，主导的理性（ratio）是为了加强秩序以对抗混乱，而非保护处于统治者权力下的个体。事实上，从现代观点来看，法治和人治 / 德治，都不同程度地支持家长式的国家概念：统治者比被统治者学识更优秀，前者创制法律来引导后者。

在现代西方历史中，法治（nomocracy）意指全体受制于法律的公民在理论上的平等性，其中也包括统治者，他们并不凌驾于法律之上。这与旧的“神权”概念正相对照，根据这一概念，统治者不受制于尘世的权威，因为他直接从上帝意志那里取得统治的权利。

因此在传统中国中所讨论的维度与如今的争论大异其趣。明朝覆灭以后，当作家袁枚（1716—1798）注意到仁人爱物与整饬法度（这会造成痛苦与死亡）之间存在某种冲突时，他便对法律在维系正义时所扮演的模糊角色有了清楚的认知，而这种模糊性正是道德责任感的核心主题之一。在中国，官员同时是执掌刑法、维护社会秩序的法官。袁枚曾是身兼数职的政府官员，他敏锐地意识到这一矛盾。他的一则小说展现了某位高官在危机时刻重新审视人生的故事，主人公在梦中造访阴曹地府，并对自己过去的行为幡然醒悟：

老僧笑曰：“汝杀人多矣，禄折尽矣，尚何问为？”侍郎曰：“我杀人虽多，皆国法应诛之人，非我罪也。”僧曰：“汝当日办案时，果只知有国法乎，抑贪图迎合固宠迁官乎？”[8]

有趣的是，在18世纪末期，像袁枚这种反保守的学者并未主张加强法治以保护弱者或平均人权，而是转而高扬情感与欲望，反对循“理”而违背人性的做法。法律依然被理解为惩罚的手段，而非一种对抗威权的保护方式，“理”和“礼”则被理解为使权力之蛮横变本加厉的虚伪道德工具。

我提出的假说是：自晚明以来，除了法律的客观尺度（法治）以及德行的道德尺度（德治）之外，在儒家争论的范围之内却也是边缘之处，我们可以推断出另一种维度的发展，这是一种在人类治理中更加自主的维度——不同于传统的人治概念。这一假说见于《明夷待访录·原君》[9]一篇，其中某些章句就人治与法治的关系提出了全新的见解。黄宗羲（1610—1695）在其批评君主专制（我一人之……）时将臣仆式的服从（奔走服役，君之仆妾）与在政治及社会生活中的合作区分开来，甚至质疑了三纲论，即为皇家正统奠定基础的三种等级关系，父—子，君—臣，夫—妻：“后世之君，欲以如父如天之空名……”行政官员拥有官方的地位（廷臣），但是不能被降格为家臣或宦官，即内臣。廷臣劳心于天下，而非君主，服务人民，而非王朝。依黄宗羲之说，君权的合法性源于其责任和其公共效力：在其职在其位意味着服务整个帝国而非一个君王或一个家族[10]。正如黄宗羲所谴责的，君王们追求个人私利，将天下视作可开拓的宏伟基业并传位给子孙后代。法律可被视作为公共效力的法律，或被视作为权力的法律。如果法律只为保护君王特权，还不如返回到以排他性地追求个人利益（向使无君，人各得自私也，人各得自利也）为特征的最初无政府状态。黄宗羲以史为据，将公共事务管理的恶化回溯至两次独裁主义转向，即秦朝的建立和蒙古的统治，它们将古代圣王的仁政破坏殆尽[11]。他认为颁布法律不应为了维护王朝利益（一家之法，而非天下之法也），而应致力于满足人民的基本需求。否则，法律——因其确为国家之良好运转所必需而自身并非恶——会降格为“非法之法”，成为混乱之源，而与放任的“无法之法”相反。因此黄宗羲拒斥人治优于法治的论断，因为道德准则在国家中并不能充分地规范正直的生活。他主张一个良好的人治必须建立在一个良好的法治基础之上，后者并非为了纯粹的权力保存（即论者谓有治人无治法，吾以谓有治法而后有治人），黄宗羲一再重申我们必须首先有好的法律，继而才有好的人治（故曰有治法而后有治人）。

早在黄宗羲之前，其他士大夫文人对权力的结构已做过讨论。这里只需提及李贽（1527—1602）的思想。通过将道等同于人的日常需要，李贽史无前例地想要清算一种观点，即道德体系可被看作高于人及其需求和欲望（人即道也，道即人也，人外无道，道外亦无人）。人绝不可因一个理念而献身。循此论述，他甚至隐约支持一种新的政府形式，在其中，根据各自的性情[12]，人们自主地得到管理，不会遭受统治者的暴政，李贽提倡每个人自主地管理自己（以人治人，以人本自治），不再随当权者的禁律而为。

故君子以人治人，更不敢以己治人者，以人本自治。人能自治，不待禁而止之也。若欲有以止之而不能听其自治，是伐之也。是欲以彼柯易此柯也，虽近而实远，安能治之，安足为道也邪？然其所以不能以人治人者，由其不能推己及人耳[13]。

以上原则即为李贽论述的精华所在，显然，它对于个体选择来说格外真切。在每个人自身天性基础上治理自己，以人治人，以人本自治，这与建立在君主及统治阶级道德基础上的传统治理形式，即人治，相去甚远。

李贽似乎意识到，整个腐败和压迫的系统正是奠基于道德性之上，奠基于在理论上本可限制霸权、谴责非正义、促进和谐与人民福祉的道德性之上。李贽将基于伦理与传统礼仪的由一人控制的政府和由自身欲望和抱负觉醒了的众人组成的政府进行对照。他对人性的讨论和对“自私”的颂扬并非一个单纯伦理的或愤世嫉俗的论述，而是一次根本转换的前提。它从对传统道德基础的某种拆解开始：人无须仁爱，而应该坚持他们的真实天性，即对生存空间的追求。未将这些现实加以考虑的传统道德注定要变成原则上本该被终止之物的正当化与合法化的理由，变成伪善之源：每个人都公开地宣称道、善、仁，内心深处却在追名逐利（阳为道学，阴为富贵）[14]。人性的本质，原初的真心、童心，它们既非善也非恶，而是合乎个体的欲望：食欲、色欲、避寒、变得高贵、追求舒适、实现抱负，“趋利避害，人人同心”[15]。李贽选择“童心”这一术语而未采用广为所用的孟子的“赤子之心”并非偶然。事实上，真正的自私在道德至上中被掩藏了，在致力于共同之善和伦理导向的威权中被遮蔽了，这一威权将规则强加给人性其他部分，并牺牲了它们。李贽的反道德主义从这里应运而生，这一反道德主义并不苛责儒家伦理或佛教教义本身，而仅仅批评其对人之本质的视而不见。个体身份从此不再维系于“伦理的自我”，而关乎“自然的自我”，后者从思想观念的外壳中解放出来。因此，常人在其每天生活中所经验的情感与欲望同真正的礼仪与真正的道德同为一物。这一人人都能感受到的欲望普遍性和正当性的观念构成了某种形式的“个人主义”或“人格主义”的内核，这与普遍（公）奠基于特殊（私）之中的说法如出一辙。

尽管这一观点主要与自我感知相关，但它也必然带来政治和社会影响，因为它拒斥既定道德的集权统治——人治的一个方面——同时还指责法治的失度[16]。最核心之处一直是人性的基础乃奠基于欲望中并且人与人之间的需求彼此相异：“夫道者，路也，不止一途”[17]。李贽后来指出，与此相反，统治者则迫使他人同化成自己，将自己的个体经验（以身之所经历者）强加给人民：

> 君子之治，本诸身者也；至人之治，因乎人者也。本诸身者，取必于己；因乎人者，恒顺于民。其治效固已异矣。夫人之与己，不相若也[18]。

李贽的立场乃是受到了孟子的启发，他引用了孟子文章的一整段话：“民为贵，社稷次之，君为轻”[19]。在此李贽提醒，统治者的基本职责在于给人民提供保障和福利。只有君主能够确保给人民提供良好的生活，二者之间的基本关系才能实际存在[20]（天之立君，所以为民）[21]。在另一段文字中，他更加明确地表达了其政治观点，它让人联想到庄子：政府必须尽量少地介入和干涉个人。他以汉代的两个政府官员作为模范：他们的行为诚然并不是模范，因为他们享受其生活甚于履行其职责；然而由于对居民生活鲜有干涉，他们给自己的辖区带来了和平与繁荣。李贽深信，与《论语》中的两段话相反[22]，并非统治者的正直和道德，而是臣民的自由才产生了和平与繁荣。“将民实自治，无容别有治之之方欤？”[23]因此，正如黄仁宇所注意到的，尽管李贽在肯定臣民除了承受帝王的任何压迫性政策之外别无选择这个意义上似乎接受了绝对君主制[24]，但这位明代思想家在其著作的某些部分中推崇过一种治理形式，这种治理形式并不将教条和道德体系强加给它的臣民，而是最大限度地允许他们的行动自由并承认个体的多样性和差异性[25]。它应该仅仅专注于为人民生活创造最好的条件。虽然李贽对威权主义和政治—道德控制的批判并不直接，但通过贬低某些等级关系，将某些历史人物相提并论，或贬斥某些社会习俗，这些批判已然内在于其中。因此，冯道的例子便强化了这种理解臣—君之关系的新思路[26]。

综上所论，新思潮已不难理解，而在其诸多表征要素的背后，正是上文所谈的这种异端态度。

李贽：对“情”的尊崇和新人类学的人格

如果“情”是一个多重概念，那么诸如人情等概念的运用对于西方文化来说是颇为晦暗不明的。“人情”是一个非常复杂的概念，可以用不同方式翻译为“人的感情、义务和经验”，“人际关系”，“社会情感”，“出于信任的回应关系”，“亏欠他人的感激或恩惠或帮助”。因此它并非仅仅涉及人的情感，而且也关乎社会关系和行为互动，并可能意指基于常识的、规范着人际关系的道德和情感习俗。换言之，这一概念不仅可能被用来表达反映了社会组织之内在道德的人之基本需求，而且被用来表达感受的主体性，为了防止在他人面前出现错误、偏爱和僭越，这种感受主体性需要被小心地加以控制。因此，这一概念成了道德评价的参数，比较符合基本的儒家德行。这些“内在感情”是善良人性的根基，并且无须习得，因为每个人都能在心中找到它们。事实上，这样一个概念与社会人际关系如此紧密相连，以至于其心理学维度完全被社会化了，更多地表达出在他者观点中对某个人的感情[27]。

冯梦龙（1574—1646）在其《情史》一书中写道：“王道本乎人情。不通人情者不能为帝王。”[28]“人情”也是吕坤使用最为频繁的概念之一，但略有不同。他在如下句子中将法律和社会情感联系起来：“法者，御世宰物之神器，人君本天理人情而定之，人君不得与。”[29]人们可以注意到“天理人情”这对概念，其中意指人在社会交往中的自然感受的“人情”与“天理”平起平坐了，或说二者互相平衡。此外，吕坤似乎在此不仅表达了法治应该儒化和道德化的一般意识——正如董仲舒曾在汉代开始做的——而且指出政治权威力量应被习俗的法律系统和惯例所限制：“人君不得与”。不仅如此，吕坤本人将“人情”这一术语谨慎地用在两个十分相似的句子中：“人情，天下古今所同；圣人防其肆。特为之立中以的之”；以及“人情，天下古今所同。圣人惧其肆，特为之立中以防之”[30]。此外，吕坤写道，王朝的法则、社会的角色和地位、圣人之道不能任由私人感情所支配（社会情感）。“朝廷法纪，做不得人情。天下名分，做不得人情。圣贤道理，做不得人情。他人事，做不得人情。我无力量，做不得人情。以此王者徇人，皆安也。”[31]这意味着朋友情分不可介入作为公共生活基础的国家律法和复杂的社会关系，因为它们可能包含威胁国家公共利益的利己倾向。因此，法律在这里比情感更加可靠[32]。然而共通的感情——但这里他用了“民情”一词——是无法被压制的需求，并且无法完全避免它：

民情甚不可郁也。防以郁水一决则漂屋推山。炮以郁火一发则碎石破木。桀纣郁民情而汤武通之。此存亡之大机也。有天下者之所夙夜孜孜者也[33]。

心学的某些思想家们确实开创了一种新的思潮，他们的道德“相对主义”[34]和主观主义部分地被理解为处于佛教和道家影响的脉络之中。何心隐（1517—1579）将“意气”置于重要位置，而且他不认同将情感等同于自私和道德缺失，而是认为它们属于人性的一部分（性而味，性而色，性而声，性而安逸，性也）。他反复强调孟子对君王的警告，即应该关心人们值得满足的欲望[35]；他继而发展了“育欲”的概念，在此，自我一实现意味着他人的需求获得实现，同时个人的欲望变得普遍化[36]。李贽以其特有的矛盾性，不仅认识到曾遭诽谤的欲望在本质上是积极正面的，而且开始颂扬“自私”作为行动和社会福利之源泉的地位：

夫私者，人之心也。人必有私，而后其心乃见；若无私，则无心矣。如服田者私有秋之获，而后治田必力；居家者私积仓之获，而后治家必力；为学者私进取之获，而后举业之治也必力。故官人而不私以禄，则虽召之必不来矣[37]。

如前所述，儒家传统并不缺乏对个体基本需求之重要性的明确认识（从《论语》到朱熹均可找到例文）[38]，这一点在法家传统中表现得更为真切。但这些需求无疑应被限定在一定的数量范围内，从理论上说食物和生育是基于社会需要的合法需求，然而超过这些范围的需求就成了无德之人对利益、色欲、贪欲（私，利，贪）的自私追求[39]。朱熹[40]和吕坤[41]关于求美味与求饮食之区分的例子可以印证此说。但是这个也表现了欲望的限定和编码：它反映了一个社会的智慧观念，这个社会建立在某种自然经济，以及其经济和文化的保护主义的基础上；传统中国社会带着这些内在特征，伴随着持续不断的饥饿梦魇和居高不下的婴儿死亡率一路走来。因此我们并未发现对欲望本身的绝对颂扬——走向现代思想中将人与力比多式发散的欲望机器等同起来的激进观念——一种完全不受限制的或更确切地说完全不等同于需求和必需品的欲望[42]。需求不同于欲望——后者的本质不包含它们的实现或完全满足，而是包含其无止境的再生产——尽管它们可能被引诱和获得，因为严格地说前者是量化的和受限的而后者并非如此；将欲望化约为需求意味着将幸福等同于物质需求的满足，意味着将幸福限制在某些明确规定的物品上，并忽略了滋养欲望的想象功能。在李贽那里能够找到对这一概念的某种克服。李贽扩展了何心隐关于欲望的论述，且并未停留在承认欲望是基本生命需求这一步。他将这一范畴进行扩展，认为欲望在本性上是积极的，他推进了前文中的论述，开始颂扬“自私”，将其看作任何社会进程的开端：

圣人之学，无为而成者也。然今之言无为者，不过曰无心焉耳……农无心，则田必芜；工无心，则器必窳；学者无心，则业必废。无心安可得也。解者又曰所谓无心者，无私心耳。非真无心也；夫私者，人之心也。人必有私，而后其心乃见；若无私，则无心矣。如服田者私有秋之获，而后治田必力；居家者私积仓之获，而后治家必力；为学者私进取之获，而后举业之治也必力。故官人而不私以禄，则虽召之必不来矣[43]。

如好货，如好色，如勤学，如进取，如多积金宝，如多买田宅为子孙谋，博求风水为子孙福荫，凡世间一切治生产业等事，皆其所共好而共习，共知而共言者，是真迩言也[44]。

穿衣吃饭，即人伦物理。除却穿衣吃饭，无伦物矣……学者只宜于伦物上识真空，不当于伦物上辨伦物[45]。

因此，李贽的重要性在于，他超越了中国传统的道德责任和禁令层面，通过认可所有活动中个人欲求的基本重要性，他转而重申了个人生命需求和欲望的优先性[46]。这可被视为由“角色之道德主体”——正统儒家对于社会个体的界定——转变到“欲望之个人主体”的开端。当李贽谈及利益、兴趣、特长、衣着、性生活、生涯时，其视野超越了在社会中被铭刻下来的生存繁衍需求，这关系到每一个人的计划、渴求和欲望，下至农夫，上至士大夫，概莫能外。

李贽的思想超越了传统儒家将个人需求和社会需求所做的结合：在一个开放和成熟的社会，被个体（自私地）渴求的东西乃是“必需品”。反复谈及人的基本欲求，不是为了重提古人的说法，而是因为社会关系中的一些重要辩证功能取决于欲望的基本特性。

李贽并非踽踽独行。其他作家结合对舒适和雅致生活的追求，表达了对欲望的积极态度，以之对抗主流士大夫的观念，后者批评道德的松懈，并谴责人情所造成的危险。比李贽稍早的几十年前，陆楫（1515—1552）详细阐发了一种自由经济类型，为追求自我实现进行正名，为富人锦衣玉食的生活进行辩护。按照陆楫的看法，他们的花费不仅与帝国的道德和经济相契合，而且开启了一个进程，它一旦启动，就将通过消费和生产机制所带来的财富增长来实现自我哺育。穷人将会受惠于欲望的增长和随之而来的富人需求的扩展，从而可以求职挣钱。这意味着获取奢侈品（宫殿豪宅、香车宝马、亭台园囿、锦衣绸缎等等）不能被视为与朴素至上的价值观相悖的道德败坏之事。购买力高的富人从中享受舒适，同时也恩泽了许多其他人：“彼以粱肉奢，则耕者庖者分其利；彼以纨绮奢，则鬻者织者分其利。”[47]陆楫和李贽从属于这个囊括16—18世纪不同派别思想家的伟大思潮——从吕坤到戴震，从顾炎武到黄宗羲——他们共同拥有一种对待理—欲长期对立的新方法：他们均在某种程度上恢复了对物质利益（利）与自我利益（私）追求的合法地位。

李贽还观察到，在佛教悖论性的风格中[48]，既没有激情中的“垢”，也没有空无中的“净”。他以汉代两个高级官员曹参（？—前190）和汲黯（？—前112）为例，提出了一种基于对生命愉悦之热爱的不干预政策（民实自治）[49]。

与颂扬满足人欲相辅相成的是批判伪善的道德主义，比如“道学”[50]。李贽引用了两个《论语》中的例子[51]：在其中的一个例子中，孔子根据弟子们的性格给予他们不同的建议；对仲弓的建议是恭敬和恩惠，对司马牛的建议是谨言慎行。接着，李贽评论道：

夫惟孔子未尝以孔子教人学，故其得志也，必不以身为教于天下。是故圣人在上，万物得所，有由然也。夫天下之人得所也久矣，所以不得所者，贪暴者扰之，而“仁者”害之也。“仁者”以天下之失所也而优之，而汲汲焉欲贻之以得所之域。于是有德礼以格其心，有政刑以絷其四体，而人始大失所矣[52]。

触怒李贽最深的是道德主义者对平民的欺瞒和伤害：伪善的士大夫和官吏，一面宣称自己大公无私，一面却愚弄侵伐民众[53]。李贽同样清醒地意识到所有这些企图以理之名宣称救赎人性的内在危险：他害怕那些宣称要将恶从人类中清除出去的人，因为这种人比任何不道德之人更加危险；这种人在人类中创造分界线，使人与人针锋相对，有意或无意地将他们作为特定“神圣”理想的工具而加以利用。

且孔子未尝教人之学孔子也。使孔子而教人以学孔子，何以颜渊问仁，而曰“为仁由己”而不由人也欤哉！[54]何以曰“古之学者为己”[55]，又曰“君子求诸己”也欤哉！[56]惟其由己，故诸子自不必问仁于孔子，惟其为己，故孔子自无学术以授门人。是无人无己之学也[57]。

这些观点使我们想起戴震（1724—1777）对一些士大夫和当权者以“理”责人的批评。他对滥用道德以掩饰暴权的行为曾有这样的警示：“尊者以理责卑，长者以理责幼，贵者以理责贱，虽失谓之顺；卑者、幼者、贱者以理争之，虽得谓之逆。于是下之人不能以天下之同情、天下所同欲达之于上，上以理责其下，而在下之罪，人人不胜指数。”[58]

李贽在其著作的其他篇章中也表达了类似的观念。他拒绝接受任何他律式智能的模式，因为我们每个人必须在自身中发现智慧，同时他拒绝接受任何宣称拥有唯一真理的托词[59]。如果所有人果真是善良和智慧的话，那么他们既不需要模范，也不需要导师。所有真正的智者，包括孔子和佛陀，都避免将规则加之于人，因为外在的道德律法空洞虚伪、欺世瞒人，智者并没有特异禀赋以传授和教予他人[60]。因此印刻在儒学历史进程中的关于“传道”的延续性的古老问题乃是荒谬的；仁所在之处，就能寻得道、路，正如地下处处可得水；道并非专属于某个特殊的导师或其他人[61]。因此道德和道德主义区分开来，前者是个体因人之高尚而喜悦以及因其卑劣而受难的一种能力，并且人们可以意识到它们都是自己的伟大和卑劣；后者不过是一个为自我辩解而贬低他人的体系。李贽和后世思想家们（例如黄宗羲，或陈确［1604—1677］）强调了给真理和正义提供原初标准的个人经验的重要性，贬低传统的律令和外部模式：经典和过去仅提供一些暗示，我们需循此暗示，通过自身经验和直觉进行发展和完善。

李贽关于人的基本乐观主义态度带来的结果是，他认为无论社会地位或文化水平有何不同，所有人都是智慧的，并且无人有权将任何事物强加于他者[62]。因此，道德规范无须建立，因为每一个个体必须过他独特的生活，因为人与人之间千差万别：因此，好的生活是无法被编成法典的。

尽管李贽认为所有人都潜在地拥有智慧，但他指出豪杰与常人有着天壤之别，正如水中之鱼的区分[63]。事实上，他感到自己的叛逆人生和常常是狂狷的行为与成为一个智者紧密相容[64]。换言之，（按照老子的看法）与成为这种人相容，即：“处众人之所恶，故几于道”[65]，或者“和其光，同其尘”[66]。李贽经常夜游勾栏瓦舍，出入“花街柳巷”，这些被理学家和道学家们指责的行为正是他能与众同尘而不自炫其光的一个证明，与《道德经》的准则不谋而合[67]。

无论我们同意或不同意狄百瑞的结论，为了更好地理解李贽对待情感和道德的态度，我们最好借用他对“消极和积极的个人主义”的界定[68]：李贽的概念同时拥有这些特点，“消极性”表现在那些离开社会的人身上，因为他们无法使自己适应社会的妥协性以及诸多法律，“积极性”表现在他将人的欲望看作客观和一般现象并为之辩护。诚然，李贽并未提出任何形式的以在国家内建立个人权利为指归的现代式司法或政治变革。但是同样千真万确的是，这对于中国本会是一个非同寻常的道路。李贽对人基本和普遍情感与欲望之神圣不可侵犯性的反复重申是对一个领域的有效认知，这一领域对每一个值得拥有尊敬和满足的人都普遍适用。尽管未曾声明拥有合法的权力，但我们可以认为，这在传统中国社会框架内肯定了人格的充分发展。

同样值得说明的是，李贽坚定地相信，性别之间就智力来看是平等的[69]。很自然，他并未在其著作中提出性别之间法律或政治的权利平等。然而，与18世纪某些知识分子圈内发展出的欧洲启蒙运动人格理论相比，他关于“道德”和“理”的判断至少具有同等的重要性。尤其是，就像上文引用的那样，李贽将众多普遍情感和欲望视为基本的生物学冲动，并将之置于十分重要的位置。

在中国，某些思潮推动了日益精细和复杂之“个体”形象的逐步发展。个体不再被看作一个仅仅纯然扮演既定角色的“子民”(subject)，亦非简单地作为“人民”的一分子，即便在最亲民的孟子传统中，人民只是君王关心的对象和其获得合法性的必要支持。个人成为基本需求的生产者，他必须得到国家的认可和尊重。特别是，认同“自然的共同欲望”成为某种超越对君王和官僚权力进行伦理限制的意识的标识，并且通过将“欲望”和“需求”等同起来，它成了某种形式的“自然权利之神圣不可侵犯性”——用我们的概念术语来说。

在李贽那里，这些倾向和需求构成了人的生命基础，与已被废黜的抽象正统之“理”形成激烈对立[70]。那个时代的“满街之人”[71]在日常生活中所感受到的激情和欲望属于真正的习俗和道德[72]。从出身低微之人，如农民、陶工、渔民（耕稼陶渔）那里所能学到的与从智者那里所能学到的一样多[73]。这种普通个体欲望的普遍性和崇高性构成了某一支“个人主义”的内核。

李贽观念的影响连同他对正统的强烈反对使得他成为一个激进和棘手的人物。尽管他自认为自己是一个儒家的学者和践行者[74]，但他却被贴上“反儒家”的标签，甚至被认为是法家论者[75]。事实上，他所做的是通过拥护和拒斥儒家传统的某些部分，来同时重估和复兴儒家思想[76]。李贽受到了三种罪行的指控，即离经叛道之说、性开放态度、混淆佛学和儒学。终其一生，他见证了狂士如何实际上可以成为年轻人的模范角色，这些年轻人来自底层或上层家庭，对自己的生活不满，他们要么鄙于入世为官，要么科场已然失意[77]。或许连同“童心”[78]的观念一起，“痴”“狂”“癖”“呆”“蠢”“愚”这些概念作为一种新的人格模范在学者圈内取得了一定的地位，它们既象征性地意味着“心智与理智的缺乏和迟钝”，同时也包含着在怪诞评价和疯癫意义上的“缺乏判断力和智慧”的含义[79]。这些观念——在道家和佛教传统中广为人知——尤其在公安派运动的某些士大夫那里得到推崇。如果说从主观的视角来看，它们代表了一种表现士大夫精英之新观念的方式的话，那么其思想形态和社会意义不容低估。反抗主流观念和颠覆价值就是“狂与痴”的。公安派的一个成员——雷思霈在其为袁宏道诗文集《潇碧堂集》所作序言中的几句话具有象征性的意义：“言人之所欲言，言人之所不能言，言人之所不敢言。”[80]

> 我今信得这良知真是真非。信手行去。更不着些覆藏。我今饶做得个狂者的胸次。使天下之人都说我行不掩言也罢。尚谦出曰，“信得此过，方是圣人的真血脉”[81]。

在此值得注意的是“狂者的胸次”这一表达。它涉及《孟子》，其中提到孔子由于缺少能够实践中庸的弟子而隐退；后来，由于无法确定自己是否能找到这样的弟子，他考虑寻找次一级的人，接受那些莽汉和狂士。这一术语用意含混：一方面根据经典它是一个弱点，一个次等选择；另一方面尽管人们很容易批评这一态度，但它是圣人的“泉水”，因为它反映了内在意识的自发工作[82]。因此，狂是一种新态度的标志：王畿将其与智慧联系起来（狂者之意，只要做圣人）。李贽写道：

狂者不蹈故袭，不践往迹，见识高矣，所谓如凤凰翔于千仞之上，谁能当之？……未有非狂狷而能闻道者也[83]。

相较狂狷在《论语》和《孟子》中的运用，这个词在王阳明那里经历了一次语义的转换，因为其新的含义与意识的自发性密切相连。李贽进一步发挥，以此词表示智慧的高级阶段：它再也不是《中庸》里指出的平和中正的行为，而是“求豪杰必在于狂狷”[84]；“是信者，狂狷之所以成始成终者也”[85]。另一个经典术语是“豪杰”，通常翻译成“hero”，它表现了一种致力于开拓其生存之路的强大人格，与所谓的“乡愿”正相对照，后者道学气十足，迂腐保守，偏执狭隘。

“豪杰”恰表现了所谓的“对情的尊崇”或“对激情的尊崇”。这是在晚明发展起来的一次重要的知识分子和文学运动，目的是反对传统对激情和欲望（情）缺乏信心的态度，重新评价情感的价值[86]。它与“狂和痴”的流行并辔齐驱。甚至在清朝，因憎恨任何种类的官方仪式和传统，拥有怪诞的情感、不切实际和天真的心智，以及追求特立独行的自我意识，贾宝玉这样的反英雄成了这一人格类型的晚期范例[87]。

重新赋予“情感和欲望”正当地位

一股新思潮与上述新型人类学人格合为一致，并对后者构成了精致的阐发，其目标是重新赋予激情和欲望以正当地位，即我们之前在李贽那里已经关注到的现象[88]。杨慎（1488—1559）是第一个以积极态度阐述性和情之相互关系的，即性情不离：“举性而遗情何如曰死灰，触情而忘性何如曰禽兽”[89]。其他重要的证据来自罗钦顺和陈确。

罗钦顺（1465—1547）谈道：“夫人之有欲固出于天。盖有必然而不容已。且有当然而不可易者。于其所不容已者而皆合乎当然之则，夫安往而非善乎？惟其恣情纵欲而不知反，斯为恶尔。先儒多以去人欲、遏人欲为言，盖所以防其流者，不得不严，但语意似乎偏重。夫欲与喜怒哀乐，皆性之所有者，喜怒哀乐又可去乎？”[90]

陈确不惮于公开谈论欲望：“人心本无天理，天理正从人欲中见，人欲恰好处，即天理也。向无人欲，则亦并无天理之可言矣。”[91]

总之，我们可以从重新赋予情感和欲望合法地位的这一进程中总结出如下革新性的主题。这些主题以道德、天地、宇宙为根基，奠定了情与欲的合法性，甚至挑战了传统的情—理关系。

1. 情—欲的道德正当性：情感提升仁德

情被视为道德的源泉（同样参见第3条，真情）。冯梦龙在《情史》的第一篇序言中说隐秘的爱情可变成普遍的感情（私情化公），随后，为了证明感情的正当性，他强调它们与儒家德行的关联：“子有情于父，臣有情于君。推之种种相，俱作如是观。”[92]我们同样可以在《悦容编》的序中读到这样的话：“故凡忠臣孝子，义士节妇，莫非大有人情。”[93]

2. 情感的生机论正当性：情感表达生命

宇宙中的生命和化育都是基于欲望的：“天地若无情，不生一切物。一切物无情，不能环相生。生生而不灭，由情不灭故。四大皆幻设，惟情不虚假。”[94]“情始于男女。”[95]对于罗汝芳（1515—1588）而言，“情”的概念与“生”不可分割。这一思潮延续至清代，袁枚深信欲望并不如正统新儒学所描述的那般是危险的敌人，相反，它为人的行动和生命奠定基础：“好货好色人之欲也……无情欲则人类久绝。”[96]

3. 纯粹情感的高贵性：真诚的和自然的道德情感（真情）

“真情”是联结所有存在者的天然的道德纽带：“自来忠孝节烈之事，从道理上做者必勉强，从至情上出者必真切。”[97]

4. 情感的积极道德功能：道德实现的最好方式（情教）

“情教”是人自发地导向德行的方式，其中没有任何义务造成的压力。“我欲立情教，教诲诸众生。子有情于父，臣有情于君。推之种种相，俱作如是观。”[98]“六经皆以情教也。”[99]

5. 价值的反转：挑战社会等级制和理至上观

汤显祖将情与理对立起来并支持前者[100]。他讴歌了爱的伟大力量，这一力量甚至超越了生与死。随后，汤显祖得出结论，认为人无法理解人世之事，并且由于人无法充分地解释这些事，因而总是诉诸理来对它们进行考察。但是理决然无法担此重任，如果情是唯一的理解之路，那么人如何可以理解呢？“嗟夫，人世之事，非人世所可尽。自非通人，恒以理相格耳。第云理之所必无，安知情之所必有邪！”不仅如此，在《牡丹亭》里，杜丽娘拒绝服从父亲的命令（即令她离开爱人并回到作为家庭女儿的环境中来），而反抗了父权体系并赢得了抗争。汤显祖似乎受到了李贽的影响，后者在当时认为夫妻之间的关系应该优先于父子或父女之间的关系[101]。

进一步地，按照朱熹的论述，气——万物由之而化成——有着不同的纯度：位于社会顶层的士大夫和男性由最纯的气组成，而更低等级之人和女性则被赋予纯度较低的气。著名新儒学思想家陆象山（1139—1193）的弟子、诗人谢希孟在对这一观点的复兴和重估中表现出了对世界秩序和社会—道德等级制的挑战：“大地英灵之气，不钟于男人而钟于妇人。”这一观点带有亵渎和颠覆的意味，因为它采用了理学的宇宙论概念却将其宇宙秩序反转过来。在其著作的某些地方，冯梦龙引用了谢氏的观点，并做了些许改动，尽管他并不是唯一这么做的人。这一引文的重新发现以及晚明时期崇尚灵活通脱、反对传统拘束的新思潮的兴起使得它同样在明王朝时变得众所周知[102]。在明王朝末期的许多作家那里都能找到社会等级秩序和道德威望之间相互一致性的消解。张岱（1597—1689）列举了一些艺匠的例子，他们不仅累积了财富，也大大提升了社会地位，以至于在某种程度上被看作官吏和士绅[103]，何心隐则鼓励这种社会的流动性[104]。此外，在冯梦龙的《山歌》序文中，他通过诉诸上述纯粹和真诚的情感来翻转诸多价值：“借男女之真情，发名教之伪药。”[105]

上述实例并没有明确地包括人治和法治的传统视野，但事实上通过质疑其价值和效力间接地挑战了它们。在《山歌》中，歌词中的“颠覆性的”因素鲜明地表现在其内容和解释性的语言中：世界的画面经常被颠倒过来并打破常识，而且揭露了那些对待性别差异和家庭的迂腐之谈是多么平庸[106]。如果与来自其他正式的和私人资源的图像相比，情感和欲望的表现提供了一个非凡的视角：关于爱的最低限度的解释可以概括为“爱情如食物”，同样还有“爱情似火”，它短暂和鲜亮的本质则通过“恋人正如一朵花”呈现出来。因此，传统的道德羞耻感，即有耻，被严厉而不公正的社会控制带来的害怕所取代。对一种能够表达真正和本质感情的新语言的寻求带来了这一现象的表面上的简化版，一次“反浪漫的浪漫主义”：有意地避免任何崇高化，将爱还原到日常需求，但同时提供了一系列实例，它们既具有英雄气概又愤世嫉俗，既具有吸引力又短暂。爱成为一种超越道德和社会尺度的普遍需求。

最后，在18世纪晚期的其他人那里可以找到另一种有趣的要素，《子不语》追问了人的认识能力[107]、信仰的力量[108]、道德本身的根基以及人的责任。因此，袁枚提出了某种认识论的挑战，它甚至影响了我们重建过去的能力以及为任何绝对和极权主义的价值体系进行辩护的能力。就像常人需要求神问道一样，士大夫为了寻求类似的安全感，也需要委身于某种通俗的儒学体系，或信仰天命报应不爽。邪恶遍布世间，就像贪婪和势力统治着黄泉世界[109]，难以赢得正义和为己报仇是一个普遍的现象。因此，对更高等级的报应怀有希望是一种幻觉。两个相反主观状态的共存呈现在许多故事中：一方面是受冤灵魂反对某个恶行的愤怒感以及一种激发起复仇欲的正义感；另一方面是受迫害之人在努力避免惩罚中所体验的恐惧和紧张，他通常感到这些惩罚是非正义的迫害，因为他并没有罪恶感。这一对遭到不公正对待的受害者的双重描述使得读者质疑责任和报应的概念，而责任和报应在个人生存中和在历史中都是命运观的基础。这些情景似乎展现了报应和正义难以实现，常人对现实的理解不再令人满意，通俗的报应观、与人为善的宽容思想等皆受到了质疑。因此，《子不语》对儒学传统的根基、人的道德需求和对教育的乐观信任进行了批判性的重新考察。

所有这些作家都促进了新人类学模式的发展。生命基于欲望，决定共同的渴求和人格实践的欲望，共好而共习，因此对于李贽来说自私是个体欲望和人格的基础：“夫私者，人之心也。人必有私，而后其心乃见；若无私，则无心矣”（如好货，如好色，如勤学，如进取，如多积金宝，如多买田宅为子孙谋，博求风水为子孙福荫）。人心的特点是“私”，人心在其私中自我认识：无私则无心（对物品、性快感、教育、个人事业、敛财的欲望，为子孙买房置地的欲望，为了孩子大吉大利而对风水之物的渴求）。其视野超过了生活繁衍的传统自然需求，它关系到从农民到士大夫的所有人所培养的计划、意愿和欲望。欲望不仅通过基本需求得到辩护，而且还通过对公共利益的动态激励以及正义感和团结感的力量基础变得正当。李贽的功利主义道德性结合了基本需求的优先性和对个人利益渴求之社会功效的认知：这促进了一种新人格的感知，这种感知不再被传统伦理所束缚，培养了充满人欲及创造性的新个体。这一人格概念通过维护思想的自由而得以强化，李贽拒绝接受任何他律式智能的模式，他指责任何宣称持有唯一真理的说法，因为每个人可以在自身中发现智慧：“贪暴者扰之，而仁者害之也。”任何人都不应该家长似的担心他人和民众的德行：“‘仁者’以天下之失所也而优之，而汲汲焉欲贻之以得所之域。于是有德礼以格其心，有政刑以絷其四体，而人始大失所矣。”这一共通个体欲望的普遍性和崇高性以及独立于他人之教化的性质构成了某个“个人主义”支流的内核。这一新人格类型，独立而自主，有某种道德，没有道德主义，欲望和利益变得合法，与标准的模式存在着人类学意义上的差异，因此，它只能被看作“狂和痴”。戴震对此进行了更深入的解读：这一“色欲之物”的自然基础或欲望着的人格与“怀生畏死”的原始生命反应存在关联。这样，人的“利己”面成为任何道德感受以及在其延伸面的同情和怜悯的必要前提。因此，他的软弱自身是道德的来源：

凡血气之属，皆知怀生畏死，因而趋利避害；虽明暗不同，不出乎怀生畏死者同也。……己知怀生而畏死，故怵惕于孺子之危，恻隐于孺子之死，使无怀生畏死之心，又焉有怵惕恻隐之心？推之羞恶、辞让、是非亦然。使饮食男女与夫感于物而动者脱然无之，以归于静，归于一，又焉有羞恶，有辞让，有是非？此可以明仁义礼智非他，不过怀生畏死，饮食男女，与夫感于物而动者之皆不可脱然无之……古贤圣所谓仁义礼智，不求于所谓欲之外，不离乎血气心知，而后儒以为别如有物……[110]

另一个问题是，为什么这些新人类学因素在中国社会长期隐而不显，对这个问题的研究亦寥寥无几？上述例子呈现了与正统或儒家主流不同的诸多人格模范。他们丰富了这一学说的内部论争，并给中国的社会—经济转变和诸多新问题持续不断地提供解答。以《论语》为基础，“人能弘道，非道弘人”[111]，这一学说由于其鼓励永无止息的自我—超越，因此对进一步的发展保持开放。

关于儒学的生命力，我们可以暂做如下总结：

（1）我们可以将那些被认为是异端的思想——如李贽——看作对儒学发展的一支基本贡献力量。

（2）所谓的“情崇拜”显示了儒学自身如何产生了既非禁欲的亦非自我—抑制的诸多趋向，并显示了儒学如何促进一种新人格的发展。

（3）对过去数十年西方资源的融合——如自由主义、弗洛伊德主义、启蒙思想、文艺复兴思想——是在当代全球化社会中重新激活儒家学说的重要方式。

（石绘 译）

注释

* 本文的大背景是我关于中华晚期帝制时期心态和情感表现的研究计划。对于更为复杂的自我概念问题，本文仅做初步的研究，而且只涉及一小部分。我的邮箱：paolo.santangelo@uniroma1.it。

[1] 《论语・为政》，参考理雅各（James Legge）的译本。汉语古典文本参见“中国哲学书电子化计划”，http://ctext.org/。

[2] 《尚书・康诰》《尚书・多方》。英译参考理雅各译本。

[3] 《论语・子路》。

[4] 《论语・为政》。

[5] 《论语・子路》。

[6] Deborah Cao, *A Language Perspective*, Aldershot: Ashgate, 2004, p. 52. See also Leigh K. Jenco, *Making the Political: Founding and Action in the Political Theory of Zhang Shizhao*, New York: Melbourne, Madrid, Cape Town, Cambridge University Press, 2010, p. 16, p. 73, pp. 237-239; and Cai Dingjian, Wang Chenguang, *China's Journey Toward the Rule of Law: Legal Reform, 1978-2008*, Leiden: Brill, 2010.

[7] “法”在古代中国的主要含义，参见 Roger Ames, *The Art of Rulership: A Study of Ancient Chinese Political Thought*, Albany: SUNY, 1994, pp. 108-141。

[8] 袁枚：《子不语・某侍郎异梦》。

[9] 黄宗羲：《明夷待访录》，再版收入《续修四库全书・子部・儒家类》，上海，上海古籍出版社，2002。(online:http://www.ncu.edu.tw/~phi/confucian/docs/resource/05_7/1.htm)

[10] “故我之出而仕也，为天下，非为君也；为万民，非为一姓也。”参见《明夷待访录·原臣》。

[11] “夫古今之变，至秦而一尽，至元而又一尽，经此二尽之后，古圣王之所恻隐爱人而经营者荡然无具。”参见《明夷待访录·原法》。

[12] 李贽：《初潭集·师友十》，第20卷，358页。

[13] 李贽：《明灯道古录》（下卷），收入《李氏文集》，第19卷，575页。

[14] 李贽：《续焚书·三教归儒说》，第2卷，76页。

[15] 李贽：《焚书·答邓明府》，第1卷，41页。

[16] 李贽认为繁多的道德和法律规则将成为一张压制和限制人的罗网。“有条教之繁，有刑法之施，而民日以多事矣”。参见《焚书·论政篇》，第3卷，87页。

[17] 李贽：《焚书·论政篇》，第3卷，87页。

[18] 李贽：《焚书·论政篇》，第3卷，87页。这一批评针对诸多的法律和道德规则。

[19] 参见《孟子·尽心下》。

[20] 李贽：《藏书·外臣传·冯道》，第68卷，1141～1142页。

[21] 李贽：《明灯道古录》（下卷），收入《李氏文集》，第19卷。该篇出自《荀子·大略》：“天之立君，以为民也。”

[22] 《论语·子路》：“其身正，不令而行。”《论语·卫灵公》：“庄以莅之。动之不以礼，未善也。”

[23] 李贽：《焚书·送郑大姚序》，第3卷，113页。

[24] Huang Ray, *1587, A Year of No Significance: The Ming Dynasty in Decline*, New Haven & London, 1981, p. 208.《续焚书·复晋川翁书》，第2卷，73页。

[25] 李贽：《焚书·论政篇》，第3卷，87页，该文突出了暴虐的统治者和道学家（贪暴者，仁者）如何通过严刑峻法和伪善的道德规则来扼制被统治者的生命。

[26] 李贽：《藏书·外臣传·冯道》，第68卷，1141～1142页。

[27] 亦参考《儒林外史》中的句子，第14卷，183页，“古语说秀才人情纸半张”，在这里，人情的含义与人类感情相去甚远。关于这一术语在合法领域的运用和诸多含义以及“人情”和成文法典的争议关系，参见 Haruhito Sadate, “On the Origin of Ren Qing, Human Sentiment, as Chinese Judicial Norm,” in *Legal History Review,* vol. 45(1995), pp. 73-106。

[28] 冯梦龙：《情史》，第15卷，455～467页。

[29] 吕坤：《呻吟语·治道》，见荒木见悟编译：《呻吟语》，东京，讲谈社，1991，条目编号189。

[30] 吕坤：《呻吟语·应务》《呻吟语·治道》，见荒木见悟编译：《呻吟语》，东京，讲谈社，1991，条目编号112、165。尽管吕坤对待情感和欲望的态度十分严格，但他的观念却充满常识意义，并且他拒斥节妇以为其丈夫守节之名刚烈自杀的行为。值得注意的是他拒斥此类行为的理由以及他在当时的论争中所提出的观点：节妇的自杀“并非以义之名，而以情之名”。显然，自杀是由其他因素如社会形象和自我确证或抗议所造成的。像吕坤这样的道学家害怕任何为贞洁牺牲的刚烈行为，而像冯梦龙这样将情与理等同起来的远离正统的学者们却支持此类行为，这种现象显然是一个悖论。如果我们考虑到那些将道德性归因于人情并某种程度支持情感的人是将守节视为一种因情而兴的道德准则的表达的话，这一悖论将会更容易理解。自我牺牲和完全献身的刚烈行为难道不是“善情”之善的最好证明吗？这种善情使得它们不仅符合贞操的义理，而且同样能使得妓女的行为向妾看齐，妾的行为以贤妻为榜样。一些学者从不同视角出发对崇尚忠诚和贞洁的问题做了研究，它不仅仅是一个修辞的或观念形态的策略，而几乎成了一种明清时期文化和生活中的宗教成分。

[31] 吕坤：《呻吟语·人情》，见荒木见悟编译：《呻吟语》，东京，讲谈社，1991，条目编号169。

[32] 然而吕坤同样说道：“圣人之道，人情而已”（《呻吟语·品藻》）。而且道德不能忽视社会情感：“于人情不近者，皆道之贼也”（《呻吟语·治道》以及《呻吟语·圣贤》）。吕坤自己认为礼法和社会传统将贞洁严厉地强加在女性身上，却放任男性纵欲。“夫礼也，严于妇人之守贞，而疏于男子之纵欲。”（《呻吟语·治道》）事实上对吕坤来说，不仅此类甚至由情感所引起的失度行为是不正义的，而且情感自身也被认为是这种过度行为的罪魁祸首。杀害某人的生命和伤害某人身体会被指责为无情，与夫妇之间过度的情感相类似，但是吕坤视这些为不孝。因此感情可以是好的，也可以是坏的：

"人情有当然之愿，有过分之欲"(《呻吟语·存心》)。

[33]　吕坤:《呻吟语·治道》，见荒木见悟编译:《呻吟语》，东京，讲谈社，1991，条目编号186。

[34]　参见Peterson Willard, "Confucian Learning in Late Ming Thought," in *Cambridge History of China*, Cambridge : Cambridge U.P., vol. 8(1998), p. 746。

[35]　参见《孟子·梁惠王上》。

[36]　参见何心隐:《爨桐集》，第3卷，转引自容肇祖:《明代思想史》，229页，上海，开明书店，1941；何心隐:《何心隐集》，第2卷，40～41页，第3券，72页，北京，中华书局，1960，转引自姜国柱、朱葵菊:《中国历史上的人性论》，277页，北京，中国社会科学出版社，1989。

[37]　李贽:《藏书·德业儒臣后论》，第32卷，544页。李贽对"自私"的颂扬——考虑到基本的差异——使人想起伯纳德·德·曼德维尔(Bernard de Mandeville)在其悖论性的《蜜蜂的寓言:或论自私之恶和公共利益》(*Fable of the Bees: or, Private Vices, Public Benefits*)中对自私之恶的颂扬，这是一部论人性以及心理学和社会科学的名著，出版于18世纪早期。

[38]　参见《论语·颜渊》:"子贡问政。子曰:'足食。足兵。民信之矣。'子贡曰:'必不得已而去，于斯三者何先?'曰:'去兵。'子贡曰:'必不得已而去，于斯二者何先?'曰:'去食'"。孔子回答下一个关于剩余两种选择中的哪一个更重要的问题，他说最好放弃食物，因为"自古皆有死，民无信不立"。古代其他的例子还有告子的著名观点(食色，性也)和《礼记》中的篇章(饮食男女，人之大欲存焉)。朱熹在其《四书章句集注》里并没有忽视人的基本需求的重要性。这一传统在明代早期得到响应，王祎说:"人君欲天下之气之和也，在遂群生之性……"(参见《卮辞》)。

[39]　将柏拉图(《法律篇》第3、6、9卷)、亚里士多德(《尼各马可伦理学》第3、7卷)和色诺芬(《回忆苏格拉底》，第1卷)提到的饮、爱和食(potoi, aphrodisia, edodai)三种对应的欲望与相对提倡适度进行比较。在整个欧洲思想史中，我们能够把握"真实"需求和"错误"需求之间，"好的"需求和"坏的"需求之间以及"需求"和"欲望"之间的冲突。参见A. Heller, *Il potere della vergogna,* Roma, 1985, pp. 314-317。同样参见P. Santangelo, *Emozioni e desideri in Cina. La riflessione neoconfuciana dalla metà del XIV alla metà del XIX secolo*, Bari: Laterza, 1992, 最后一部分。

[40]　朱熹说过区分为生存而饮食(必需)与贪食(欲望)的名句:"饮食者，天理也；要求美味，人欲也。"(《朱子语类》，第1卷，224页。)

[41]　吕坤:《呻吟语·世运》，见荒木见悟编译:《呻吟语》，东京，讲谈社，1991，条目编号136。其中精辟地阐述了关于欲望之破坏性的主流观念:"造物有涯而人情无涯，以有涯足无涯，势必争，故人人知足则天下有余。造物有定而人心无定，以无定撼有定，势必败。故人人安分则天下无事。"

[42]　Gilles Deleuze, Felix Guattari, *L'Anti-Oedipe*, Paris: Les Editions de Minuit, 1972. 他们将欲望描述为一种真实的、生产性力量，并且将其机器的本质描述为一种"欲望—机器"，这种机器作为一个回路阻断器，在一个它与之连接的各式机器的更大回路中进行运转。

[43]　李贽:《藏书·德业儒臣后论》，第32卷，544页。

[44]　李贽:《焚书·答邓明府》，第1卷，40页。

[45]　李贽:《焚书·答邓石阳》，第1卷，4页。

[46]　P. Santangelo, *Emozioni e desideri in Cina*, The Conclusions.

[47]　"予每博观天下之势，大抵其地奢则其民必易为生，其地俭则其民必不易为生者也。何者?势使然也。今天下之财赋在吴越，吴俗之奢，莫盛于苏杭之民。有不耕寸土而口食膏粱，不操一杼而身衣文绣者，不知其几何也，盖俗奢而逐末者众也。只以苏杭之湖山言之，其居人按时而游，游必画舫肩舆，珍羞良酝，歌舞而行，可谓奢矣。而不知舆夫舟子，歌童舞妓，仰湖山而待爨者不知其几。故曰:彼有所损，则此有所益。若使倾财而委之沟壑，则奢可禁。不知所谓奢者，不过富商大贾，豪家巨族，自侈其宫室车马，饮食衣服之奉而已。彼以粱肉奢，则耕者庖者分其利；彼以纨绮奢，则鬻者织者分其利。正《孟子》所谓通功易事，羡补不足者也。上之人胡为而禁之?若今宁绍金衢之俗，最号为俭，俭则宜其民之富也。而彼诸郡之民，至不能自给半游食于四方。凡以其俗俭而民不能以相济也。要之先富而后奢，先贫而后俭。奢俭之风，起于俗之贫富，虽

圣王复起，欲禁吴越之奢难矣。或曰：‘不然。苏杭之境，为天下南北之要冲，四方辐辏，百货毕集，使其民赖以市易为生，非其俗之奢故也。’噫！是有见于市易之利，而不知所以市易者，正起于奢。使其相率而为俭，则逐末者归农矣。宁复以市易相高耶？且自吾海邑言之，吾邑僻处海滨，四方之舟车不一经其地，谚号为小苏州。游贾之仰给于邑中者，无虑数十万人，特以俗尚甚奢，其民颇易为生尔。然则吴越之易为生者，其大要在俗奢，市易之利，特因而济之耳，固不专恃乎此也。长民者因俗以为治，则上不劳而下不扰，欲徒禁奢可乎？呜呼！此可与智者道也。”陆楫：《蒹葭堂杂著摘抄》，第3~4卷，转引自徐泓《明末社会风气的变迁：以江浙地区为例》，载《东亚文化》，1986（24），103页。参见网址http://ctext.org/wiki.pl?if=gb&chapter=127120&remap=gb。

[48] 参见李贽：《焚书·心经提纲》，第3卷，100页，“说色非垢，说空非净”。

[49] 李贽：《焚书·送郑大姚序》，第3卷，113～114页。

[50] 李贽：《初潭集》，第20卷，345页。

[51] 参见《论语·颜渊》，参见Legge, *Confucian Analects*, pp. 251-252。

[52] 李贽：《焚书·答耿中丞》，第1卷，17页。

[53] 参见李贽：《焚书·复焦弱侯》，第2卷，46页；《续焚书·三教归儒说》第2卷，75～76页。

[54] 参见“为仁由己”，《论语·颜渊》；参见Legge, *Confucian Analects*, in *The Chinese Classics*, Taibei, 1985, V, p. 250，“To subdue one's self and return to propriety, is perfect virtue. If a man can for one day subdue himself and return to propriety, all under heaven will ascribe perfect virtue to him. Is the practice of perfect virtue from a man himself, or is it from others?”（克己复礼为仁。一日克己复礼，天下归仁焉。为仁由己，而由人乎哉？）

[55] 《论语·宪问》，“古之学者为己，今之学者为人”。

[56] 《论语·卫灵公》，“君子求诸己，小人求诸人”。

[57] 李贽：《焚书·答耿中丞》，第1卷，16～17页。将这一论述与契嵩思想中的“私道”概念进行参照（《四部丛刊》：《镡津文集》，第1卷，辅教篇［上］，原教）。

[58] 戴震：《孟子字义疏证》，第1卷，35页。

[59] 参见李贽：《焚书·四勿说》，第3卷，101页。李贽对这些篇章的引用和解读来自《论语·颜渊》，参见Legge, *Confucian Analects,* V, p. 250, “Look not at what is contrary to propriety; listen not to what is contrary to propriety; speak not what is contrary to propriety; make no movement which is contrary to propriety”（非礼勿视，非礼勿听，非礼勿言，非礼勿动）；亦参考《焚书·答耿中丞》，第1卷，18页；《焚书·复京中友朋》第1卷，19～21页；《续焚书·答友人》，第1卷，20～21页。

[60] 参见李贽：《焚书·答耿司寇》，第1卷，29～39页。同样参见Mizoguchi Yūzō, “Mōshi jigi soshō no rekishiteki kōsatsu,” in *Tōyō bunka kenkyūjo kiyō*, 48, 1969, p. 188.（沟口雄三：孟子字义疏证の歴史的考察）。

[61] 参见李贽：《藏书·德业儒臣前论》，第32卷，517页：“道之在人，犹水之在地也。人之求道，犹之掘地而求水也。然则水无不在地，人无不载道也审矣。而谓水有不流，道有不传，可乎？顾掘地者，或弃井而逃，或自甘于溷浊咸苦。终身不见甘泉而遂止者有之，然而得泉者亦已众矣。”李贽继续说道，某个时期传道受到阻碍的情况并不会从孟子死后持续到宋代来临这一千多年的时间。

[62] 参见李贽：《焚书·答耿司寇》，第1卷，31页：“善既与人同，何独于我而有善乎？人与我既同此善，何有一人之善而不可取乎？”

[63] 参见李贽：《焚书·与焦弱侯》，第1卷，3页：“人犹水也。豪杰犹巨鱼也。欲求巨鱼，必须异水；欲求豪杰，必须异人……”，亦参考《焚书》，第3卷，109页，此处讨论了不同天资和价值的人之间的关系。

[64] 例如李贽对《道德经》第59章的引用，在此，李贽对能与民众同其尘并造访麻城的柳巷花街而感到自豪。（李贽：《焚书增补》，第1卷，259页，再版于北京，中华书局，1975。）

[65] 《道德经》，第8章。

[66] 《道德经》，第4章。

[67] 参见李贽：《焚书增补·答周二鲁》，第1卷，259页。

[68] 参见De Bary Wm. Theodore, “Individualism

and Humanitarism in Late Ming Thought, "in *Self and Society in Ming Thought*, New York: Columbia University Press, 1970, pp. 146-147, "……首先存在着从社会中退守的隐士的个人主义。我们可以称之为某种个人的或'私密的'个人主义。尽管在肯定个体自由和其自身超越性价值上有积极的一面，但从社会角度出发这是某种'消极的'个人主义，因为它对其他个体的状态毫无影响。它没有在社会内部提出任何积极的要求……相反，存在着一种更加'积极'和公开的个人主义，它寻求建立个体或自我与他者相互关联的位置，以便能保证其在公共机构中的权利和地位，或基于普遍被宣称和被接受的原则。这里我们面对的悖论是，为了建立和确保其自身所要求的权利，这种个人主义必须是'社会的'。儒家接受了这种与家庭和国家相关的个人主义……"

[69] 李贽写道："故谓人有男女则可，谓见有男女岂可乎？谓见有长短则可，谓男子之见尽长，女人之见尽短，又岂可乎？"(《焚书·答以女人学道为见短书》，第2卷，59页。)

[70] 我们不禁将这里对欲望的强调与16和17世纪欧洲人对"利益"的发现进行对比。参见 Albert Hirschman, *The Passions and the Interests: Political Arguments for Capitalism before Its Triumph,* Princeton: Princeton University Press, 1977。(Italian translation, *Le passioni e gli interessi,* Milano: Feltrinelli, 1979, p. 33.)

[71] 李贽：《焚书·答耿司寇》，第1卷，30～31页，"满街皆圣……人人皆佛……善既与人同……"

[72] 李贽：《焚书·答耿司寇》，第1卷，18页，以及《焚书》，第3卷，132页。

[73] 李贽：《焚书·答耿司寇》，第1卷，31页。

[74] 参见《李贽的尊法反儒思想和斗争精神》，载《论法家和儒家斗争》，260～272页，北京，人民出版社，1974；叶显恩，《略论李贽尊法反儒的思想》，载《中山大学学报》，1974(3)，8～23页。

[75] 李贽：《初潭集·序》，1页。

[76] 参见 Lee Pauline, *Li Zhi, Confucianism and the Virtue of Desire,* New York: SUNY, 2013。她的跨学科方法体现了很高的价值。

[77] 参见我为惠特曼（Frances Weightman）的著作所写的序言。Frances Weightman, *The Quest for the Childlike in Seventeenth-Century Chinese Fiction: Fantasy, Naivety, and Folly,* Lampeter: The Edwin Mellen Press, 2008，在那里我讨论了这一痴迷和特立独行作为与常人区分的美学标记的浪漫主义新思潮。亦参考拙著 *Materials for an Anatomy of Personality in Late Imperial China,* Leiden: Brill, 2010, pp. 323-380。

[78] 李贽：《焚书·童心说》，第3卷，97～99页。

[79] 参见"狂者不蹈故袭，不践往迹，见识高矣，所谓如凤凰翔于千仞之上，谁能当之？……未有非狂狷而能闻道者也"(《焚书·与耿司寇告别》，第1卷，27页)。

[80] 转引自林庚：《林庚诗文集：问路集，空间的驰想》，75页，北京，清华大学出版社，2005。

[81] 王阳明：《传习录》，312页，根据陈荣捷的译本，有改动。

[82] 参见陈寒鸣：《晚明儒者文士的"狂者胸次"及其意义》。(on line: http://www.chinakongzi.org/rjwh/lzxd/200705/t20070521_2168939.htm, 2007-05-21。)

[83] 李贽：《焚书·与耿司寇告别》，第1卷，27页；亦参考《王文成全书》，第34卷，收入《四库全书·集部》，别集类。

[84] 李贽：《续焚书·与焦弱侯太史》，第1卷，16页；李贽：《焚书·与焦弱侯》，第1卷，4页。关于"狂"亦参考《焚书·与友人书》，第2卷，75页。

[85] 李贽：《藏书·孟轲》，第32卷，521页。

[86] 这一运动已经在范围相当广的文本中得到了讨论。我仅列出以下文章：Chaves J, "The Expression of Self in the Kung-an School: Non-Romantic Individualism," in *Expressions of Self in Chinese Literature*, eds., R.Hegel and R.Hessney, New York, 1985；合山究：《红楼梦的女性崇拜思想及其源流》，载《红楼梦学刊》，1987(2)，32页；郭英德：《痴情与幻梦：明清文学随想录》，北京，生活·读书·新知三联书店，1992；Li Wai-yee, *Enchantment and Disenchantment: Love and Illusion in Chinese Literature*, Princeton: Princeton UP, 1993; and "The Rhetoric of Spontaneity in Late-Ming Literature," in *Ming Studies*, 35(1995); Martin W. Huang, "Sentiments of Desire: Thoughts on the Cult of Qing in Ming-Qing Literature," in *Chinese Literature:*

Essays, Articles, Reviews (CLEAR), Vol. 20 (1998), pp. 153-184; and *Desire and Fictional Narrative in Late Imperial China,* Cambridge Mass: Harvard University Press, 2001, pp. 23-56; 黄卫总：《〈弁而钗〉和〈林兰香〉中的"情"与同性恋》，载《中国学术》，2001（2）；王岗：《浪漫情感与宗教精神：晚明文学与文化思潮》，香港，天地图书有限公司，1999; Anthony Yu, *Rereading the Stone: Desire and the Making of Fiction in Dream of the Red Chamber*, Princeton: Princeton U.P. 1997, pp. 80-108; the paragraph "The Ethos of Qing in the Late Ming Period,"in Richard Wang, "The Cult of Qing: Romanticism in the Late Ming Period and in the Novel *Jiao Hong Ji*,"in *Ming Studies,* 33(1994), pp. 12-55; Paolo Santangelo, "Emotions and the Origin of Evil in Neo-Confucian Thought," in *Minds and Mentalities in Traditional Chinese Literature*, ed. H. Eifring, Beijing: Culture and Art Publishing House, 1999, pp. 184-316; "Reconsidering the 'Cult of qing' in Late Imperial China: A 'Romantic Movement' or a Conveyer of Social Values?" in *MingQing yanjiu 2006*, pp. 133-163; 史华罗：《中国与欧洲"爱情"概念化的宗教影响》，载《基督教文化学刊》，2000（4）。

[87] 参见"反传统、疯狂和怪诞的人格"的段落，Santangelo, *Materials for an Anatomy of Personality in Late Imperial China,* Leiden: Brill, 2010。

[88] 关于李贽，亦参考 Lee Pauline C, *Li Zhi, Confucianism and the Virtue of Desire.* New York: SUNY, 2013, pp. 7-9, pp. 70-71。

[89] 杨慎：《升庵集·性情说》（《四库全书·集部》，别集类，明洪武至崇祯，《升庵集》，卷五）。

[90] 罗钦顺：《困知记》（《四库全书·子部》，儒家类，续录卷下）。

[91] 陈确：《陈确集·别集》，第 5 卷，《瞽言四·无欲作圣辨》。

[92] 冯梦龙：《情史·龙子犹序》。

[93] 参见网址：http://zh.wikisource.org/zh/%E6%82%85%E5%AE%B9%E7%B7%A8。

[94] 冯梦龙：《情史·龙子犹序》。

[95] 冯梦龙：《情史·詹詹外史序》。

[96] 袁枚：《小仓山房诗文集》，第 22 卷，4 页，上海，上海古籍出版社，1988（《续修四库全书·集部》，第 1432 卷，238 页，四部备要）；另见 Schmidt J. D., *Harmony Garden: the Life, Literary Criticism, and Poetry of Yuan Mei (1716-1798)*, London: Routledge Curzon, 2003, pp. 59-60。

[97] 冯梦龙：《情史·情贞类》，叙。

[98] 冯梦龙：《情史·龙子犹序》。

[99] 冯梦龙：《情史·詹詹外史序》。

[100] 汤显祖：《牡丹亭记题词》。

[101] Lu Tina, *Persons, Roles and Minds. Identity in Peony Pavilion and Peach Blossom Fan*, Standford: Standford University Press, 2001, esp. pp. 125-126.

[102] 冯梦龙：《情史》，第 4 卷，132 页；第 5 卷，154 页；《醒世恒言》，第 11 卷，226 页。

[103] 参见张岱：《陶庵梦忆》，1794，再版于第 5 卷，63 页，台北，开明书店，1978。

[104] 参见何心隐：《何心隐集》，第 3 卷，53～54 页，北京，中华书局，1960。冯梦龙在其中一个故事中，让一个身居高位的官吏说，农人、匠人和商人尽管贫贱，但在其各自的工作中并不节省精力。《醒世恒言》，1627 年兼善堂刊本，第 17 卷，344 页，北京，1986。

[105] 冯梦龙：《山歌·序》。

[106] 这些歌曲挑战了读者：果真一个女性只能有一个丈夫吗，就像只有一个天空？男人可以妻妾成群而不是相反？结婚的基础是传宗接代？尽管女性经常是这些歌曲的主角，但传统妇道如忠诚和贞洁的内容寥寥无几，相反，女性的渴望、需求和希望找到了表现的渠道。

[107] 袁枚描写了现实感知的悖论的多样性；区分何为正常何为反常的界限事实上更加模糊，因为梦境中或某种强烈激情影响下的人们经历着一个与清醒或冷静心智状态下的人所感知的世界非常不同的世界。

[108] 袁枚玩弄了这一梦境和现实、幻觉和拥有之间的模糊性，这是为了展示一个经常被遗忘或忽略的隐藏着的现实：我们对于发生恐怖之事的噩梦和恐惧。表现在幻觉、妄想、梦境和信仰中的恐怖和不可见的力量及其中间流行的信仰不仅仅是某种叙述策略，袁枚清

晰地意识到这是一个并非普通探究领域的黑暗区域，即人类尝试忽略和遗忘的东西，死亡、疾病、欲望和激情，它们摧毁了以社会为中心的儒家正统感知。极端的认知条件应付着灵魂的创伤，并回应了人性必须面对的普遍的疑难和困惑：这些疑难和困惑关系到死亡、邪恶、爱情、神秘和报应。作者与其他学者共同质疑了流行信仰、宗教和迷信，甚至坦白自己的观点，指责那些最终自找麻烦的轻信的民众。令人感到讽刺的是，这些信仰最终以幻觉和拥有物增加了人们的恐惧和虚弱，将他们推向极端的认知和感情状态，并且迫使他们经历某种更加戏剧化的现实，超越通常被接受的现实。

[109]　如《子不语》中的故事“地藏王接客”，第9卷。

[110]　戴震：《孟子字义疏证》，第2卷，53、55页。

[111]　转引自 Roger Ames, *The Art of Rulership: A Study of Ancient Chinese Political Thought*, Albany: SUNY, 1994, p. 3。

道士利玛窦

苏源熙

苏源熙（Haun Saussy）/ 美国芝加哥大学

一

张隆溪在治学著书的过程中，致力于依靠实例去证明文化的相互兼容性。有时，我觉得他不切实际。但如果说思想、语词或实践无法在文化间转译，那么就是在否认那个使它们成为文化一分子的要素——可再生性（reproducibility），即它们可以被模仿、改写，然后进一步成为构成文化一分子的材料的属性。然而，还需注意的是上述融合及转译过程中的不可预测性。张隆溪的论著也为此提供了例证，他从莎士比亚、里尔克、庄子、陶渊明那里寻得的论据，已在中国生根发芽。在张隆溪著名的前辈之一、意大利耶稣会士、中国文化的传播者利玛窦那里，我们可以窥见这种融合和传播的双重机制。

在明朝的背景中去理解利玛窦的一个重要障碍就在于，我们对他的了解太多。我们非常清楚罗马天主教的反宗教改革是怎么回事，同时又有利玛窦的日记和写给上级的书信——其中不乏后见之明，更不用说那些关于在他过世70年后涌现的“礼仪之争”的小册子和历史档案了。因此，他的背景和精神世界实际上距离我们并没有想象的那么遥远[1]。他的中国生涯，就如同一篇已被我们掌握了原文的译文[2]。因此我们倾向于沿着这个方向去提出类似的问题：利玛窦如何将特伦托天主教义的内容（这对于21世纪的人来说并无特别神秘之处），传达到晚明中国那样一个全新而未必具有包容性的环境之中？他为了受众做出过哪些牺牲和调整？他是否让步太多？他实现过真正的对话吗？[3]事实上，由于我们知道得太多，这种讨论很容易滑入一种标准化的基调，从而除了陈述利玛窦做过什么之外，还推演他应该做些什么。难道他不应该向对话者告知基督教的黑暗面、宗教战争和教会的腐败吗？难道他不应该在博采众长时有所甄别，或是在明辨是非之后再去吸纳吗？他足够尊重（或相反，过于尊重）当地民俗吗？

我们问利玛窦应该做些什么的时候，并未去审视自己是否知道他真正做了些什么，或者说忽略了这个问题的最有效提问语境。亦即，那些并不具备我们的既有知识、对基督教和西方的了解仅限于利玛窦所言的人如何理解他的行为？毕竟，在中国背景下，利玛窦是谁？如果不用那些他从意大利和果阿带去的术语，我们应如何描述他的中国事业？

换言之，李贽在1599年前后提出的那个问题依然存在。他在一封给朋友的信中以古怪的文风描述了他的遭遇：

今尽能言我此间之言，作此间之文字，行此间之仪礼，是一极标致人也。……

但不知到此何为，我已经三度相会，毕竟不知到此何干也[4]。

我们如果不考虑诸如拉丁语、意大利语、西班牙语、葡萄牙语和法语（更不用说英语）这些异国语言提供的证据，而是将目光仅限于那些接近利玛窦生平时间的中国资料，回答李贽的问题就会变得更加困难，但也更加有趣。实际上，李贽的不解也是我们自己的困惑。

这并不是说“汉语文献中的利玛窦”——我们可能会这样称呼他——是一个无法解开的谜。与他同时代或略晚一些的中国人有明确的语言模式来描述利玛窦，而在欧洲方面却找不到与之对应物。暂时回避字母语言那些极其明确的记载，我们的收获将是：了解中国描述利玛窦的模式；我们还会认识到，这场对话中仍蕴含着许多不同于老生常谈的新知。

二

李贽给我们提供了一个很好的出发点。利玛窦善交际，他喜欢和中国知识分子交流，也会低调地在自己的日记里夸耀那些博学的朋友为他写的诗。其中一首应景之作保存在李贽的《焚书》里。

赠利西泰

逍遥下北溟，迤逦向南征。

刹利标名姓，仙山纪水程。

回头十万里，举目九重城。

观国之光未？中天日正明[5]。

李贽仿佛受到了上述信中那个悬而未决的问题的引导（当然，我们并不知道信和诗哪一个先被写出来），因而用一系列非正统方式解释了利玛窦让人费解的表现，而每一种方式都有互文指涉（类同明朝的交友诗）。诗的第一句最值得回味——实际上，这种极为出色的写法让我们很难完全理解之。那个“逍遥”地“下北溟”之物自然是《庄子》的开篇句中那名为鲲的大鱼：“北冥有鱼，其名为鲲……化而为鸟，其名为鹏……是鸟也，海运则将徙于南冥。”[6]此中深意首先在于，利玛窦同这只大鱼/鸟的行程相似，都必然要从世界的一端行至另一端；如庄子所言，路程有九万里——这种对比使得穿越百万里路途的利玛窦成为奇人。律诗的第二句提醒我们，利玛窦的路途遥远、曲折、艰难、迤逦（因而首联里的“逍遥”一词似乎不太合适，稍后会讨论这个问题），就像边塞民谣里描述的行军战士一样[7]。

“刹利标名姓”——“刹利”这个汉语词对应着印度种姓制度中的“武士”，也让李贽得以接触对外关系中的一些正面故事。真腊国、狮子国、浡泥国和一些与中国南境相距甚远的佛教国家皇室皆承袭“刹利”之族名。真腊国王从唐代开始就向中国皇帝朝贡，明朝在换代之始就恢复了与真腊的外交，依例向真腊朝廷派遣中国使臣[8]。毫无疑问，利玛窦的意大利名字对于李贽而言没有任何意义，但是，他选用中文“利”姓，一语双关地表明这位“刹利”愿意参与中国的文化发展，这样一来，利玛窦便可在诗—历史的典故语言中为自己取得话语权。

南亚的刹利尽管身处遥远的异域，却从属

于明朝的政治现实。仍然在寻找恰当类比的李贽更进一步，将利玛窦描述为一位亲眼目睹了那片长生不老的仙境并可以绘出一幅到达那里的航海图的人。对于多数旅行者而言，诸如仙山或蓬莱这样的长生之境应隐遁在海外（有时会与日本混为一谈）。利玛窦的最知名成果之一就是他的世界地图——包括了几个新的大陆和一些名称古怪的地方。我们可以想见他对世界的崭新描绘对宾客所产生的影响[9]。所以我们可以开始讨论地图绘制学的相关内容[10]。

所以在第六句诗中，行者抵达了目的地：九重城。“观国之光未？”李贽问，将他关于这位陌生人的困惑和《易经》联系起来。“观”卦爻辞如下：“六四，观国之光，利用宾于王。”王弼的解释后被孔颖达阐发，可释为：“居在亲近而得其位，明习国之礼仪，故曰利用宾于王庭也”[11]。众所周知，如此引证甚合利玛窦的进京目的，这事实上也是他自1583年抵华之后的计划——觐见天子。他是李之藻、徐光启等高官的贵客，自然要“行此间之仪礼”（同样引自李贽写给友人的信件）。如《易经》及其后代注疏所言，简而言之，一个国家的“气象”是那些可见诸风俗礼节的彰显美德的行为。李贽在诗末如是说，无论利玛窦是否成功觐见，明王朝的气象都环绕在他身边；太阳是君主的权力和独一性的传统标志，明王朝的气象也如旭日般照耀着每一个人。而太阳的行为的对应动词恰好是“明”：李贽如此选词，可能也是在暗中回应利玛窦把故国命名为“大西”这一颇具冒犯性的做法——“大西”和“大明”过于接近，似乎是利玛窦为对抗大明而有意为之[12]。

李贽在诗中反复追问：谁是利玛窦？或者，利玛窦是什么？答案不一而足。或许他是一个极其适合在《庄子》或某个志怪故事里出现的人物形象；可能是一个勤勉但又心有所系的远行者；也可能是某个异乡的贵族，有一个大概的梵文名字，他来自蛇象之地，呈上当地的物产作为礼物；又或者是神秘的航海家之一——见过仙境，掌握了长生不老的秘诀[13]。随后，诗风一转，将利玛窦置于背景环境之中，并展现此时此刻在他远行中的意义，诗歌到此戛然而止。李贽以此将利玛窦的征途描述成面向京城的朝圣之旅，诗意的汉语里有大量富有表现力的元素与之对应。尽管有爱国意味，但诗的结尾还是有些平淡直接，无法很好地呼应前四句里更为丰富的修辞。

这首诗真正的逻辑问题出在首句中的“逍遥”这个突出的字眼上。它并不一定在严格意义上指涉鹏鸟及其从北溟到天池的千里迁徙。虽然《庄子》中《逍遥游》这一章提及鲲和鹏的传说，但来自篇外寓言的“逍遥”一词仅出现在最后一句话里：我们很容易忽视这一点，因为各种版本的《庄子》都以解释第一章的标题开篇，以此集中体现这本书的主旨思想。“逍遥游”最广为接受的英译是“Free and Easy Wandering”（轻松自在的漫游）[14]。自然，这仅仅约略接近了郭象在为这一章命名——沿用至今——时对它的理解。按照他的说法：“夫大鹏之上九万，尺鷃之起榆枋，小大虽差，各任其性，苟当其分，逍遥一也。”[15] 这是庄子和郭象的逍遥之见，而通过超凡的语言去领略“逍遥”也是阅读《庄子》的初衷之一。但是，这个词与我们自以为熟知的利玛窦发生关联时就显得非常奇怪。他的来华之旅并不安逸，但我们知道，尽管一路困难重重，他还是凭自己对目标的笃定打动了听众。尽管李贽说他“中极玲珑，外极朴实”，但这还不是“逍遥”。人们在狭隘的层面上运用这一词语的相对意义，认为“逍遥”意味着最高价值，并在实现方法上拒绝常规的语言和道德游戏——上述立场似乎是利玛窦在后期更复杂的《畸人十篇》中所反对的观点，他决不会采纳之，更不会视之为充满希望的开端、可以通往基督教的真理。因此，我们很难将“逍遥”和利玛窦的传教士形象联系在一起。我们可以常常在翻译中插入“如鲲如鹏”的隐喻，进而使之成为一个明喻、一个单纯的装饰，但即使是运用明喻也要考虑运用得是否合适。

上述谜题可通过阅读大量中国人对利玛窦的评述材料而解开。“逍遥”描述的并非利玛窦本人，而是中国评述者对他的认识。该词表达的是他为人们带来的影响，也是受众可以将他描述出来的唯一方式。“逍遥”的词语表述逻辑可通过这样一条链条展开：利玛窦如同鹏鸟，来自难以想象的远方，他使我们感觉自己就像从未飞出身旁树篱的燕雀一般；他带来了那个我们闻所未闻、见所未见的奇幻世界的讯息，以及历代藏书中不曾出现的传说和历史；他颠覆了我们传统价值的评判标准。他既是庄子笔下的异兽，又是一位那时的庄子。他打破常规，启迪世人。

这就是利玛窦何以超越自己的意志和使命，成了一个道士[16]。

三

可以说，利玛窦超越于意志，又不失学者风范。《畸人十篇》（1607—1608）是他流传最广的作品之一，这个标题即意味着他接受了自己道士的身份或面具[17]。他在用意大利语写的日记中称之为“悖论之书”，德礼贤（Pasquale d’Elia）将其更直接地译为“怪人十章”（“Ten Chapters of a Strange Man”），并指出“畸人”一词出自《庄子》：畸人者，畸于人而侔于天[18]。姑且可称之为“奇”。

这个谦逊的标题也是一种精明的宣传。李贽为了满足佚名友人的好奇而写的关于利玛窦的信、诗歌，以及他人笔下的众多记述均表明，利玛窦在中国有了一定名气，是人人希望相见的奇人。那些刊印成册的对话集让中国读者有机会间接地与他“对话”。这个对话的叙述者和主要发言人仅将自己称为“余”，但是，书的第一页却这样标注：利玛窦述。叙述者并没有自称“奇人”，更不以“侔于天”者自居，但这些对话显然围绕着“奇人”利玛窦而展开：每一章都以某中国学者的提问或评论开头，其后是第一人称叙述者的回答——这明显是宣传之辞。利玛窦用被动语态说，这本书“被称为悖论之作”。

> 文中出现的诸多观点对基督徒而言都再正常不过，但对中国人而言却充满着闻所未闻的悖论。例如：人寿既过误犹为有；常念死候利行为祥；人于今世惟侨寓耳；善恶之报在身之后；君子希言而欲无言；自省自责无为为尤；等等类似话题[19]。

于是，语境为这本书带来了“怪”或“奇”。尽管这本书的每章开头和每一页边都有“畸人”二字，但这个词从未出现在正文之中。就好像“我”接受友人冠以自己的“畸人”称号仅仅是出于无奈。利玛窦的读者及拥趸所写的大量序言进一步强调之——每一篇序言中，“奇”和“怪”都是核心主题。

但是“畸人”的含义并不像德礼贤等人说的那样模糊——它不仅仅是在称赞这个远方来客的非凡出身及其惊人的精神影响力。利玛窦也知道，“畸人”描述的是一个怪人的风范，亦即，和寻常观点针锋相对。而中国历史上也有过这样一位致力于为遵从内心者、离群索居者以及“怪胎”（oddball，这是梅维恒［Victor

Mair］对“畸人”的译法）争得一席之地的人，他恰恰又是庄子[20]。“畸人”在《庄子》里出现并获得经典含义，而利玛窦对话集的标题亦包括该词，可见其主题与《庄子》的密切关系，因此个中含义只能被这样理解：

子桑户、孟子反、子琴张三人相与友……而子桑户死，未葬。孔子闻之，使子贡往侍事焉。或编曲，或鼓琴，相和而歌曰：“嗟来桑户乎！嗟来桑户乎！而已反其真，而我犹为人猗！”子贡趋而进曰：“敢问临尸而歌，礼乎？”二人相视而笑……

子贡反，以告孔子曰：“彼何人者邪？……何人者邪？”孔子曰：“彼游方之外者也，而丘，游方之内者也……彼以生为附赘县疣，以死为决疣溃痈，夫若然者，又恶知死生先后之所在！”[21]

这里和《庄子》中的许多地方一样，表现出对死亡的淡然，以及因此对构成日常生活的乐与苦、善与恶种种对立的漠视，这都是超越的标志[22]。那两个在世朋友的行为在子贡看来不可思议，但毋庸置疑的是，很多寻常中国人在接受利玛窦思想中诸如“常念死候利行为祥，人于今世惟侨寓耳”等教义后会感到其中反作用力式的魅力。然而，当子贡把自己的愤慨告诉老师时，孔子只是后悔让学生白跑了一趟——孟子反和子琴张这类人根本不需要慰唁。原因在于，他们“游方之外”，诸如生死这种传统意义上的对立以及由此而来的陈规习俗——恋生唁死——对于他们而言毫无意义。就像这个故事后来说的，他们是“逍遥乎无为之业”。子贡认为他们无视礼仪、轻率冷漠，孔子反而将其解释成他们生活在另一套特有的价值观中，因此那些对于“方内”有价值的之于“方外”则意义全无。

子贡的价值观念被这样的解释重塑之后，他说：“敢问畸人？”（“畸”在词源学上指“奇数”的“奇”，是土地或物品被分完之后的余数）孔子回答，“畸人者，畸于人而侔于天”。“畸”和“侔”相对，从天或自然的角度而言，“畸”本不畸。畸人并不只是怪人，也有些圣愚（holy fool）的意味。因此，通过这种语境重构，我们便可以更全面地看到利玛窦将其对话集命名为《畸人十篇》的用意何在，“畸人”一词告诉利玛窦的读者要准备重温《庄子》里的逸事，完成一个从震惊和怀疑转向一种全新“方外”认识的动态过程。

四百年荏苒之后，再去观察这种反讽并不容易；更何况我们的分析建立在那时仅仅初相遇的两种文化间的相互理解之上，自然难上加难。但是我们仍需一试。虽然“畸人”一词对确定利玛窦的影响很重要，但它的含义却不能照字面意思理解，它不过体现出：李贽在诗中提及利玛窦时用到“逍遥”，意味着他相信后者是一个超然的道士或“真人”。利玛窦早就决定把呼应《庄子》当作自己的战略——它将帮助他在中国文学界立足。对于中国读者而言，这是在将陌生的事物通过熟悉的符号表现出来。但这个词显然无法在庄子的古怪和利玛窦的学说这二者间就指归而言建立起实质性的、连续的相似性（想必利玛窦通过阅读也会知道这一点）。这个标题的反讽意味不仅在于它居于题目位置（它承诺了根本无法实现的东西），也在于它本身是一引用：尽管利玛窦肯定希望人们说他“畸于人而侔于天”，但他不会想要人们像《庄子》中的孔子那样去理解这句话，主要原因是两种文化语境中的“天”之意义截然不同。利玛窦以“畸人”这个战略性的关键词自居，就将自己置于对中国传统，尤其是对其中道家传统的修正主义立场上。但是总体而言，利玛窦对道家传统的运用少而又少[23]。而至少有这样一点，利玛窦意识到自己在中国的知识景观中必须与庄子这样的道家学者并立。他和他们一样新奇，不仅在主流之外，更在很多方面与之背道而驰。而且，也许唯有道士的样貌才能让他本人、他的学说的奇特性说得过去，才能给他一个向中国公众宣讲的身份。中国历史上特别是晚明时期，常出现一些奇异非凡的超自然想象和对传统价值观及公共生活的有意反叛，从而响应了当时真正的需求。（如晚明时期的文学传奇，从《牡丹亭》这一横空出世的成功之作即可见得；以及李贽的作品；大量女性作家的涌现，以及她们获得来自知名男性作家的支持。）我们总能看到利玛窦穿着中国长袍，引用《诗经》和《尚书》，将佛教和道教当作不伦不类的迷信，从而置之不理，他和德高望重的徐光启并立在圣坛旁边——换言之，就像"礼仪之争"中的双方均给我们留下了儒耶混合体的深刻印象一样。但是，利玛窦只能出现在中国既有的天主教会环境中，面对的是那些做好准备并且渴望设法同时信奉孔子和耶稣的人。为了吸引那些还未皈依的人，利玛窦不得不采取更多诱人的伪装，哪怕这并没有超出他著作的题目所及。他也许是偶然成了一位道士，但绝不彻底。

四

尽管如此，明朝人还是喜欢将这个蓄须的意大利人看作一个道士。他在书里也常将自己称为利玛窦"山人"——连万历皇帝都认为这个名号已经被那些略通文墨的假隐士用滥了[24]。在利玛窦有生之年出现的数版《畸人十篇》的序言，都不出所料地在"畸人"这个名称上大做文章（将它用作对利玛窦其人的溢美之词）。

其中，周炳谟写的序篇幅最长，提到了利玛窦何以成为"畸人"的问题，他给出的回答是"其大者在不怖死"[25]，原因是利玛窦"信以天也……天所佑者善也"[26]。因为有这样的信念，周炳谟说他，"去来之际，自无弗洒然也"（另一处庄子遗风）。佛教徒和道教徒诉求相似，却采取非常夸张甚至不可思议的方式。周炳谟认为西方的教义"其指玄，其功实"。（可能带来的结果就是超脱死亡之感。）利玛窦的学说和中国圣人同中有异。中国圣人和儒生最初的理想是完善尘世，周炳谟结合《易经》说道，"以故御天之圣首出庶物，而立命之◎。亦无贰于夭寿之数"[27]。换言之，早期圣人的目标仅限于理性地为人类谋求最大福祉，在实现目标的过程中，他们不能对早逝视而不见。诚然，这些圣人处在"方内"，但他们的"道"为"彼百姓特日用不知耳"[28]。彼时的西方学校正在致力于通过教育改变世人、开蒙愚众——"是以其教之行，能使家喻户晓，人人修事天之节"。中国人自童蒙始即开始背诵经典，迟暮之年依然倒背如流，却完全不知怎么将之付诸实践。因此在这种条件下，《畸人十篇》有助于重建当时已经衰落的风俗习惯（"此刻之裨世道非小也"）。

周炳谟的序言通过《庄子》，大致回应了一些关于那些异于常人的"怪人"主题，并将之和一系列对晚明文化的不满情绪联系起来。身居"方外"的奇人不惧死亡，并承诺帮助大家从对死亡的焦虑中解脱出来，这和"吾圣学"并不矛盾，而是对它的超越和补充。有观点认为，中国圣人只为现世的生活努力，而将对来世的思考深埋心底；利玛窦则打破了这种限制，同时也将过去仅为少数人掌握的知识拓展至大众群体。利玛窦以对手的姿态呈现自己——此中含义多样而模糊。我们可以在周炳谟处发现的混杂志向也是晚明时期各种异端趋势的特点，其中包括草根大众，注重实际、以将世人转变成圣人为己任的儒家泰州学派，焦竑的儒释道融合，李贽的“心学”的思想著作，甚至那些原本主张保守改良但几年之后又组建了东林党的士大夫，等等例子，都反映出“畸人”这一形象。

《畸人十篇》的序言是孜孜编纂《利玛窦全集》（*Fonti Ricciane*）的德礼贤的研究对象。德礼贤的论文支持了上文提出的观点——需要忘记那个我们已经了解或认为已经了解的利玛窦：过度的基督教倾向为《利玛窦全集》汉语文本的翻译带来了负面效果。周炳谟在谈到“善报”或无惧死亡之人的自由态度时，他所用的语言和利玛窦来华之前的中国卫道者的语言没有太大的区别；这些词出现在《道德经》或《庄子》的评注里也并不会显得突兀。德礼贤执意认为，周炳谟接受死后有天堂，也承认人格化的、智慧的上帝和一套严格的关于罪恶及善行的衡量标准的存在。因此德礼贤在处理词句时产生了误解，得出了断章取义的结论，也忽略了周炳谟对《庄子》、《道德经》、《易经》和其他文本的明显引用[29]。当然，这些引用使得周炳谟对利玛窦的解释和德礼贤的理解截然不同——我们可以略微夸张地将周炳谟的解读语境称作晚明时期的反文化背景。德礼贤是极其优秀的汉学家，他不会在语法、词汇和语境上犯错，除非被一些特殊的东西挡住了视线。这种障碍在于驻华天主教会积习已久的短浅目光——他们将中国文人的生活简化为科举纲目所要求的程朱理学，认为释道思想只是应该反对的迷信，不再是可以一起流连于文学的友朋；对那些以“畸人”“方外”为题的书，亦不再青眼有加。

五

将利玛窦定义为一位某种程度上的异端道士，无论是他的信众还是反对者都会深以为然。谢和耐（Jacques Gernet）指出，明末宣称对基督教的镇压措施和用于对付“白莲教”和“无为教”的方式相差无几，这样一来，利玛窦宣称的教义就非常容易和官方立场相混淆[30]。和中国其他的小众宗教一样，天主教很少以文本启示为基础，反而主要建立在具有神授魅力的领袖的言行之上；天主教集合人群或召开秘密会议，把社会各阶层的男男女女混合在一起；向教徒许诺现世和来生的好处，据说也会向人们保证殉道之后可获永生（这是一个会削弱地方长官权力因而具有威胁性的信条）。天主教和很多秘密宗教团体一样，僭称自己享有君权（而祭祀通常只是君主的权利）。因而，《明史》将利玛窦刻画成一位十足的边缘人物，并以将他和近来农民起义的领袖对比来做结，这种处理方式不足为怪，也不见得是在表示对基督教的敌意：

至万历九年，利玛窦始泛海九万里，抵广州之香山澳，其教遂沾染中土。至二十九年入京师，中官马堂以其方物进献，自称大西洋人。礼部言：“《会典》止有西洋琐里国无大西洋，其真伪不可知。又寄居二十年方行进贡，则与远方慕义特来献琛者不同。且其所贡《天主》及《天主母图》，既属不经，而所携又有神仙骨诸物。夫既称神仙，自能飞升，安得有骨？则唐韩愈所谓凶秽之余，不宜入宫禁者也。况此等方物，未经臣部译验，径行进献，则内臣混进之非，与臣等溺职之罪，俱有不容辞者。及奉旨送部，乃不赴部审译，而私寓僧舍，臣等不知其何意。但诸番朝贡，例有回赐，其使臣必有宴赏，乞给赐冠带还国，勿令潜居两京，与中人交往，别生事端。”

…………

自玛窦入中国后，其徒来益众。有王丰肃者，居南京，专以天主教惑众，士大夫暨里巷小民，间为所诱。礼部郎中徐如珂恶之……与侍郎沈㴶、给事中晏文辉等合疏斥其邪说惑众，且疑其为佛郎机假托，乞急行驱逐……今公然夜聚晓散，一如白莲、无为诸教。

…………

其国人东来者，大都聪明特达之士，意专行教，不求禄利。其所著书多华人所未道，故一时好异者咸尚之[31]。

诚然，《明史》写于17世纪末，将耶稣会士归为明亡清兴前夕的衰落大潮中一朵小小的浪花。他们的出现反衬着官方权威的衰落、民心的失落，而对弥赛亚的信仰也意味着对权力中心的对抗。这幅图景轻描淡写地将利玛窦的读者描述为“好异者”。

六

如果我们在福音书和使徒书信里精选些词句串联起来，则会发现它们与《道德经》风格相近：“温柔的人有福了，因为他们必承受土地”；“要爱你们的仇敌，为那逼迫你们的祷告”；“这样，那在后的将要在前，在前的将要在后了”；“神却拣选了世上愚拙的，叫有智慧的羞愧……以及那无有的，为要废掉那有的”；等等[32]。当然，这样的平行比较说明不了任何问题，一种宗教之所以能够产生影响是因为它把握住了形势，因而或许这才是真正应该拿来比较的方面：在中国历史的起起伏伏中，道教体系下的典籍在何种形势下吸引力最大；欧洲古典时代晚期的人们身处何种形势，使得社会结构在形形色色的箴言、寓言和神话故事的背景下出现，从而使它们以全面压倒性的优势终结并代替了过去一千年间的史诗、哲学、法律文献、科学和官方政体[33]。凭借在一定程度上将自己塑造为道士，或者说来自道家典籍的形象，利玛窦以一种意料之外的方式回归至基督教之根：因为基督教一度也是一种反文化。

利玛窦到中国来用意何在？这是一个我们认为自己可以回答的问题。但更值得思考的问题是：在华那些年，各种际遇和那些他得以在其中找到自己的取舍活动是如何对他的初衷产生影响的？在那个为了实现而必然将自己转为异域形式的甚至与本意截然相反的目标身上，究竟发生了什么？如果他坚守初衷，那么那个利玛窦将不会是这个让我们着迷的利玛窦——他不乏适应智慧，以及言辞方面的两全技巧。总之，“西国去中州十万里……通之自利子始”[34]。如果这种双向的交往令人费解，这也不是利玛窦的错；应该说，他的故事向我们展示，原来有那么多种方式可以去传递一个至少起初看起来单一的讯息。

（彭旭 译）

注释

[1]　利玛窦与欧洲二者关系的原始材料可参考汾屠立（Tacchi Venturi）编写的《利玛窦神父著作集》（*Opere storiche del P. Matteo Ricci, S.J.*）、德礼贤（Pasquale d’Elia）编写的《利玛窦全集》（*Fonti Ricciane*）。关于探索利玛窦精神世界的文章，见史景迁（Jonathan D. Spence）《利玛窦的记忆宫殿》（*The Memory Palace of Matteo Ricci*）。利玛窦最著名的中文作品被毕墨惜（Billings）译为《交友论》（*On Friendship: One Hundred Maxims for a Chinese Prince*）。近来，夏伯嘉（Hsia）的《利玛窦：紫禁城里的耶稣会士（1552—1610）》（*A Jesuit in the Forbidden City: Matteo Ricci,*

1552-1610）一书从神学和历史学的角度对他的双文化的事业做了一番深度研究。

[2] 重视变体的利玛窦研究例见 Jensen, *Manufacturing Confucianism*, esp. pp. 106-127, and Saussy, "In the Workshop of Equivalences."

[3] 这些是谢和耐的《中国与基督教：中西文化的首次撞击》（*Chine et christianisme: Action et réaction*）这本书中的主要问题。关于利玛窦以吸纳不同文化作为中国天主教会的必由之路所产生的一系列后果，见 Minamiki, *The Chinese Rites Controversy,* and Mungello, ed., *The Chinese Rites Controversy: Its History and Meaning*。

[4] 李贽：《与友人书》，收入《续焚书》，35 页。

[5] 李贽：《焚书》，247 页。

[6] 《庄子》第一篇（《逍遥游》），郭庆藩：《庄子集释》，2 页。

[7] 例见梁简文帝：《从军行》，引自诸桥辙次《大汉和辞典》，s.v. 迤逦。

[8] 《旧唐书·南蛮传》，收入"二十五史"，5:634。关于明朝与真腊的关系，见严从简：《殊域周咨录》，270～278 页。

[9] 关于利玛窦的世界地图，见德礼贤，*Il Mappamondo cinese del P. Matteo Ricci*，及"Recent Discoveries and New Studies (1938-1960) on the World Map in Chinese of Father Matteo Ricci S.J"，以及黄时鉴《利玛窦世界地图研究》。后来传教士对西方地理学知识做了类似的使用，见 Luk, "A Study of Giulio Aleni's 'Chih-fang wai-chi'" 及 Walravens, "Father Verbiest's Chinese World Map (1674)"。

[10] 李之藻在其所编的中国天主教丛书《天学初函》中，谈到了利玛窦的世界地图对来访者所产生的影响：万历辛丑，利氏来宾，余从寮友数辈访之。其壁间悬有大地全图，尽线分度甚悉。利氏曰："此吾西来路程也。其山川形胜土俗之详，别有巨册，已藉手进大内矣。"因为余说："地以小圆处天大圆中……"见李之藻：《刻职方外纪序》，收入《天学初函》，3: 1a。

[11] 《易经》，"观"，收入阮元编撰：《十三经注疏》，1:72。

[12] 这是沈㴶在 1616 年所作的追悼之辞。见 Brook, "The Early Jesuits and the Late-Ming Border"。

[13] 晚明时期人们相信神仙会被贬凡间：那些早逝的天赋异禀的年轻女子，被看作被驱逐到人类世界待上几年的仙女。参见 Widmer, "Xiaoqing's Literary Legacy and the Place of the Woman Writer"；及 Zeitlin, "Spirit Writing and Performance in the Work of You Tong (1618-1704)"。

[14] *The Complete Works of Chuang Tzu*, trans. Watson, p. 29.

[15] 郭庆藩：《庄子集释》，1 页。"逍遥"在《庄子》中的本义是毋庸置疑的，实际上文本中该词的频繁使用已使其意义得到了解释（例如，逍遥乎无为之业，同上书，268 页）。关于同时代的李贽与利玛窦对"逍遥"的解释，例见陆西星：《南华真经副墨》，1/1a, 在这里"内篇"的寓意被释为："夫人必大其心而后可以入道，故内篇首之以逍遥游。"关于晚明时期对这一个词及相关章节的通俗解释，见焦竑：《庄子翼》1/12a-14a。毕升将"逍"解释为"消"（消散），将"遥"解释为"摇"（摇摆），这似乎让该词的意思更为新颖和强烈，但他想说的其实是"得道"之人能够经"逍遥"而不被"消摇"。

[16] 我在这里把"道教"当作一个唯名论上的问题来看待——当作一组在既定的理智状态下，而并非严密的意识形态或如教会那般的概念、从属关系、合理解释和批评态度。其他一些这样的学派或运动，它们解释自己偏爱的文本，影响规章制度（寺庙，修道院，独立的艺术大师，礼拜仪式，顾问，等等），吸引一群或多或少有志于此的拥护者，并对其他团体产生一定程度的影响。一个人认出"道教"，就像他在文学作品中辨认出一种体裁或风格；而就像体裁和风格一样，"道教"也会被伪造、模仿和混淆。

[17] 《畸人十篇》，收入李之藻：《天学初函》，1: 93-282。关于它的出版和成功，见德礼贤，*Fonti Ricciane*, Vol. 2, pp. 301-306。李之藻的版本选择了后来重印的其中一章作为基础。我还没能比较不同的版本，也不能确定 1608 年的初版有没有留下任何复本。关于带标点符号的现代排版的版本，见朱维铮主编：《利玛窦中文著译集》，503～598 页。

[18] d'Elia, *Fonti Ricciane*, Vol. 2, p. 302.

[19]　Ibid., pp. 301-302.

[20]　*Wandering on the Way*, trans, Mair, p. 61.

[21]　《庄子·大宗师》，郭庆藩：《庄子集释》，264～268页。我在译文中采用了一些Watson的英译本中的说法，*The Complete Works of ChuangTzu*, pp. 86-87。

[22]　例见第二篇《齐物论》，第三篇《养生主》，第六篇《大宗师》，及第十八篇《至乐》（这一篇的主人公是庄周自己）。

[23]　关于将阅读《旧约》和中国经典而产生的寓意解释视作对即将来临之事的尚未揭开的预言，见张隆溪，"Jewish and Chinese Literalism," *Mighty Opposites*, pp. 84-116。可能正是《新约》对《旧约》的修正式的解读给利玛窦指引了一条适应——同时并不完全接受——中国哲学思想的道路。

[24]　关于"山人"的含义，见夏伯嘉：《利玛窦：紫禁城里的耶稣会士（1552—1610）》（*A Jesuit in the Forbidden City*），156页；Chow, *Publishing, Culture, and Power in Early Modern China,* pp. 107-109; 及Greenbaum, *Chen Jiru (1558-1639): The Development and Subsequent Uses of Literary Personae,* pp. 172-176。我要感谢Timothy Billings向我提供明代万历皇帝的细节，感谢Tom Kelly关于明朝隐士生活和印刷文化的总论。

[25]　周炳谟：《重刻畸人十篇引》，107页。参见朱维铮主编：《利玛窦中文著译集》，589～590页。关于《畸人十篇》的序言，见d'Elia, "Sunto poetico-ritmico di *I dieci paradossi* di Matteo Ricci S.I."

[26]　这里重复《道德经》，第79章（天道无亲，常与善人），《新编诸子集成》，3: 49。

[27]　周炳谟，序言，108页。关于对《易经》的暗示，"乾"，见阮元编撰：《十三经注疏》，1: 28（时乘六龙以御天），28（首出庶物）。用◎标记的字在标准字典里查不到："竹"字头，"大"字底。朱维铮认为应该是"犬"字底，使之在某些时候等同于现代汉字"笑"（见他的版本，590页）。但是，这种解读似乎与文章不符。

[28]　周炳谟，序言，109页。进一步提及《易经》："百姓日用而不知，故君子之道鲜矣。"阮元：《十三经注疏》，1: 160。

[29]　特别见d'Elia, "Sunto poetico-ritmico," p. 115, notes 1, 3, 4; p. 116, par. 4 and notes 7 and 8; p. 118, par. 1。

[30]　Gernet, *Chine et christianisme*, pp. 153-170; 参见Brook, "The Early Jesuits and the Late-Ming Border." 关于利玛窦对"白莲教"的看法，见d'Elia, *Fonti Ricciane*, Vol. 2, p. 458。

[31]　《明史·外国传》，收入"二十五史"，10: 929-930。关于利玛窦对这次展示的说明，见d'Elia, *Fonti Ricciane*, Vol. 2, pp. 107-151, esp. p. 147, note 3, 包括德礼贤对一个相关纪念品的翻译。

[32]　《马太福音》5:5，5:44，20:16;《哥林多前书》1:27-28。也许这种隐约的相似性解释了为什么《道德经》在以往基督教国家如此受欢迎；它是中国典籍中最常被译介的一本，显然绝不仅仅因为它是篇幅最短的文本之一。

[33]　关于现存《新约》最初流传于内的材料，对与福音书相关的内容和晚期帝国带有异域风情的民间故事的说明，见James, ed., *The Apocryphal New Testament,* 关于那段时期的社会和知识史，见Brown, *The Making of Late Antiquity*。

[34]　王家植：《题畸人十篇小引》，收入李之藻编：《天学初函》，1: 3a。

利玛窦与瞿太素的友谊：耶稣会中国传教命运之关键*

刘　豫**

刘豫/美国纽约州尼亚加拉县社区学院

一

在《利玛窦中国札记》(此书于利玛窦1610年在北京去世前不久完成，后由金尼阁［Nicolas Trigault］整理编辑，于1615年在欧洲出版）中，一位中国皈依者受到了格外的关注。他不仅因“对耶稣会和基督教会的诸多贡献”而得到赞扬，还被称颂为“所有神父和基督教在华事业无不受其泽惠”的人物[1]。不过，这个人并不是人们可能想到的徐光启（1562—1633）或李之藻（1565—1630)，尽管他们身列早期中国基督教会三柱石，并与晚年生活在北京的利玛窦成为至交，从而声名远扬。这个被利玛窦在札记中单独指出并给予殊荣的皈依者就是瞿太素（1549—1612)。

在利玛窦入华28年间缓慢发展的早期中国基督徒中，就名声或影响而言，瞿太素都无法与徐光启、李之藻相提并论。如我后面要详谈的，他甚至不愿意与利玛窦想要吸纳为核心会众的那类中国人走得太近。鉴于利玛窦在评判人物上从未失于轻率或有所不当，瞿太素能够赢得利玛窦的格外敬重确实非同寻常。然而，除了利玛窦认可和欣赏瞿太素的理由外，至关重要的可能是，我们必须意识到瞿太素的真正特殊之处在于，只有他能够帮助我们理解，何以利玛窦及其耶稣会同人所开创的基督教在华早期传教事业会有一个悖论性的结果，即在取得成功的同时又遭受了失败。

据利玛窦在札记中的记载，瞿太素来自苏州地区一个颇有名望的士大夫家庭。其父瞿景淳（1507—1569）状元出身，学识渊博，在朝中地位显赫。作为“家中麟儿”(利玛窦如是称呼瞿太素)，瞿太素本可以踵步父亲，通过三级科举考试，踏上前途无量的仕途[2]。但是，他很早就选择了另一种生活，从而辜负了家庭对他的期望。父亲尚在世时，瞿太素就很叛逆。父亲死后，他更是变本加厉，同不良之徒厮混在一起，沉湎于各种恶习。瞿太素可能从父亲那里继承了一笔相当丰厚的财产，却因迷恋炼金术而挥霍殆尽。迫于生计，瞿太素不得不四处流浪，从父亲的故交或对其父有所求的官僚那里索取财礼来维持生活。那些官僚之所以会以礼相赙，无非是希望瞿太素能够借助其父在官场的影响力替他们说项。

瞿太素辗转漂泊至广东肇庆，在那里偶遇

利玛窦，其时为1589年。肇庆位于珠江三角洲西部，在广州西北方向约70英里处，利玛窦和罗明坚（Michele Ruggieri）于1583年在那里建立了中国内地的第一个传教点。1588年，罗明坚为促成教廷遣使中国朝廷一事返回欧洲。1589年，寓居肇庆的新任两广总督刘继文意欲接收利玛窦的房子和教堂，将其改建为佛寺，利玛窦几无立锥之地。其时，瞿太素仍在四处索贿。然而，就在利玛窦被迫从肇庆搬到广东北部的韶州（今广东韶关）之后不久，瞿太素便随后迁至，以图更深地结交利玛窦。某日，他身着正式的中国士大夫衣服，携带珍贵礼物，前去拜访利玛窦。尽管比神父年长三岁，瞿太素却一丝不苟地遵照烦琐习规请求拜利玛窦为师。次日，他又邀请利玛窦赴其寓所共进晚餐，并赠送更多礼物，以示门生的诚挚和敬意。

十年之后，瞿太素为利玛窦第一部中文著作《交友论》（*On Friendship*）作序，其中忆及两人相识的过程。与利玛窦的说法一致，瞿太素也将肇庆定为两人初次见面之地。他对于第一次见到的利玛窦有这样的说法："目击之顷，已洒然异之矣。"因此，他途经韶州再遇利玛窦时，便即刻决定拜其为师，以学习数学和天文学[3]。不过，根据利玛窦对此事的记载，瞿太素和他在韶州的第二次碰面显然并非偶然。而且，吸引瞿太素的也并非全然是其数学和天文学方面的知识。

对于极不稳定的首个耶稣会传教点来说，中国士大夫的认可和保护至关重要。因此，为了赢得肇庆士大夫的尊重，利玛窦和同事曾四处赠送欧洲钟表、棱镜和人工日晷，有时也会通过诸如著名的世界地图（《山海舆地全图》，于其中，利玛窦故意将中国放在中心位置，而非东北一隅）之类的物件展现欧洲人的学识。再有，利玛窦和他的同伴看起来似乎能够在没有任何收入的情况下自给自足，加上他们的机械知识和聪明才智，一个谣言不胫而走，即他们掌握着炼金或炼银的秘诀。对此，瞿太素显然早有耳闻。由于在韶州并未如愿得到旧识总督的热情接待，瞿太素可能不禁想起自己过去涉足炼金术时的种种失败，同时生出在利玛窦的指导下重拾这一古老技艺的念头。

不管瞿太素和利玛窦对于他们初识的回忆有什么不同，两人的关系迅速升温，从而开始了一段互惠且长久的友谊。当时的耶稣会士作为反宗教改革运动中梵蒂冈教廷虔敬而无畏的先锋，因其热忱律己、誓守清贫、忠贞恭顺、对教皇绝对服从而在欧洲闻名遐迩。其实，他们不仅是受过良好教育并善于通过教育宣传福音的教士，同时也是深受文艺复兴人文主义知识熏陶的学者。在1571年加入耶稣会之前，利玛窦曾负笈罗马学习法律两年。在罗马耶稣会学院见习期间，他致力于哲学和神学研究。除了阅读诸如荷马、西塞罗、维吉尔、贺拉斯和奥维德这样的希腊语和拉丁语作家的著作之外，利玛窦还在著名的克里斯托弗·克拉维乌斯（Christopher Clavius，1538—1612）指导下学习数学、宇宙学和天文学。和现在一样，当时的中国与欧洲截然不同，但在重视教育上却极为相似，这使身处陌生文化中的利玛窦仍然会有宾至如归之感。在肇庆时，他就不时通过展示其科学知识来吸引中国文人对自己的关注。来到韶州后，尽管并不太受中国文人的待见，利玛窦还是决定要继续接近他们。因为，正如他所说，和中国文人在一起，"会使他们（即耶稣会士——译者）觉得自己生活在熟悉的同人中"[4]。瞿太素拜师学艺的请求让利玛窦深感惊喜，但他从未完全明白其中缘由。

既然意在获取有利可图的炼金术秘密，瞿太素最初一定对师从利玛窦感到失望。不过，他很快就意识到，自己从这位耶稣会士身上能学到更有趣和更重要的东西。在两年中，瞿太素先是学习了算数，然后学习了克拉维乌斯的天文学理论，以及由克拉维乌斯编辑的欧几里得几何学著作第一卷。后来，他还学会了绘制日晷、地球、星盘、象限仪、磁盒和其他仪器的设计图，并成为一位能使用多种不同材料熟练制作这些仪器的良工巧匠。敏锐、勤奋和对学习新事物的渴求使瞿太素进步神速，且无论学什么都是如此。而且，他不仅迷上了利玛窦传授的各种欧洲科学知识，同时也对这位耶稣会传教士希望他有所了解的基督教教义饶有兴致。有时，他甚至会请求暂停几天科学讲授，以有时间来消化利玛窦传授给他的那些陌生的西方宗教概念。瞿太素会把自己对基督教信条的不同看法准确和有条理地记下来，追着老师要求解答，或者提出一些会让利玛窦绞尽脑汁的棘手神学问题。由于总是能够接纳新观念，并如对待科学一样对宗教持有理性态度，瞿太素成为利玛窦最为得意的门生。

在瞿太素拜利玛窦为师之前，肇庆的士人们就已经表现出对知识渊博的耶稣会士们的浓厚兴趣。朝廷长期实行的闭关锁国政策使当时的士人们对外部世界知之甚少，因而对于传教士们带来的钟表、棱镜、书籍和其他欧洲物品很是着迷。实际上，正是这些中国文人使利玛窦的世界地图变得广为人知。他们在利玛窦的寓所看到其绘制的世界地图后，纷纷索要副本并请求利玛窦将地图上的地名翻译成中文。出于对新事物的警惕，这些人虽然欣赏利玛窦的学识，但也只是将利玛窦展示的东西视作奇技神物，甚至很容易因其淫巧而对其不屑一顾。其中，肇庆知府王泮可算唯一异类，他与罗明坚的亲密关系至今没有得到充分认识和评价，却在很大程度上预示了利玛窦和瞿太素之间的关系。当瞿太素谋划从利玛窦那里学习炼金术时，其行为贴切地反映了这位耶稣会神父入华最初六年所受中国文人接纳的普遍状态。与此形成鲜明对比，瞿太素在韶州跟随利玛窦学习两年的丰硕成果则标志着中国人与欧洲人在知识层面上展开互动的开始。例如，瞿太素就欧几里得几何学读本第一册所做的详尽和典雅笔记后来成为利玛窦和徐光启合作完成的《几何学》汉译本之底稿，而中国著名学者梁启超（1873—1929）在20世纪初称这一译本“字字精金美玉，为千古不朽之作”[5]。

的确，瞿太素在韶州师从利玛窦的两年经历开启了中国与欧洲之间丰富多样和卓有成效的知识交流；同样，利玛窦在那两年间授业瞿太素的经历也对耶稣会在华传教事业产生了深远影响。利玛窦从未将瞿太素当作必须以礼相贿者，因而也并不期望从他身上获得回报。不过，利玛窦对于两人后来交往情况的谈论方式却给人留下了这样一种印象，即：瞿太素觉得自己从他那里获益良多，应设法回报。事实上，瞿太素在跟随利玛窦学习之后，便开始四处宣讲利玛窦渊博的欧洲学识。早在韶州之时，瞿太素就已经帮助利玛窦结交地方官员，而这些官员则有效地减轻了当地百姓的敌意，使利玛窦的基督教传教事业得以展开。此后，瞿太素又在南昌、南京等地的众多朋友中传颂利玛窦的美名，那不仅是指其在数学和天文学方面的神奇知识，也包括其惊人的记忆力、高尚品行和个人魅力，乃至其持有的与儒家学说毫不冲突的宗教信条。在利玛窦于1598年在南京建立传教点后，瞿太素穿针引线，安排他与当地士人公开论道，其中包括与著名佛学家的交锋，而利玛窦审慎的态度使其在修辞上更胜一筹。不仅如此，甚至早在利玛窦于1601年1月抵达京城之前，瞿太素就已经在为利玛窦谋划如何应对朝堂之士了。

由于瞿太素的努力，利玛窦于1595年获得过一次进京的机会。其时，朝廷的一位高官为利玛窦的才学所吸引，曾提出要带利玛窦前往北京。在利玛窦进京不成又未能立足南京之后，又是瞿太素促成了利玛窦和章本清（1527—1608）的结交以及其江西之行。章本清时任白鹿书院堂长，又是王阳明心学江右派的重要成员。经章本清努力，江西巡抚陆万垓会见了早有耳闻的利玛窦，并欣然应允他留居江西首府。在南昌期间，利玛窦广结名士，其中包括因邀请他谈论西方友谊观而名动一时的建安王。后来，当利玛窦忆及《交友论》的成书背景时，其将自己与建安王的相见描绘为一次偶遇。其实，这位皇亲国戚与瞿太素本是儿女亲家。不过，利玛窦还是没有久留南昌。就像在16世纪90年代初力劝利玛窦从天时地利人和三者皆不得的韶州迁至中国内陆那样，瞿太素又在16世纪90年代末说服利玛窦离开南昌前往南京建立新的传教点[6]。

如前所述，根据利玛窦的描述，他与瞿太素之间的交往并无特殊之处，有时甚至与那些为了仕途而巴结瞿太素者相差无几。事实上，瞿太素之于利玛窦的重要性远不止于此。利玛窦曾在札记中提及，他在16世纪90年代初是如何放弃为了便于传教而采用的佛教僧侣服饰和称谓的，以及他和同事如何在1594年于韶州开始蓄须留发和穿戴儒服儒冠。利玛窦称，传教士们改容易服在很大程度上是为了取悦那些受过良好教育的中国友人。在他们之中不乏朝廷官员，且大多早已对传教士有不错的印象，只是因为传教士看似佛教僧侣，而未能与之建立起平等和融洽的关系。利玛窦并没有明示到底是谁促成他改易儒服，但李之藻和艾儒略（Jules Aleni，1582—1649）都认为此人就是瞿太素[7]。以一位儒者的面目示人，以捍卫儒家正统的名义抵御佛教和道教的异端邪说和不良影响，利玛窦后来才得以巧妙地利用其基督教学说去动摇自己结交的那些中国士大夫的儒学信念。无疑，对于利玛窦来说，他和瞿太素在韶州建立起的友谊是其传教活动中一个至关重要的转折点，值得永久纪念。但是，对于基督教在华传教事业而言，瞿太素的特殊意义却远远超出了利玛窦所能意识和理解的范围。

二

在其入华传教编年札记中，利玛窦讲述了自己同瞿太素的相识相交。在他看来，瞿太素与其父瞿景淳有天壤之别。瞿景淳是一位德高望重的学者和朝廷高官，瞿太素则是一个败家子。其实，瞿太素的家史很复杂，而这在他本人身上和在他同利玛窦的关系上都有所体现。父亲瞿景淳是常熟本地人，为学为官都很有名气。因其突出的社会地位，他的名字见于包括《明史》在内的诸多史传。不过，与利玛窦将二人说成父子不同，所有提及瞿景淳的史传皆称其有两个或三个儿子，但瞿太素均不在其列。

在上述文字中可以找到有关瞿景淳三个儿子的大量信息，他们分别是汝稷（1548—1610）、汝益（1555？—？）和汝说（1565—1623），但关于瞿太素却未见只言片语。在瞿家人中，唯有瞿汝说的儿子瞿式耜（1590—1651）在其父死后明确写道，祖父曾有子四人。瞿式耜是天主教徒，其可能皈依于1623年，即瞿太素之子瞿式榖（1591—？）邀请艾儒略到父亲家乡常熟传教的那一年。在瞿式耜撰写的家族史中，并未解释谁是祖父的第四个儿子，但是从瞿太素的本名汝夔来看，他显然是瞿景淳的四个儿子之一。换言之，汝夔二字中的“汝”字证明，瞿太素与汝稷、汝益和汝说为兄弟关系。

据利玛窦记载，瞿太素自幼聪慧，但很早就决定放弃科举考试博取功名这条道路。他对家族意愿的忤逆或许可以解释他何以被父亲在传记中刻意忽视，但实际情况同样更为复杂。为了弄清楚瞿景淳的其他三个儿子为何处心积虑要将瞿太素从家史中除名，中国学者沈定平提出了一种可能性，即：瞿太素与瞿家在 1569 年瞿景淳死后发生的一次家变有牵连[8]。沈定平推测，从叶向高（1559—1627）为瞿汝稷撰写的墓志铭来看，瞿家长期操控地方舆论，纵容仆人恶行，招致乡里不满，瞿景淳死后，失去官方庇护的瞿家遂受到常熟地区其他权势家庭的残酷迫害。

沈定平认为，迫害瞿家的人很可能以明朝另一位高官徐栻（1519—1581）为首，他们利用瞿太素与兄弟争夺遗产的司法纠纷，协助他获取钱财并挥霍于炼金术，而使瞿家陷入贫困。中国台湾学者黄一农在最近的研究中肯定了沈定平的观点，即：瞿太素同家族不和并参与了徐栻主导的迫害瞿家活动，但在相关细节上则持有异议[9]。黄一农明确指出，依据钱谦益（1582—1664）撰写的瞿汝稷传记（沈定平仅引用了其部分内容），瞿家灾变始于瞿太素同瞿汝稷之妻（亦即徐栻之女）之间的不正当关系（“通问之奸”）。

瞿汝稷和瞿太素（汝夔）分别是瞿景淳的长子和次子，但并非一母所出。瞿汝稷为嫡出，其母为瞿景淳正妻李氏（1509—1573）。当时，瞿景淳在年满四十之际仍未得子，而按明朝律法，如果此时发妻未能生子，夫便可纳妾。迫于家族和习俗的压力，李氏于 1547 年为丈夫选纳了一位 19 岁侍女谭氏为妾，名谭妾（1528？—1559？）。然而，不久之后，李氏就在 1548 年生下了瞿汝稷。接着，谭妾于 1549 年生下瞿太素。谭妾在生下第二个儿子汝益几年后亡故。瞿景淳继而纳了另一年轻女子为妾，称为殷妾（1544—1603）。1565 年，殷妾生下汝说。

1569 年瞿景淳死后，其子按习俗守孝三年。其间，瞿汝稷与妻子未有床笫之欢。据说，瞿太素与其嫂就在那时有了龌龊之事，随后便东窗事发。从钱谦益撰写的瞿汝稷传记来看，瞿汝稷知情后即想休妻，并将其遣回娘家。徐栻则利用自己的权势向汝稷施压，要求他确保女儿在瞿家的正妻地位。他还通过当地的许多达官贵人劝说汝稷改变心意，以维持夫妻关系。这一目的落空后，他甚至试图雇凶除掉汝稷。待二人终于碰面时，徐栻严厉责问汝稷是否后悔当初休妻的决定，汝稷答道，他唯一后悔的是不能对妻子及兄弟瞿太素施以刑罚。

钱谦益是明末清初著名的诗人、历史学家和散文家。他与瞿家同为常熟人，且与瞿汝稷有姻亲关系，当时以敌视基督教而知名，这与另一著名人物叶向高形成了鲜明对比。历经三朝（万历，泰昌，天启）且三度出任首辅（1609—1615，1620，1621—1624）的叶向高为基督教的公开支持者，虽然他从未像孙子叶一凡那样受洗入教，却与利玛窦、艾儒略等传教士私交甚笃。1599 年，叶向高邀请利玛窦到南京以棋会友，一时远近皆知。1610 年，他力请朝廷允准，赐利玛窦葬于北京。1624 年致仕后，他又邀请艾儒略到福建首府福州传教。尽管叶向高同瞿太素本人没有任何联系，但他同瞿家过从甚密，尤与瞿太素的儿子瞿式穀交好，两人曾同为艾儒略的一本中文著作作序。叶向高很有可能也是受瞿汝稷子嗣之托，为其作传记或墓志铭，但不同于钱谦益，叶向高对瞿太素在瞿家家变中扮演的角色有所省略或遮掩，而这与其对基督教的不同于钱谦益的态度和其与瞿太素儿子的交好不无关系。

至于在那件使兄弟交恶的丑闻中，瞿太素和瞿汝稷妻子之间的关系到底是出于爱情还是欲望，以及双方谁先开始，就无从得知了。为了保护女儿和家族名声，徐栻把一切都怪罪到瞿太素头上也无可厚非，而他也确实是这样对瞿汝稷说的。在一封关于此事的信中，瞿汝稷对徐栻的这套说辞极尽嘲讽[10]。不过，他后来的确当面对徐栻说其后悔未能对妻子和兄弟施以刑罚。而且，他费尽心机将瞿太素（汝夔）从父亲的传记中删除，并阻止瞿太素死后与父母一同葬于家族墓地。从这些事例来看，瞿汝稷显然认为弟弟瞿太素并非无辜。

黄一农对瞿太素家史的钩沉，及对兄弟间不和原因的考察，可以帮助我们更多地了解瞿太素的另一面。沈定平猜测，瞿景淳死后，瞿太素利用迫害者的怂恿和支持，在遗产争夺中获胜并得到一笔丰厚的财产，后将其挥霍在炼金术上。显然，这一猜测的依据是利玛窦的叙述。利玛窦在谈及瞿太素时称，瞿太素在炼金炉中挥霍了父母的遗产，据信数额“应该是巨大的”[11]。利玛窦肯定是从瞿太素本人那里得知其出生和成长经历的，但关于其所挥霍的钱财数额应该不是直接出自当事人之口，这可从利玛窦谈及此点时使用的虚拟语态中推测出来（“应该是”而非“是”）。

通过黄一农的研究可以得知，瞿景淳死后，瞿太素暗室欺心，酿成瞿家灾祸。这一家庭悲剧导致瞿景淳的遗产损失殆尽，瞿汝稷作为长子也仅得“水田不过三顷，残书不逾数簏”[12]，这也就很难想见身为这场家难罪魁祸首的瞿太素何以会继承巨额遗产。如果考虑到瞿太素在家变后穷困潦倒，以及他在韶州拜利玛窦为师的最初动机，其在16世纪70年代初到1589年间对于炼金术的迷恋应该至少部分是为了维持生计。

基于黄一农和沈定平的研究成果，瞿太素年轻时弃绝以科举博取功名利禄之途，以及他后来对基督教报有同情，也就都可以理解了。不管瞿太素出于什么原因与长兄之妻发生不正当关系，仅从徐栻利用或滥用职权迫害瞿家一事即可窥见，其时道德崩坏已经到了何种程度。利玛窦在记述瞿家的情况时，曾满怀敬意地称瞿父为伟大的学者和显贵的廷臣。此言的确不虚，但利玛窦显然不知道，瞿景淳老年因荒淫好色、寻花问柳而臭名远扬，其子瞿汝稷甚至曾泣求父亲加以收敛[13]。

瞿景淳的公众形象与其私下的甚至在儿子面前的真实形象之间的巨大反差，揭示了整个晚明社会的虚伪与衰颓之风，这必然使年纪尚轻的瞿太素对官宦生涯以及用于准备科举考试的儒家教育心生幻灭。最为重要的是，从他很早就对儒家思想产生的厌恶情绪中，我们能够理解为什么瞿太素会在青年时代转向佛教和道教，以及他何以会在利玛窦丰富学识和高尚品行的影响下转而认真看待基督教的道德教导。值得一提的是，瞿太素的长兄瞿汝稷同样对佛教保持着终生的热情，尽管和两个弟弟（汝益、汝说）一样，他也是自幼熟习儒家学说，并在后来身居高位。

三

作为传统的反叛者，瞿太素在韶州时很容易就受到基督教精神的感染并不足为奇。其时，他真心希望对利玛窦的传教工作有所帮助，而无意以此换取任何物质报酬。在其推广基督教的努力中，尤为令人关注的是他如何劝说利玛窦改容易服，以示亲儒家、远释道（尽管瞿太素本人对儒家持批判态度，对佛教和道教却十分认同）。利玛窦或许还不能完全了解个中奥妙，但瞿太素的建议却指明了中国文化中三大信仰之间的复杂关系。儒家思想始于春秋战国时代，在汉朝时成为国家主流意识形态。从那以后，任何企图“齐家、治国、平天下”者，或任何渴望功名者，都不能不熟习儒家五大美德（五常，即仁、义、礼、智、信）和五种人伦关系（五伦，即君臣、父子、夫妇、兄弟、朋友）及其他相关学说。

无论是佛教还是道教都不像儒家那样专注治国之道或个人功名，它们主要面向被儒家忽视的文盲和半文盲民众，以满足他们若非精神的，也是心理的需求。即使如瞿太素提醒利玛窦所注意的那样，佛教和道教对公众的影响力在晚明社会已经一落千丈，但它们所宣扬的此生与来世学说，以及善恶报应的教诲，对任何一个受过教育的中国人而言都仍有重要意义。例如，大乘佛教以其学说——每一个生灵都有佛性，都能达至涅槃或开悟——补充和支持了新起的阳明心学。作为新儒学，心学通过强化孟子关于人性本善和大道恒存的古老信念，敦促每一个人关注自己内心的良知。再有，由四大高僧袾宏（1535—1615）、真可（1543—1603）、德清（1546—1623）和智旭（1599—1655）在万历年间（1573—1620）主导的一次佛学复兴运动与耶稣会传教士入华传教活动恰好同时。

中国文化中的儒释道三大信仰虽是竞争对手，但彼此间互补多于冲突。中国文人若居于庙堂则奉行儒教，若放于江湖，或如瞿太素本无意于冠冕，便求释或问道，亦或佛老兼取。很多时候，一个人可以既坚守儒家信念，又信奉释道中一家之说，乃至两家并收。例如，通过三级科考成为高官的瞿太素长兄瞿汝稷就是如此，他在公开场合表现出对儒家思想的忠诚，在私底下却将时间和精力用在对佛教的学习和宣传上。对他及许多人来说，儒学、佛教虽然不同，但视不同情势与目的而论，它们同样重要且皆不可或缺。

瞿太素早年就有意识地远离儒家仕途之道，但他十分清楚儒释道三大信仰在中国文化中的不同功用。作为一个佛教追随者，他知道佛教如何从印度传入中国，又如何在赢得官方认可后得以确立。作为利玛窦的朋友，他已然意识到，作为一种对中国人而言全然陌生的宗教，基督教若想在中国落地生根就必须得到同样形式的认可。事后来看，这就是何以瞿太素个人在情感上认同佛教和道教，且终生未弃之，却建议利玛窦改容易服，认同儒家而非佛教。

利玛窦和瞿太素在韶州两年间建立了密切联系，利玛窦在后者的指导下终于找到了向中国文化更高层渗透的渠道。后来，在其他中国文人的帮助下，利玛窦适时改变在华传教策略，其称之为补儒易佛[14]。尽管利玛窦从未真正理解佛教，他却对同样来自异域和重视来世的佛教展开了猛烈抨击，以示基督教教义与佛教学说之不同。得益于韶州瞿太素和后来北京徐光启、李之藻的帮助，利玛窦对儒家经典却颇为熟悉。显然，他逐渐对孔子产生了由衷的仰慕，他也明确坚信在策略上同儒家士大夫合作有助于基督教的福音传播。利玛窦曾说：“中国文人的信条与基督教律法毫不相悖，这似乎是神意。”[15]他继而指出：“若非如此，他们（即耶稣会传教士——译者）就不得不同时与中国所有学派辩难，并会因权威性不足和寡不敌众而被迫放弃自己的声音。”[16]

在韶州同利玛窦结识不久，瞿太素就开始认可和欣赏基督教的道德观。连同被利玛窦个人品行感召，瞿太素进而相信基督教在知行合一方面更胜于儒教。为此，他真心诚意地希望基督教能够在中国扎根。不过，在1589年及其后很长时间里，他只是将利玛窦的基督教学说看作儒家思想在意识形态上的一种替代，就像佛教和道教一样。在建议利玛窦认同儒家时，他似乎也并未想过要同时拒绝佛教或道教。

四

由于已经确定了假道儒学传播基督教福音的计划，利玛窦在1601年到达北京后便把大量时间和精力用于招揽像徐光启和李之藻这样的儒家士大夫上。凭借他们的个人威望和在朝中的影响力，徐李二人帮助利玛窦和他的耶稣会同人在传教事业上取得了辉煌的成绩。与徐李不同，瞿太素既非朝中高官，也非儒家思想的坚定拥护者。这样，他其实与利玛窦精挑细选想要吸纳的那些中国人相去甚远。然而，鉴于两人的特殊友谊，利玛窦一直希望瞿太素能够皈依基督教，待事成之后又大加庆祝并记录在其传教编年札记中。

如前所述，瞿太素在韶州跟随利玛窦学习时就对基督教教义很是关注。那时，他对精神问题的严肃态度给利玛窦留下了深刻印象。瞿太素那时提出的许多神学问题和利玛窦所做回应后来扩展成为有关天主教信仰的著名论文《天主实义》(*The True Meaning of the Lord of Heaven*)，其由利玛窦用中文撰写而成，以苏格拉底式的对话形式呈现了一位西方学者和一个中国文人之间的思想交流。

据利玛窦记载，瞿太素最终相信了基督教学说，并表达了想要皈依的愿望。不过，在那时和其后很久，瞿太素都没有为教会所接受。据信，这与他的婚姻状况有关。1589年，瞿太素年届四十，其妻仍未能为他诞下子嗣。于是，大约在肇庆遇到利玛窦前后，抑或在韶州，瞿太素纳了一个小妾。她在1591年生下瞿式穀，其后还至少生过另外一子。应该就是在同利玛窦结交的两年间，瞿太素的妻子去世了。要成为一个基督教徒，他那时本可以送走小妾，但瞿太素没有这样做，因为他的生活离不开她。或者他也可以娶她，但她社会地位低微，最终也没有实现。利玛窦声称，就是因为这一情况，瞿太素在当时及其后很长一段时间都未能受洗。利玛窦的说法很值得玩味，因为从17世纪初到今天，西方学者在论及耶稣会在华传教工作时曾多次提出纳妾问题，称其不断成为“阻碍各个阶层官僚、士绅和文人皈依基督教”的主要障碍[17]。

例如，李之藻与利玛窦交情甚笃，但因为不想和小妾们分开，他还是将皈依天主教的时间有意推迟了好几年。再有，1644年明亡之后，耶稣会传教士汤若望（1591—1666）与年轻的顺治皇帝（1638—1661）相交相知如同父子，但他始终也未能使皇帝皈依。基歇尔在《中国图说》(*China Illustrata*)中曾引证顺治帝对此做出解释：“唯放弃一夫多妻方可阻拦他信奉基督教”[18]。我们很难确定年轻的顺治帝是否如李之藻无法舍弃小妾一样，因无法舍弃他的妃嫔而未能成为基督徒，但就瞿太素而言，纳妾问题肯定不像利玛窦所说得那样严重。

自韶州两年愉快时光后，利玛窦与瞿太素一直过从甚密。在1601年抵京前的那段困难时期，利玛窦遇到困难总是会先想到瞿太素。为了表达感激之情，利玛窦也总是竭心尽力为瞿太素排忧解难。例如，艾儒略在利玛窦传记中讲过这样一个故事：有一次利玛窦问瞿太素自己是不是也能为他做点什么，瞿太素说其四十无后，不知利玛窦能否代为向耶稣祈祷求子。利玛窦果真为瞿太素祷告，而瞿太素次年就有了儿子瞿式穀。尽管艾儒略未指明瞿式穀的生母是谁，但我们现在知道她就是瞿太素的小妾。

瞿太素对利玛窦的传教事业也可谓竭诚相助。北京之行失败后，1598年冬利玛窦曾大病一场，而正是瞿太素在苏州郊区的一座佛寺里照顾他直至痊愈。除了不那么可靠的代为求子一事外，瞿太素有什么困难也会向利玛窦及其同人求助。特别是1605年，他曾携14岁的式毂往南京耶稣会传教点，冀求基督教式教育。后来，他还给儿子取教名为玛窦，以纪念自己和利玛窦的友谊。利玛窦在札记中称，正是在这一次旅行中，瞿太素终于受洗。据利玛窦记述，教友弗朗西斯科·马丁斯（Francisco Martins，1569—1606？）在瞿太素突然决意皈依之事中发挥了关键作用。马丁斯出生在中国，于澳门长大，其中文名字是黄明沙。黄明沙在广州任利玛窦助手时就与瞿太素相识了，此后一直为朋友。利玛窦称，黄明沙在1605年见到瞿太素时得知其仍未皈依基督，便“以朋友的身份斥责瞿太素固执己见，拒绝上帝的恩典，过一种流浪的生活”[19]。瞿太素在震惊之余转向了利玛窦的《天主实义》，在反复阅读后最终请求皈依。

为了迎接这一时刻，瞿太素先娶小妾为妻（扶正），后将自己珍藏的大量佛教、道教物品和全部藏书手稿都送到了耶稣会传教点一并焚毁。最终，瞿太素于1605年3月25日受洗，取教名伊格纳修斯（Ignatius）。尽管这个名字不是利玛窦为他挑选的，但它却恰当地反映出瞿太素在利玛窦眼中的位置。以其1589年后在利玛窦神奇事业中所发挥的决定性作用而言，瞿太素可谓基督教在华传教事业的一位奠基人，恰如传奇般的耶稣会创立者伊格纳修斯一样。在受洗仪式上，瞿太素就自己的皈依历程做了动人演说，内容由利玛窦逐字翻译，并于其后广为流传。

无论是黄明沙对瞿太素的责备劝诫，还是瞿太素本人在受洗仪式上的讲话，都没有提及纳妾的问题。前者曾为利玛窦在札记中引述，后者则为利玛窦全文逐字翻译。纳妾本来被认为是瞿太素皈依基督教的一大主要障碍，在此却隐而不见，而与其说这个问题过于私人化必须小心处理，还不如说它并不是一个根本性问题。为了说明瞿太素面临的真正问题所在，利玛窦在讲述黄明沙如何劝诫瞿太素时用了“犹豫不决”一词。显然，利玛窦用这个词意在表明，瞿太素迟迟没有皈依是因为他未能在基督教信仰和佛教、道教信仰之间做出决断。问题是，使用“犹豫不决”一词的初衷是为了指明瞿太素没有更早皈依的原因所在，但这个词本身却让事实变得更加扑朔迷离。

中国台湾天主教学者兼历史学家葆琳在其关于瞿太素皈依的研究中重述了黄明沙劝谏瞿太素的话，为我们厘清此事提供了新的视角。根据葆琳的说法，黄明沙当时对瞿太素说的是，人不可同侍二主，必须要有一个抉择，或爱或恨，或亲或疏[20]。表面上来看，黄明沙似乎同利玛窦一样说的还是“决”与“不决”。实际上，这中间有一个微妙而重大的区别。利玛窦所说的在“决”与“不决”之间的选择已经包含了价值判断，即一为善一为恶。与之相反，黄明沙所说的是在皆善或至少皆可能为善的二者中进行选择，而必须要选择只是因为只可择其一。

因对利玛窦的深刻印象，瞿太素在韶州时即开始关注基督教。在利玛窦丰富学识、高尚品行和个人魅力的感召下，瞿太素很快就准备接受新的信仰了，但他不能理解何以接受基督教就必须放弃佛教和道教。瞿太素能够接受新学说不仅仅是因为在他眼中，基督教与佛教和道教一样是可以替代儒家思想的另一种意识形态，而且也正因为其此前对佛教、道教的接纳才使他有可能接纳基督教。再有，对于顺治帝和李之藻来说，纳妃或妾可能是也可能不是他们皈依的主要障碍，但对瞿太素而言，这显然是一个最为方便的借口。其实，瞿太素皈依的真正障碍正是基督教的排他性，其构成了欧洲宗教与意识形态观念模式的一个重要特征。从欧洲人的视角出发，利玛窦要求对基督教的绝对专一，但这种观念对中国文人来说则不仅陌生，而且很难接受，在瞿太素身处的晚明社会就更是如此了，其时包括信奉唯一之神的基督教在内的各种哲学观念和宗教信仰皆得到容忍。利玛窦或许认为瞿太素一直在两种宗教之间犹豫不决，但瞿太素在1605年之前根本就不明白他为何一定要二选其一。值得一提的是，瞿太素在皈依基督教几年后就重新燃起了对道教的热情（尽管利玛窦在札记中未有记载），并为此受到了利玛窦的责备[21]。无论是在韶州时及其后很久对佛教和道教的坚守，还是在受洗后重拾对炼金术的兴趣，这些都说明瞿太素的犹豫不决并非针对基督教本身，而更多的是针对基督教对异己宇宙观的排斥，或者是针对欧洲思维模式中对于宗教和其他事物持有的排他性观念。

瞿太素皈依基督教的复杂性至关重要，因为它有助于我们理解何以利玛窦生前开创和领导的基督教早期在华传教事业会有一个悖论性的结果，即在取得成功的同时又遭受了失败。其他早期中国基督徒，如比瞿太素更有名的徐光启、李之藻和杨廷筠（1557—1627），或许不会像瞿太素那样使自己颜面扫地，但正是得益于瞿太素向利玛窦建议的适应策略，他们才可能在皈依之后继续持守儒学，即使瞿太素本人对儒家思想并不认可。利玛窦需要与儒家结盟，以从内部动摇这一占支配地位的中国哲学传统，但由于他既不能公然挑战儒家又不能坚持基督教的排他性，这就使有文化的儒家皈依者有可能从儒家或新儒家的宽泛视角看待利玛窦的基督教学说。不可避免地，这甚至导致了耶稣会内部传教士们对皈依者的怀疑。最后，这种怀疑引发了所谓的术语和礼仪之争，并导致了1715年梵蒂冈终止利玛窦的传教策略，以及1773年教皇解散耶稣会。

鉴于其对利玛窦传教事业于1589年后取得巨大进展所起到的关键作用，瞿太素的确极为特殊也确实配得上利玛窦在札记中所给予的殊荣。不过，他在韶州向利玛窦建议的与儒家结盟策略，以及其后允许中国基督徒以特殊方式保留祭祖、祭孔习俗的相关做法，后来也的确招致了天主教内部对耶稣会在华传教事业的致命打击。1623年后，利玛窦所取得的最引以为傲的成就于欧洲传教士派系争斗中终告消解，对此，瞿太素虽属无心，却也难辞其咎。瞿太素的独特之处还在于，对于理解利玛窦在现代早期于中国取得显著成功与遭遇明显失败这一难解悖论，他可能会提供一种不同寻常的启发[22]。

（朱瑾东 译 耿幼壮 校）

注释

* 本文出自《中西文化交流史杂志》2011年(Sino-Western Cultural Relations Journal XXXIII 2011)。

** 刘豫，美国纽约州尼亚加拉县社区学院英语系教授，2006—2007年度约翰·西蒙·古根海姆基金会研究基金获得者，著有 *Poetics and Politics: The Revolutions of Wordsworth*, New York: Peter Lang, 1999, *Seeds of a Different Eden: Chinese Gardening Ideas and a New English Aesthetic Ideal*, Columbia: University of South Carolina Press, 2008。

[1] Matteo Ricci, *China in the Sixteenth Century: The Journals of Matthew Ricci: 1583-1610*, translated from Latin by Louis J. Gallagher, S.J, New York: Random House, 1953, p. 202 and p. 467.

[2] Ricci, *China in the Sixteenth Century*, p. 230.

[3] 瞿太素:《大西域利公友论序》，见朱维铮主编:《利玛窦中文著译集》，117页，上海，复旦大学出

版社，2001。

[4] Ricci, *China in the Sixteenth Century,* p. 224.

[5] 梁启超：《中国近三百年学术史》，9页，石家庄，河北人民出版社，2004。

[6] 瞿太素为利玛窦做了大量的工作，详见 Ricci, *China in the Sixteenth Century,* pp. 316-359，及第10条和第11条注释。

[7] 李之藻：《读〈景教碑〉书后》，见李天纲笺注：《明末天主教三柱石文笺注——徐光启、李之藻、杨廷筠论教文集》，189页，香港，道风书社，2007；以及艾儒略：《大西西太利玛窦行迹》，引自方豪：《中国天主教史人物传（上）》，275页，北京，中华书局，1988。

[8] 沈定平：《瞿太素的家世，信仰及其在中西文化交流中的作用》，《中国史研究》，1997（1），135～146页。

[9] 黄一农：《两头蛇：明末清初的第一代天主教徒》，34～65页，上海，上海古籍出版社，2006。

[10] 瞿汝稷：《答徐司空书》，引自黄一农：《两头蛇》，55页。

[11] Ricci, *China in the Sixteenth Century,* p. 230.

[12] 瞿式耜：《瞿式耜集》，299页；引自黄一农：《两头蛇》，54页。

[13] 参见沈定平：《瞿太素的家世，信仰及其在中西文化交流中的作用》，145页，以及引自黄一农：《两头蛇》，41页。

[14] 徐光启：《泰西水法序》，见李天纲笺注：《明末天主教三柱石文笺注》，88页。

[15] Ricci, *China in the Sixteenth Century,* p. 449.

[16] Ibid.

[17] Liam Matthew Brockey, *Journey to the East: The Jesuit Mission to China, 1579-1724,* Cambridge, MA: Harvard University Press, 2007, p. 48.

[18] Athanasius Kircher, *China Illustration* (1667), trans. Charles D. van Tuyl, Baton Rouge: Louisiana University Press, 1987, p. 96.

[19] Ricci, *China in the Sixteenth Century,* p. 468.

[20] 葆琳：《回归羊栈的亡羊瞿汝夔》，见天主教中国主教团传教委员会编：《中华教会的先驱：利玛窦与中国教友》，55页，台北，上智出版社，1982。

[21] Jonathan Spence, *The Memory of Palace of Matteo Ricci*, New York: Viking Penguin, 1984, p. 188. 葆琳在《回归羊栈的亡羊瞿汝夔》中提到，瞿太素重新沉迷炼金术后，徐光启责备了他（59页）。同样值得注意的是，瞿太素始终没有放弃那显然是自己选择的名字——“太素”，其充满了佛教和道教的寓意，而且指明了他在皈依基督教之前和之后对于这两大信仰系统的长时间持守。

[22] 我想在此感谢孟德卫（David E. Mungello）教授，他对这篇文章的初稿提供了细致而富有启发的建议。

侨易学与中国文化研究的困境*

何重谊 内 善

何重谊（Jean-Yves Heurtebise）/法国埃克斯-马赛大学、台湾辅仁大学

内善（Vanessa Kopec）/法国埃克斯-马赛大学

一、分析："侨易"及其简介，此新创概念的两个源头——侨学与《易经》

中国社会科学院叶隽研究员最近推出大作《变创与渐常》[1]，旨在阐释"侨易"观念，以及由此引出的一个新的研究领域——侨易学，即侨易研究。按叶隽教授的说法[2]，"侨易"观念源出两大思想视野的融合：李石曾（1881—1973）的侨学（主要研究学者的迁移）[3]和《易经》（道家和儒家的传统经典）。因此，"侨易"概念可以视为上述两种思想资源的融合，但又有着质的升华。

侨易观念变创性地将两种灵感融为一体，体现了叶隽的创造性思维。因此，我们先要解释一下这两个源头。李石曾是这样描述他的新理论的："何谓'侨学'？侨学为研究迁移、升高、进步的学问"[4]；"侨学是一种科学，研究在移动中的若干生物，从此一地到彼一地，或从几个处所到另一个处所；研究他们的一切关系上与活动上所表示的一切现象"[5]。也就是说，侨学侧重意义的迁移，先由那些移动的个体（如学者）来承载并传递意义，进而由这些个体在另一个意义世界中进行传播。这就意味着，侨学作为一个新的研究领域，试图探寻概念在移动到新的、具体的意义世界后所发生的变化[6]。侨学旨在剖析概念的变化、变形及突变。

我们认为，"突变"（mutation）这个概念是侨学和《易经》之间的核心支点，也是这两种思想资源被用来解释侨易概念时的桥梁。"突变"描述桥接过程中概念内涵的变化。这是一种本体论意义上的转变，而不只是"变化"（change），因为"变化"很少涉及认识论和本体论的层面，比如"心情变化""情况有变""更换衣服"等。"变化"主要是指外在条件的改变，而"突变"则指内在的转型。叶隽强调，"变"是《易经》思维的核心[7]。这个"变"，可以理解为"变化"或"改变"，也可以理解为"转变"、"变换"或"转型"，甚至可以理解为生物学上的"突变"。不过，我们强调"突变"，主要是看重其概念方面，而不是词源方面。我们希望通过深入分析《易经》对侨易学的贡献，使这一点更为清楚。

如果说《易经》的核心是"变"（变化/转变/突变），那这个变有其非常具体的意义，带有明显的道家思维，在西方哲学家看来就是一种狭窄的特定意义。的确，《易经》试图用六十四卦反映并象征事物在现实中的一切可能的状态。我们不妨把这种“事物的状态”（states of things）称作“存在状态”（states of being），但绝不能理解成亚里士多德所说的那种实体的“存在”，因为《易经》所说的存在只是现实世界的运动模式、变化形态。《易经》实际上是建构了一个框架，一个有限的、普遍的结构，却包纳着无限的可能性。因此，《易经》不谈“某物”，只谈只存在于某一特定“现在”中的特定情形。这就是一种特定情境论（particularist situationism）。再回到我们对“侨易”的理解，叶隽的意向是用《易经》六十四卦这个确定的框架，来分析人的迁移和意义（概念或哲学意义）的迁移。下面便来探索这种用法的动力本源（active principles）。

动力本源及普遍运动

对传统的西方哲学家而言，由于深受“西方”逻辑影响，他们要试图解释《易经》中所描述的事物运动规律，实非易事。在侨易学看来，《易经》中的第一个本体论题就是万物在“阴”和“阳”作用下不断变化，也即“万物在阴阳两势力的推动、矛盾中产生变化，变化的过程是通过交感”。叶隽重新解释了这一核心观念，他认为，“事物的‘变易’乃是生生不息的过程，凡有宇宙客观之存也，则变易为万世之理，纵然表象为静态，其内部亦始终在运动之中；‘简易’表现的是大道至简，最复杂的过程呈现可能最后落实到原理层面”[8]。“阴阳”被看作导致“质变”的“本源”。的确，我们可以这样解释：阴/阳就是万物永恒运动的动力，就是在永恒的变化中保持不变的运动，就是能生万物的那个“简”。这就是为什么叶隽说：“事物形态可能千变万化，但最终有其不变的恒定之理在”[9]。

不过，叶隽在重诠传统遗产的同时，也敢于做出修正，使之适应当代问题。关键的一步就是他认识到了外力的作用。因此，他“特别强调其根本之处在于‘乾坤相峙’[10]的二元基本结构”[11]。我们可以将阴/阳运动视为内部/微观视野，而乾/坤相峙则为外部/宏观视野。“乾坤”对应着万物的普遍形态，使人想到某种特定的实体。在乾坤的各种组合之间，存在着事物的各种形态，当我们要描述事物的单一状态时，这种种形态就构成了一个非常有用的框架。

从一个新的研究领域到建立新的哲学方法论

如前所述，侨易学有其双重特性。一方面，它研究旅外学者的迁移，以及这种迁移导致的思想变化。这就与思想史中的某种研究[12]紧密相关，即关注发生位移的思想家以及新环境对思想的影响。另一方面，侨易学还是一种研究这种学者迁移现象的哲学方法论。叶隽提出了这种分析的一些基本原则。下面就用叶隽的话，来描述一下何谓侨易现象，有哪些研究原则。

什么是侨易现象？叶隽在其著作的第二章“侨易学的方法”中，解释了什么是侨易现象，用什么原则来进行分析。侨易现象的界定条件很简单：一位学者，或至少是一位知识分子，从一地迁移到另一地。他以毛泽东为例：“譬如毛泽东从湘潭来到长沙，这就是一个侨动过程”，“但这一种较长时间的侨动，实际上已经可以被视为一种侨易现象”[13]。但他随后也强调说，如果是一位“普通农民”在迁移，那就是另外一种“侨易现象”了。这是广义视角和狭义视角的区别，我们的分析原则也由此而生。从最广泛的角度看，一位普通农民的迁移，也属于侨易现象，因为这个个体发生了位移；但是从哲学意义上看，这不属于侨易现象，因为“这并不构成质性变化的条件”[14]。的确，位移能否成为侨易现象，是有条件的。首要的条件是迁移者的内在条件：个人必须具有一种能成为侨易研究对象的质性负荷，有了这种负荷，才有可能成为侨易研究的对象。迁移者必须是“一种具有学术价值和研究意义的客观研究对象”[15]。不过，能否成为侨易现象，还需要外部条件。位移涉及的两个地点，必须具有不同的性质，为迁移者的质变提供客观条件。叶隽认为，从文化角度来说，这种差异涉及很多层面。宽泛地说，理想的侨易现象是发生在两种文化之间的：这是导致“质变”的最丰富的背景[16]。

叶隽强调思想外部环境的重要性。看重这种外部条件的影响，这应该属于一种历史唯物主义。叶隽是将马克思的历史唯物主义应用到了跨文化现象研究之中：知识分子从一种文化到另一种文化的位移，改变了那些决定着他们思想的客观条件。叶隽的理论深受马克思影响，这与李泽厚的后马克思主义理论（post-Marxian theory）很相似。李泽厚采用了“铸造”（molding）这个概念，来描述外部条件（如历史、社会、文化等）对人的思想产生的决定性影响[17]。可以说，叶隽对马克思主义的借用也是出于相同的理念。

这种由新的文化环境引起的“质变”，代表了叶隽理论的核心思想。这就是突变的时间点和突变的条件。这也是“侨”成为“易”的时刻，可以被视为真正的转变。

侨易的方法论是什么？作为一种哲学方法论，侨易研究是一种图像和视觉抽象法（a pictorial and visual method of abstraction）。其首要原则为“观侨取象、察变寻异”，不妨翻译成“taking picture while watching, and seeking differences while observing changes”（观察的同时要提取图像，在观察变化的同时要寻找差异）。侨易方法论是一种注重细节的远距离观察方式并结合特定的抽象思维。其基础是观察而非推理，是描述而非批评分析，因而是一种十分审慎的方法论，和文学研究（尤其是比较文学）密切相关。侨易学主张先观察后判断。但具体怎么做呢？侨易学方法建议，在研究某学者（及其思想观念）从A点到B点的位移时，先要对迁移过程进行“取象”，进而观察迁移对象的内在变化并做出抽象概括。这就是“因侨致易”[18]的过程，从观察动因，到概括出侨易导致的结果。侨易学的方法也就是不断缩小范围，逐步地聚焦各种差异。

对西方哲学家而言，这是一个非常有趣的视角。如果还记得德勒兹的名著《什么是哲学》[19]，以及他是如何试图建构概念的，我们就会很好奇，一位当代中国哲学家的著作里居然也存在这样一种类似的直觉和信仰。概念必须是我们能够看到的东西，跨文化研究就是一个非常合适的领域。

那么“观侨取象、察变寻异”是什么意思呢？这就好比我们借助不同视角来归纳概念或观念的各种变体，观察“同一”观念的两种不同表象之间的差异。这样一来，“差异”也就成了“变体”。由是，侨易学也就为跨文化研究中的普适性问题（universality）提供了新的思路。这就是“易”的辐射。叶隽认同传统道家思想的理解——“易有多义”[20]。正因为“易有多义”，侨和易才相互依存[21]。“侨是观念，易是实质”，侨易现象，也就是观念的实质发生了质变的一种迁移。但这种转变只是该观念在新文化环境中的一种变体而已。最终，侨易现象就是观念在外部世界中的“内在发展轨迹”[22]。

“大道”与研究伦理：“学者即寻道者”

在此，乾坤之间所有可能的互动和变体都

依赖于一个核心概念——道。如叶隽所言："如此则终极命题指向'大道'，即'一'；那么乾坤二元构成'二'；那么，事物发展过程的始、中、终（或事物结构的上、中、下），这就在内部形成了三维，就是所谓的'三'。如此与老子的观点'道生一,一生二,二生三,三生万物'恰好若合符节。如果我们把乾坤二卦的六部曲的规律（起、承、持、转、合、极）也纳入进来，则都在其不言之中。"[23]叶隽将他创建的新学科与传统道教思想中一些最基础的命题联系了起来。这样，他的著作也就置身于著名的国学运动之中，旨在振兴中国当代思想的传统底蕴。

将侨易学与"大道"联系起来，可能是最为典型的例子。由现实本性决定的种种可能性，构成了一个有限度的模式，学者的迁移运动便发生在这个模式之中："所以，我们在做研究时，既要树立追求真知的理想，努力探索可能的变动规律，同时也要意识到作为个体乃至人类的局限，知其所止而为之，因为世间的道理并不绝对就是'知识就是力量'。"[24]

每一种转型、突变或变化都是对"道"的探索。一方面，这种观点是一种限制，正如它认为现实是有限的、确定的，远非无尽的创造性。从这个意义上讲，研究就是寻道的过程，是逐渐接近真理的过程。另一方面，这种观点又是一种拓展。说迁移的学者就是寻道者，也就拓展了侨易学中的"道"的范畴，拓展了侨易学具体特定的对象（迁移的学者）。因此，"寻道者"的说法在普适层面拓展了道的观念，将侨易现象纳入了中国古代本体论研究的核心——"道"。

侨易：批评视角

如果认为万物的运动、突变或变化有其定数，是先验的存在，这种认识是不是太局限了？从本体论角度看，这与那个著名的存在主义命题（"存在先于本质"）完全相反。但道家对这个问题的答案可能是否定的。在他们看来，即便只有64种可能的变化，这些变化的意义和现实的结合却是无限的。以《易经》为器，是非常复杂的，因为我们得考虑到爻、动爻、爻……《易经》是一种至繁的简，超越了可变性和不可变性等概念。

从逻辑角度看，《易经》先验的六十四卦，实际上是否认了"发明"，至少是把"发明"降低为"发现"。从本体论和逻辑学的意义上说，这样一种有限的框架，也就限制了美学上的多变。但这很可能只是一种误解。可能会有道家学者反驳说，人在这个框架中有足够多的东西可以去经验，并不会真正受到限制。但实际上，限制还是存在的。承认六十四卦，也就限定了视野，重新界定了思想家和创造者的自由——我们的思想、灵魂和身体只能在这些有限的可能性之内活动。因此，《易经》实际上暗含着对自由（freedom/ liberty）的界定，绝非无限的自由。按照道家的这种世界观，我们只是享有有限的自由。如果稍加思索，就会发现这种认识与西方（如斯多葛学派）某些关于自由的定义相吻合。

侨易学捍卫了一种以中国为中心的现实观。它用一个中国传统的核心概念包含了所有现实。从理性和哲学的角度看，如果侨易学的假设为真，那么中国的古代传统就是真理。这么说可能有点儿过激，但这对西方人（即便是真诚尊崇中国思想的西方人）来说，是显而易见的，我们需要指出这一点。这种以中国为中心的思考，可以视为一种正在建构的理论，正在为理解某些事物寻找可行的工具。这一理论应该追求波普尔所界定的真理的那种地位，但不应试图成为一种绝对的东西。如果它还停留在一个可行的假设阶段，尝试用中国传统资源来建构中国当代哲学，那就是成功。西方的哲学家们，或者不如就说哲学家们（因为东西方的界限越来越模糊），还应继续深入研究，发掘它的潜力，以满足我们的共同需要。

二、哲学反思：侨易学能否避免中国东方主义（Sino-Orientalism）的陷阱？

在1592年出版的《西游记》中，“西”指的是印度。在从中世纪到18世纪的欧洲学者和语言学家的著作中，“东方世界”主要指基督教发源的那片地理区域，“东方”指的是《圣经》的文化源头[25]。对于当今的很多中国知识分子而言，西方指的是欧洲（西欧）和美国，其他非西方国家和地区则都被纳入东方范畴。这种意在使东西方面对面的做法，导致人们将东方等同于所有非西方的东西。这种范畴的划分，背后隐藏着一种看法，即西方文化不是普适性的，它只表达了一部分人的思想，而东方文化才是真正的“普适”文化，因为它涵括了世界上所有的非西方文化成果。

东西方之分只是模糊的概括，没有明确的指涉意义。因此，对比较文化研究来说，要评估一种新的方法论的有效性和相关性，就要看它能否超越那些关于东西方的本质主义—文化主义（essentialist-culturalist，潜在的民族主义者和种族主义者）的概括[26]，能否为文化生产和学术交流提供一种解构了的、后殖民的解释[27]。我们也正是从这个角度来审视侨易学的方法论的。

现在，每个人都很容易就认识到，东西之分没有绝对的意义，我们无法严格准确地界定两者[28]。而且，现在也已经不需要再证明“西方文化”这个说法是没有意义的了，因为即便在当今，欧美文化仍存在巨大差异，丹麦文化与希腊文化也存在巨大差异。在克里特文明（五千年前就开始繁荣）和2014年诺贝尔文学奖得主帕特里克·莫迪亚诺（Patrick Modiano）所代表的当代法国文化之间，或者在柏拉图和布鲁诺之间，有着巨大的历史距离和深刻的语言差异，要想让他们说同一种语言，让他们体现某些“本质”、“实质”或“同质”，简直是荒谬之极。

东方文化亦然。尽管中国学者称东亚各国在文化上都是中国传统文化的附庸，但当下中、韩、日之间的文化差异却大到了似乎难以真正互相理解的地步（我们固然可以说，中国对日本中世纪的文化影响巨大，但也可以说，现代西方文化的大多数特征都是先经日本再传到中国的，日本明治时期的文化对现代中国也很重要）。而且，将印度文化和中国文化合称为东方文化，不但没有意义，还容易引起误解。除了佛教成功融入中国这一事实，印度多神教的神话在中国找不到真正的对应，印度在逻辑学（Navya-Ny ā ya）和数学（Madhava of Sangamagrama）方面的贡献在中国也找不到真正的对应。何况许多西方学者还认为“印欧假说”（Indo-European hypothesis）也就暗示了欧洲文化和印度文化的密切关联，乔治·杜梅泽尔（Georges Dumézil）认为两者在语言结构、宗教信仰和社会组织等方面的结构性相似就是一个证明[29]。按这种看法，印度是属于西方的[30]。最后，再说近东，阿拉伯文化和南欧文化关联甚密（都是单一神教，都受古希腊思想影响），把它们合称为“地中海文化”，似乎比把它们分列为东西方文化更为贴切。

既然已经证明东西方的划分是人为的，那就很有可能，使用这种划分的主要动机与科学无关。科学家的目标是客观地界定真理，尽量不因外在力量的影响而改变公正立场（因为受时空所限，有些影响是无意识的、不自觉的，虽不易避免，但也要仔细甄别），因此，认识到东西方这种范畴划分的意识形态背景是很重要的。

爱德华·萨义德在其《东方学》一书中指出，西方人对东方的认识，与欧洲的殖民主义、北美的帝国主义不可分割[31]。因此，西方学者也要避免陷入“东方”意识形态的陷阱。西方的“东方学”力图将东方西方化，从文化层面来证明西方政治霸权的正当。从表面来看，东方学贬低东方文化，诋毁亚洲人，张扬西方的社会文化优越感，美化西方统治阶级。但这不是东方学最重要的特征，东方主义话语可以反复衍生，而无须宣称其文化优越性，甚至无须诉诸文化等级原则。从更深层次来看，东方学意味着一种特定的话语形式，它的文化范畴划分是预先界定了的，可以有意或无意地在任何语境中反复使用[32]。

因此，东方主义有两个层面。首先，它是人类中心主义的症状，是由欧洲殖民主义的成功带来的（欧洲人建构东方学，为其霸权主义辩护）；其次，它是一种话语结构，包括一系列有关“亚洲身份”的惯用修辞，旨在建构一个与西方身份相对的形象。第一个层面上的东方主义等同于欧洲中心主义（涉及文化等级和对东方的贬抑），第二个层面上的东方主义等同于文化本质主义（它不会必然隐含文化优越性，但隐含着文化保守主义）。两个层面相互关联，但不等同。相对于解构第二种东方主义，谴责第一种东方主义更为容易。实际上，我们也会看到，很多谴责欧洲中心主义和文化霸权的亚洲学者，仍在使用东方学的文化本质主义话语。

以欧洲为中心的东方主义出现的时间是可以被精确界定的：在18世纪中叶到19世纪初[33]。为证明这一点，只需要比较莱布尼茨和黑格尔在谈论中国时说过的话就可以了——康德的《人类学》是位于两人之间的支枢点。莱布尼茨称颂中国文化，认为它是一个被赋予代表人类原始语言写作系统的远古文明；黑格尔则贬低中国文化，认为它是落后的、幼稚的文化，没有客观科学、内在道德和社会进步等概念。不过，文化本质主义似乎是与生俱来的，没有哪个群体或哪种文明不曾假定自己是世界的中心，就连东方小岛上的遥远部落也不例外。原始部落认为自己是人性的、文明的，而敌人则是非人的、野蛮的[34]。进一步来看，每个原始部落都将自己与其最近的邻居一起对比，将世界分为两类：一部分属于自己，一部分属于他者[35]。东西方的区分也只不过是这种原始习俗的新近衍生而已。

不过，既然东方学话语结构的影响（即存在东西方的文化区分，表现为自由、理性的西方人与不自由、非理性的亚洲人的对立）仍然很大，这也就引出一个问题：东方学如果只是殖民主义的结果，那为什么还能在殖民结束后继续存在？答案很简单：因为东方学，也即东方主义话语模式，也影响了东方人关于自己文化的认识和表述，东方也借此来构建自己与所谓的西方相对的方面。

如萨义德所述，东方学也就意味着要将“他者文化”视为自身文化的对立面：“东方学曾有助于那些试图固化欧亚差别的普遍的文化压力，也曾得到过那些文化压力的帮助。”这句话不仅描述了欧洲中心的文化主义话语，也描述了中国中心的文化主义话语。

不管是西方学者，还是亚洲或中国学者，对将中国和东方看作西方对立面的倾向都不陌生[36]。欧洲中心的东方主义可见于黑格尔的《哲学史》，中国中心的东方主义可见于梁漱溟的《东西文化及其哲学》。有趣的是，他们在谈到对立文化时，说法也非常相似。黑格尔断言，中国文化是无知的（geistlos），缺乏思想深度[37]，需要西方来唤醒它；而梁漱溟则称，西方文化过于注重外部现实[38]，他提议用亚洲的文艺复兴来“拯救西方免于陷入道德缺失和极端唯物主义”[39]。梁启超也持同样观点，他在著名的《欧游心影录》中说，“欧洲一片混乱，需要中国从精神层面指引它的发展”[40]。因此，欧洲中心的东方主义和中国中心的东方主义，使用了完全一样的本质主义—文化主义概念来表达相对的思想；它们将世界分为两个文化领域，使二者各有其固定疆域，并将理性与想象、自由与服从、法律与道德、实用主义与理想主义等双重理念分配其中。欧洲中心的东方主义暗示，（科学）理性和（政治）自由是西方的专利；而中国中心的东方主义则暗示，（公共）道德和（纯粹）精神是东方的特产。

由欧洲中心的东方主义（殖民）话语和中国中心的东方主义（反殖民）话语构建出来的东西方之分，仍是困扰当前文化研究的一个难题[41]。西方和东方学者只有首先解构他们自己的欧洲中心或中国中心的东方主义，才有可能进行去殖民化（decolonizing）的文化研究。

在此有必要区分去殖民化前西方中心的东方主义和去殖民化后中国中心的东方主义。对19世纪末、20世纪初的中国学者而言，问题在于如何在这个面临激烈的政治和地缘政治危机的时代（大清帝制灭亡，向“外国势力”开放门户），重新定义中国文化。“中国现代性”（Chinese modernity）的捍卫者，不仅反抗外国势力，还反对一部分中国知识分子，因为那些知识分子认为中国的传统文化就是导致中国不敌西方和日本的原因。

今天的中国知识分子面临的情形完全不同。自实行改革以来，中国已经成为世界上发展最快的国家之一。按照拥有亿万富翁的数量排名，中国是世界第八；按照财富超五千万美元的国民数量排名，中国是世界第二。中国正在发展成为一个拥有强大现代化军事力量的富裕独立的国家。在这种背景下，中国文化无须惧怕所谓的西方威胁。但关于保护、重建、重新吸收中国文化的呼声，反而在当下最为响亮。要理解这一点，就需要知道，在殖民地时期，世界地缘政治话语的结构不是区分东西，而是区分南北。更重要的是，这一区分主要依据的是经济，而不是文化。南半球国家假装反对北半球的发展模式，同时还要避免美苏冷战造成世界两极分化。而现在东西区分已取代南北区分，也说明以前的发展中国家已经采用了西方资本主义的经济模式。东西方的区分，恰好掩盖了全球化发展模式下南北半球区分已经消失的事实。

萨义德将东方学界定为试图用古代东方文本来解释现代东方生活的话语。因此，不只是西方在将“东方”东方化，东方也将自我进行了东方化。文化本质主义仍在支撑着文化辩论的架构：学者们的目标就是找到中国或西方终极的“文化特殊性”，以找到与对立—互补的他者绝对不同的内容。这种抓住“民族精神”的做法，在中国学界提出的“中华民族复兴”的语境中很有分量[42]。

渗透于国学研究中的本质主义—文化主义观念，认为能够借用孔子或老子（或《易经》）来解释当代中国人的行为，通过重新使人感到文化的完整、文化的统一和文化的同质能够实现国家安全。因此，国学的任务，就是找到能将文学经典所界定的过去和以普通社会行为为特征的现在联系起来的纽带。这种做法的缺陷是显而易见的：它无视我们自己文化间的差异，而过度强调我们与“他者”之间的差异。我们将自己的文化同质化，是为了消除各种内部矛盾（如儒家思想与马克思主义的矛盾，儒家、道家与佛教之间的矛盾，等等），但越是这样做，我们就越强调我们的文化与他者文化之间的对立——这个他者也被看作一个同质、统一、完整的文化，即神秘的西方。因此，以中国为中心的东方主义构建出一个神话般的西方，这对减少内部摩擦和文化冲突也起到了一定作用。

于是，我们的问题就是：侨易观念能在多大程度上帮助我们远离这种自我东方主义（self-Orientalist）和文化本质主义（cultural-essentialist）的状态？

目前还很难说，因为叶隽的《变创与渐常》更像理论程式，我们还需看这种理论体系在具体个案研究中的应用情况。不过，单就理论原则来说，还有三个值得细说的潜在问题：普适性、本土性、杂糅性。

普适性问题，就是试图将只属于特定文化的某个理论系统的适用普遍化，如用中国思想中最有传统特色的《易经》所界定的突变模式来解释（个人和观念的）迁移中出现的所有“突变”。当然，中国学者尝试在自己的传统中寻找概念资源，来界定文化研究的一种新的理论框架，而不使用所谓“西方”（美国、法国、德国）概念，是无可非议的，甚至还是很有必要的。但从历史上看，这种尝试也包含一种悖论：中国学者可是一直在批判西方学者用西方概念来理解中国文化的。叶隽的理论如果有普适性，也就意味着中国的概念（即《易经》中涉及的那些概念）可以解释所有的文化位移。不仅可以解释发生在中国的位移，也不仅可以解释发生在中西之间的位移，还可以解释任何文化之间的位移。如果不应该用“西方”概念来理解中国思想，那为什么又可以用中国概念来理解“西方”（或“非中国”）思想？这个问题不只是叶隽的侨易学要面临的，而是所有中国国学研究都要面临的一个问题：一方面要复兴中国本土的千年文化，另一方面又将这种文化视为普适模式（一种与个人主义的、不道德的、黩武的西方模式相对的模式）。这就陷入了两难之境：如果国学研究旨在确立“中国精神特色”，那它就拘囿于中国之内；如果旨在构建一种新的普遍模式，或新的超验方法论，就会引出中国学者所担忧的那种知识帝国主义（intellectual imperialism）。

这就引出了第二个问题——本土性。叶隽尝试构建纯中国的方法论框架，回归中国文化的基础典籍——《易经》（它既影响了道家，也影响了儒家）。但他在试图将中国文化看作一个整体时，却也巧妙地借用了一些马克思主义的概念，来分析社会—经济环境对迁移者的影响。虽然这位 19 世纪德国哲学家对现当代中国影响很大，但准确地说，他是一位西方哲学家，一方面深受黑格尔辩证法的影响，另一方面也深受欧洲（尤其是法国）社会运动的影响。不过，在对《易经》的再阐释中，马克思辩证法的影响似乎没有得到精确估量。当然，这也不只是侨易学才面临的问题，而是国学普遍面临的问题，即：当代中国对其古代文化的理解，实际上是一个有可能受西方阐释学遗产影响的重构过程。中国学者在重诠中国文化时，很有可能受西方思想影响，但这一点还没有引起足够的认识。

这又引出了第三个问题——杂糅性。叶隽在其著作中认为，“侨易学的核心观念就是探索异域文化和人类文明过程中形成的一般法则之间的相互联系”。这里有个难题或者悖论。他假设有 A、B 两种相异的文化，A 文化中的某个观念、人或物移动到 B 文化时，就有可能发生质变。而且，两种文化之间的差异越大，位移带来的变化就越大。但这种界定法似乎缺乏历史厚度，因为在人类历史上，之所以出现两种文化之间的人或观念的主动迁移，就是因为这两种文化并非完全“相异”（alien）。一位德国汉学家位移至中国，也就意味着中国概念已被介绍到德国——中国思想也确实自17世纪晚期起被介绍到了德国，莱布尼茨关于《易经》的哲思就是证明。因此，存在一种在文化上无法识别的情形（cultural indiscernibility）：是当代中国学者在阐释《易经》时受了马克思思想的影响，还是《易经》的思想早已渗透进了黑格尔的辩证法？

今天似乎不可能将概念的迁移看作在两种原初（original）文化之间的旅行，因为现在已经没有什么原初文化了，没有哪种文化是没有被其他文化渗透过的。而且，似乎也不必非要经历位移才能带来文化变化，实际上，在当下，在自己文化中生活的每一刻都是一种位移。

（卢伟 译）

注释

* 此项研究成果受到了欧盟第7框架计划(FP7/2007-2013)的人民计划（居里夫人行动）的资金支持，REA经费协议的项目编号为317767-LIBEAC，同时得到了法国埃克斯-马赛大学（Université d'Aix-Marseille）的协助。

[1]　叶隽：《变创与渐常：侨易学的观念》，北京，北京大学出版社，2014。

[2]　叶隽：《变创与渐常》，3页。

[3]　李石曾：《侨学发凡》，见中国国民党中央委员会党史委员会编：《李石曾先生文集》，台北，“中央文物供应社”，1980。

[4]　李石曾：《侨学发凡》，296页。

[5]　李石曾：《侨学发凡》，332页。

[6]　此处我们可以问：是否这一重要的新领域必须有两个层面（具体层面，如人们居住的地域；抽象层面，如抽象思想、概念所居的地域），抑或这两个层面共存于一个世界中？也许侨易学理论能够帮我们解决这一疑问。

[7]　叶隽：《变创与渐常》，3页。

[8]　叶隽：《变创与渐常》，5页。

[9]　叶隽：《变创与渐常》，7页。

[10]　乾和坤是《易经》中的前两卦。乾是纯阳（即只有阳线构成），坤是纯阴（只有阴线构成）。乾是创造性原则，而坤是接受性原则。

[11]　叶隽：《变创与渐常》，9页。

[12]　叶隽：《变创与渐常》，40页。

[13]　叶隽：《变创与渐常》，32页。

[14]　叶隽：《变创与渐常》，32页。

[15]　叶隽：《变创与渐常》，33页。

[16]　叶隽：《变创与渐常》，32页。

[17]　李泽厚：《历史本体论》，北京，生活·读书·新知三联书店，2006。

[18]　这就是由“侨”致“易”的过程，就是由“因”结“果”的过程。其核心点有二：一是“迁移”，二是“变化”。

[19]　Gilles Deleuze, *Qu'est-ce que la philosophie?*, Paris: Les Editions de Minuit, 2005.

[20]　叶隽：《变创与渐常》，40页。

[21]　叶隽：《变创与渐常》，40页。

[22]　叶隽：《变创与渐常》，83页。

[23]　叶隽：《变创与渐常》，14页。

[24]　叶隽：《变创与渐常》，17页。

[25]　Edward W. Said, *Orientalism*, London: Penguin, 1997, pp. 49-50, p. 51.

[26]　Don Mitchell, “The End of Culture?Culturalism and Cultural Geography in the Anglo-American University of Excellence,” in *Geographische Revue*, 2000, 2 (2), pp. 3-17.

[27]　Jean-Yves Heurtebise, “An Anthropological and Deleuzian Framework for Comparative Philosophy and New Sinology, ” in *World Sinology*, No. 11(2013), pp. 28-41.（何重谊：《比较哲学和新汉学的人类学与德勒兹理论框

架》，顾悦译，载《世界汉学》，第 12 卷，28 ～ 41 页，北京，中国人民大学 出版社，2013。）

[28] Leonardo De Castro, "Is there an Asian bioethics," in *Bioethics*, 13 (3/4) (1999), pp. 227-235; Gerhold K. Becker, "Asian and Western Ethics: Some Remarks on a Productive Tension," in *Eubios Journal of Asian and International Bioethics*, No. 5(1995), pp. 31-33.

[29] Georges Dumézil, *Mythes et Dieux Indoeuropéens*, Paris : Flammarion, 1992, p. 146.

[30] François Jullien, *L'écart et l'entre*, Paris : Galilée, 2012, p. 5.

[31] Said, *Orientalism*, p. 123.

[32] Edward W. Said, "Orientalism Reconsidered," in *Cultural Critique*, No. 1(1985), pp. 89-107.

[33] Jean-Yves Heurtebise, "Archeology of European & French Sinology: an inquiry into cultural hybridity," in *Chinese History and Society / Berliner China-Heft*, No. 45(2015).

[34] Shlomit Eisenberg, "Ethnocentrism and the Face of the Stranger," in *The Journal of Social Psychology* 76.2 (1968), pp. 243-247.

[35] Bruce G. Trigger, "Ethnohistory and Archaeology," in *Ontario Archaeology*, 30 (1978), pp. 17-24.

[36] 梁漱溟:《东西文化及其哲学》，7 页，台北，台湾商务印书馆，2003。

[37] Georg F. W. Hegel, *Vorlesungen über die Philosophie der Geschichte*, Leipzig: Philipp Reclam jun, 1966, p. 172.

[38] 梁漱溟:《东西文化及其哲学》，99 页。

[39] Edmund S K Fung, *The Intellectual Foundations of Chinese Modernity Cultural and Political Thought in the Republican Era*, New York: Cambridge University Press, 2010, p. 73.

[40] Juntao Wang, "Confucian Democrats in Chinese History," in *Confucianism for the modern world*, eds., Bell D and Hahm C, Cambridge: Cambridge University Press, 2003, pp. 69-89.

[41] Longxi Zhang, *Unexpected Affinities: Reading across Cultures*, Toronto: University of Toronto Press, 2007, p. x.

[42] Suisheng Zhao, "Chinese Intellectuals' Quest for National Greatness and Nationalistic Writing in the 1990s," in *The China Quarterly*, 152 (1997), pp. 725-745.

空间疑辩与侨易学

司马涛

司马涛（Thomas Zimmer）/德国科隆大学

这篇短文的内容涉及一个我个人在学术研究中长期关注的问题，而写作本文的契机正是叶隽教授“侨易学”新作的出版。我必须承认，我初次听闻这种新学说时，内心感到震惊。不过在有了更多相关涉猎之后，我又开始渐渐着迷。何为侨易学？据我理解，加上叶教授和其他学者的描述：旅行、地点变化以及对全新空间环境的接触，会导致对文化的别种理解，并引发文化的易变。侨易学正是一门试图解释其中机制的元科学。或许可以更普泛地讲，侨易学是在诸种国家、国际文化的框架中，讨论精神和物质上的易变与发展进程的学说。侨易学之诉求在于，将书写历史的规则建立在中国古代经典《易经》的基础上，以求提供一个覆盖面广阔的新切入点[1]。我在后文中将针对这一问题继续详加阐释。在此不妨先做一下简要说明，关于我为何会对叶教授的侨易学这一概念投以如此浓厚的兴趣。侨易学与我本人过去进行的一项研究工作有关联。该项研究的核心目标是希望了解中国文化中源远流长的“宇宙观”，并据此尝试解答，中国在世界文化与民族之林中秉持着怎样的“自我认同”。我必须承认，因在此期间还有其他许多研究题目需要展开，我已有很长一段时间没有跟进这个题目。此时受到叶教授重要作品的启发，能够重回这一题目的研究，我倍感欣喜。

通过长期研究记载古代中国与异文化、异邦人交往情况的历史文献，我逐渐确信，历史学家在掌握和分析这些引人入胜的原始材料之外，还面临一个难题，那就是如何找到一种抽象的方法论来处理这些材料。我花了相当长的时间才意识到：对异域的认识是以不同文化的相互关系，以及它们对彼此的理解为基础的，同时它也是“世界观”（Weltanschauungen）的产物。要理解世界观及其衍生出的异域观须注意这样一个前提，即德语中所说的“Raum”（空间）或“Raumvorstellungen”（空间观念）。

我必须在此澄清的是，这篇小论文绝非对叶隽教授研究工作的详细评议。我也不认为它适合被看作一篇“书评”。我的批评和议论更多着意于提供一些西方学界研究中的专业材料，以此为启发，将这个引人入胜而又意义重大的话题引向另一个方向。

批评与议论

如果我对叶隽教授的侨易学概念理解无误，那么简而言之，侨易学的核心观点是："主体"（人）发生空间上的位移，进而对外界造成影响，同时又受影响于外界时，便会导致精神、灵魂和物质上的种种变化。历史与文化的易变在很多情况下与此挂钩。叶隽将这种变化纳入了一个以古代经典《易经》为参照的体系之中。

虽然我们研究的主题各不相同，但是使用的材料却有共通之处。叶隽教授和我都认为，最具研究价值的是那些迁徙之人——云游者、僧侣、学生、冒险家、学者，各色人等——所记录或被他人记录下来的材料。由于我研究的是中国人对异质文化的看法，所以我自然而然会优先从中国历史中寻找论证材料[2]。当然这也不排除我时不时会从西方的游记文学中寻找启发、进行比较，以及在对比中验明不同国家的人对同一件事进行记录时各自有何特别之处。我在当前的一个小学术项目中研究的问题是：1917年十月革命之后，德中两国各有一批人员旅居苏俄（苏联），他们留下的新闻报道和日记记录有哪些相同点和不同点？针对这个问题我打算对瞿秋白留下的记录和优塞福·罗特（Joseph Roth）、利翁·福伊希特万格（Lion Feuchtwanger）的文本进行比较。尽管如此，这样的比较对我来说仍是少数例外。而叶隽的做法在我印象中要更加"宽泛"。在某些"侨易现象"中他比较了分别来自中国和德国传统中的材料，而它们可能处在完全不同的历史时期。我认为从这里就可以看出叶隽研究中的一个根本问题：在证明前面所定义的侨易形式时所引用的"侨易现象案例"只是一种模式化的套用，其内容本身也可再做商榷。尽管某些案例也强调了需要考虑特定的历史背景，但从整体上看这种随意的做法还是很难称得上科学的方法。我个人认为其中根本的错误在于，叶隽希望依托一位无疑极其重要的哲学大家，从中国传统中发现一种所谓的接受异文化语境的自然法则。他会在大量的材料中仅选取一个无法全盘代表的案例，从普遍的变化规律演绎出个案的特点；而不是详细研究大量个案，进而归纳出结论。

此外我也无法确定，侨易学在观察异质文化之间的交流时究竟提供了什么新的视角。某些尝试体现出了这方面寻求建树的努力，比如罗炜的文章中[3]，讨论到中国的文人、旅者和德国的学者、作家对对方国家的互相"经验"。中国方面对特殊的"中国经验"提出一种新视角、新意见、新"声音"的愿望，德国方面也乐见其成。在对话讨论的理论层面上这种愿望完全可以理解，即为自身文化在异语境中提供一个专有的、容易辨识的概念，而避免造成曲解的"危险"，以及导致其在异语境中无法辨识。但真正的问题更多出在这个术语上。也就是说，侨易学的概念究竟提供了何种"新"的认知？在叶隽的《变创与渐常》一书中反复出现的"精神侨易"这一表达含金量究竟如何？

叶教授和我本人面对的材料虽然相同，但如何有条理地把握这无数的资料，仍旧是个问题。在研究一门元科学时这一点尤其重要。经过很长一段时间的思考以及参考了大量所谓的"文化研究"（cultural studies）方面的文献之后，我这才发现了一个相对新近的领域，即所谓的"空间学"（Raumwissenschaft［en］）[4]。德国的空间学专家对单数和复数的两个词进行了严格的区分：单数形式的"空间学"更多指作为基础科学的地理学及其基本的测量方法，而复数的"空间学"则涉及技术和空间的互相配合。要从多个角度了解空间，必须结合一系列不同学科的知识。比如最近的一本关于"空间学"

的出版物，内容涉及的学科包括考古学、生物学、地理学、历史学、文学、数学、音乐学、心理学、社会学、神学等等[5]。后面我还会详细阐述。

我认为这里体现出非常重要的一点，那就是空间学最主要的标志之一是它的跨学科性[6]。叶教授在他的书里可能也已经意识到了跨学科的重要性，只是我并没有找到一个明确的表述。叶教授至少提到了一些明显相关的领域，比如符号学。而文化学广阔范畴内的其他学科并未直接涉及，也尚未付诸运用。对比空间学领域的发展就更令人感到惋惜：在20世纪寻找地理学的心理根源的尝试中，空间学中出现了现象学乃至存在主义方面的切入点。“将空间性视为人类存在的中心构件”[7]，已成为这一领域的广泛共识。

各个国家和各种文化的发展要通过人与人、人与环境之间的互相作用来推进。因此以人种学和社会学为框架的社会环境无疑具有格外重要的意义[8]。如果我们考虑到，人会因为他的职业以及其他因素的影响而发生变化，这些问题就会变得更复杂。例如，根据我们掌握材料细节的数量和进行分析的深度，我们甚至可以追寻心理上的或者神经系统上的解释。我在叶教授的书中，读到毛泽东从湖南小城湘潭转移到省会城市长沙的例子时，萌生了这个想法[9]。叶隽教授将侨易的存在视为既成事实，因为历史和历史的记载证实了变化的存在，但没有解释它们可能是因何而起。我的这个论点有些许夸张，因为我们或许永远无法为一个人意识的变化找到百分之百的证据支持。但是如果叶教授能够提供更多“私人的”材料来支持他的论点，那么其论证也一定会变得更有说服力。这里也许很有必要参考一下心理学中对空间的思考[10]。

空间学以“空间”的观点来解释人类日常生活、社会生活和文化领域中的大量现象。一旦承认这种思路是合理的，就必须注意到在不同因素的影响下空间的概念和它的特性会发生改变，而最近一个世纪变化尤甚。由于有了对宏空间（Makroraum）和微空间（Mikroraum）的区分，新现象学的创始人、哲学家赫尔曼·施密茨（Hermann Schmitz）在他十卷本的著作《哲学的体系》（1967ff.）里对文化学中的空间提出了新的解读[11]。他的观点很值得关注。施密茨在方位空间中加入了“情感空间”（Gefühlsraum）的概念：

> 恐惧、忧郁、喜悦或者愤怒指向的是完全不同的空间气氛和形式。认为情感是纯精神的，是一种误解。研究反而发现，情感是一种内部有序、可供分析的空间性的气氛。根据文化背景的不同，历史上对这种气氛有着不同的解读。……首先令空间气氛可供交流，进而在文化上可供塑造。肉体冲动带来的空间活动和空间气氛的效果造就了各种各样的情感，并使它们在文化上彼此区分。在这里身体上的微观空间是“原细胞”（Urzelle）。经过一个长时段（longue durée），即疏远或接近、内化、成型或抽象的过程，从原细胞中产生了空间性的模型，各种文化据此组织其秩序结构：从爱诺斯（Eros）到个人交流，再到律法空间或神圣空间[12]。

空间—运动—变化

在这里更多地深入“空间”的话题，可能会显得有些离题。不过我还是认为，若要从空间的概念讨论到由位移导致的文化之变，有必要了解一些这方面的广泛共识。或者换句话说：

文化其实就是那种“人自身以及物体在空间中运动的特殊方式”[13]。基于此，自然现存的、容纳各种事物和运动的“自在空间”（Raum an sich）其实是不存在的。生命作为空间中不断变化的实体是通过运动——也就是自身运动、被动之动和对运动的感知，才成其为生命的。在静止不动的对象上我们无法察觉到空间和时间[14]。即使新的物理学知识划定了运动空间的边界，而登陆宇宙空间也让新的空间体验成为可能；至少对世俗空间范围来说，它正是由运动的力量来建构的[15]。

总体上我们暂且可以认为，“空间”指涉一种极其复杂的现象，它在不同的时代和文化中可以有不同的定义。玛格丽特·维特海姆（Margaret Wertheim）在她的《通向赛博空间的天门》（*Die Himmelstür zum Cyberspace*）一书中，努力描绘了一部普遍的空间文化史，并提出了这样一个观点：“空间”的概念在历史进程中不断接受改变，每个时代的“空间”都有极其不同的定义[16]。维特海姆强调了西方文化中灵肉对立的重要意义，她这样写道：

> 至少三千年以来我们的哲学和宗教都是二元论的，而且物质和精神中的现实是分裂的。这是西方文化的一个最显著标志。我们既从古希腊也从基督教文化中接受了二元论的思想[17]。

按照维特海姆的观点，二元论在现代西方造成了两难的困境。中世纪基督教世界观中既有身体的空间又有灵魂的空间，因此也就形成了真正既有物理现实秩序又有形而上秩序的二元宇宙论。近代西方全面推行物质和技术文化，二元论已经完全让位于机械论的世界观。这其中也有新的空间观念的影响。从哥白尼、开普勒到牛顿，科学家们在西方世界普及了这样的观念：物质（Materie）不仅占据了地球，还遍布整个宇宙。因此上天的空间和尘世的空间“被统一成了一个连续的物理空间”[18]。

维特海姆这样描述由此在西方产生的困境：

> 笛卡儿震惊了：他的机械论最终导向一种对现实世界纯粹物质性的看法。因此，人们常常讲新的科学世界观是二元论的，其实完全错误。新的科学世界观是完全的一元论，它只承认物理世界的真实[19]。

结论中作者所持的观点是，不应将物理学家们最新的空间相关概念进行神化（某种程度上如史蒂芬·霍金所为），而应该“将他们的世界观仅仅视为整体的一个部分”[20]。

“空间”这个词也许能够恰当地表述它所代表的实际情况，但它其实具有双重属性。马库斯·施罗尔这样写道，或许“空间[21]无法一次性完成、固定、不再改变。但是空间也并非恒常变化，任意易形”[22]。施罗尔继续提问：

> 为何要对空间进行非此即彼的限定呢？……空间可以既开放又封闭，还可以既静态又动态。这些属性从未同时被归入空间之中。……空间虽然并不总是现成存在的，但是完全可以造成一种现成存在的假象，仿佛它坚固稳定、不可动摇。即便这被证明是错觉，但它也已经构成了空间部分的魅力、精彩和功能之所在[23]。

多样思考

我们如果仔细研究一下就会发现，在近几年至几十年里，确实涌现出了一大批关于空间的论断。它们以各种各样的方式对“空间”的基本性质及导致其变化的因素进行了解读。在此我想介绍一些个人认为比较重要的观点。

如前文所言，运动是构建“空间”的要素之一。本文着重强调旅行这一形式，而这也是一个非常模糊的说法。当前经常划归于旅行概念之下的，是一种闲暇时富于调剂性质的行为。我们如果把旅行的概念放宽，摒除当下的观念，它就变成了单纯象征意义上的跨越边界行为。这也解释了为什么在描述一切类型的转化和过渡时，旅行从古至今在世界各地都是最重要的象征和比喻之源。比如死亡被比作永诀（Dahinscheiden），而生命被比作旅行或朝圣之旅。此外旅行也并非某种新的人类体验，它更多涉及迁居这一古老的、史前的人之境况（Conditio Humana），而定居的历史则要晚得多[24]。地点迁移的历史犹如一部文明的历史，旅行本身就是其代表性的经验。它的社会影响不仅针对个人，而且涉及大的社群乃至整个社会。旅行造就了相互的关系和联结。以流动性为基础的社会，与通常的在定居群体的基础上构建的社会模式有着根本上的不同。流动的群体总是“瞬时”的[25]。

以上情况意味着对一个人来说，“旅行是一个令他发生最深切改变的那种直接的、真实的经历”[26]。这些情况也反映在语言表述上。比如“Erfahrung”（经历）这个词，是从古高地德语中的“arfaran”和“irfaran”演变而来的，意为行驶、经过、漫游等。将旅行视作一种对旅者的考验和修炼，导致“bewandert”[27]（有经验的）这个词在今天跟“kenntnisreich”（渊博的）、“klug”（聪明的）这些词意思差不多。而它原始的意思正是指某个人经历过许多旅行[28]。在早先的西方传统中——如《奥德赛》和《吉尔伽美什史诗》展现的那样——旅行常常是由天神降下的、英雄必须经历的考验。完成旅行任务可以带来个人地位和自我肯定。不过需要注意一点：旅行带来的变化主要指的并不是在人性中发现新的方面，而是“将早已存在于内心深处的事物发掘出来——勇气、耐力、承受痛苦的能力”[29]。

这里没有必要进一步详述各种不同形式的旅行。只有一点还需指出，那就是专业文献中对引起旅行的各种原因和动机有详尽的区分，并指出了它们分别承载着怎样的价值评判。比如在古代文学或神话中，英雄的旅行和普通人的旅行有根本的区别：英雄之旅的重要动机是寻求认同，以及获得名望。古希腊罗马的英雄之旅几乎都是出于自愿的，并且总是包含着归来之旅——它是一个往返的旅行，而非流亡或移居。环形路线的英雄之旅目的在于，在地理空间上和时间上拓展个人的威信[30]。与此相对，非英雄式的旅行总是以被逼无奈的形式开始。驱使旅行的力量并非出于己愿，而是灾难、犯罪等。这里的旅行多是没有归程的、无尽的流浪，“它更多让旅行者的人格和个性变得阴暗，而非升华”[31]。现代版的英雄之旅目的是自我修养[32]。在西方文化中，与追求自由相结合的旅行尤其受到嘉赏。这类旅行的代表可以举克雷蒂安·德·特鲁瓦（Chrétien des Troye）的史诗作品《伊万》（*Yvrain*）为例。故事的中心是骑士这一角色：流动和旅行成了一种新的社会角色的象征，他居无定所，永远在流动中[33]。一位“高尚的骑士”决不会停止他的冒险。他的旅行服务于自我成就，因此永远没有终点。而骑士也就成为自由而自主的、通过旅行寻求自我认同的人物。中世纪的自由实际上被重新定义为对土地家园的不依附：“流动生活与自主精神的结合成为一个历史性的进展；随着时间的流逝它也成为现代西方文化的一个建构元素。”[34]

对远方的渴望和冒险精神在这里大体上是正面的。冒险并非某一个阶层的特征，而是一条通过地理移动来提升社会地位的途径：“冒险者的概念将空间性的流动和社会性的流动结合了起来，在今天的西方文化中仍旧如此。”[35]在中世纪的观念中，真正的冒险者是无私的。他出发是为了帮助他人，或者确切地说，旅行是其目的本身。这种利他主义和无目的性的道德原则在其后的历史中被保留了下来，例如文艺复兴时期的旅行、地理大发现之旅和人文学者的修学之旅。它们仅仅是为了满足好奇心，以及表达认识世界的愿望。

我们可以在此先暂停这个话题，转而关注一下那些记录旅行的材料。这种材料一般都包罗万象，涉及关于“旅行”方方面面的问题。试想仅区域概况方面，就有当地地理位置、气候条件、风俗民情、政治经济状况等诸多信息。而与本文主题密切相关的信息涉及另一个问题，那就是行程本身的情况如何。在关于旅行的学说中就这个问题应该注意一下旅途（Passage）的概念，大体上说它也就是“空间位移”的意思。许多记录旅行过程的文本，几乎都会描述某一个参考系——一个岬角、赤道、清晨或傍晚。移动只能借由日夜交替、方向变换的过程被描述出来。在关于旅行的大部分文献中，旅行者只会指出他们要去哪儿，或者他们已经去过哪儿。他们会描述自己的印象和重要事件，但不会记录日常行进的过程[36]。于是记录中就缺失了对于旅程本身的陈述。旅途一般是指旅行中称得上“旅”的那一部分。不同于离开或者到达，旅途特指移动者跨越边界、穿过空间的过程。这种性质导致在随后对旅途的书写中，产生了一种特定的感知和表达的结构，即一种叙事性、日记式的对一堆事物的列举。这些事物只有通过旅行者的移动才能彼此串联起来[37]。

此处可以发现一个与叶隽观点相似的地方，也就是所谓的“易”：“异域体验”并不是产生于某种在旅途中接触、感受到的外在影响，而更多是来自移动过程中自身累积起来的想法、印象和感受。“迁移的力量，其实也就是永远变化着的环境。它孕育出了某些心理防御机制（Abwehrmechanismen）……和一种带有特定逻辑和顺序的经验结构。它和地方、区域性的逻辑完全不同。”[38]换句话说，迁移经历所依据的顺序是一种“前进”的顺序，是一系列前后相继的事件的顺序。移动这个动作消解了一切空间的顺序——地形、方位等等，使它变成了一种对次第发生之现象的经验顺序。人类学家格雷戈里·贝特森（Gregory Bateson）将这种现象称为“前进顺序的现实”[39]。

要开始一段旅途并在旅途中收获经历，无疑还有一个必要条件，那就是移动。移动一方面是旅行者的处境（Conditio），与他的出发地和目的地无关；另一方面，移动也塑造了旅行者对外界和自身的感知。对于移动在感知中扮演的角色，詹姆斯·吉布森（James Gibson）认为：移动基本上是形成正确认知的一个必要条件。同时，我们必须把感知本身理解为一种运动的、活跃的效果[40]。

矛盾：主观的感知可以导向客观的变化吗？

上节末尾说到的感知，是可以用数字进行量化的。由于量化时选择的参数不同，其结果也总是主观的，如此一来也就不可能导出一种客观化的变化结果。这个道理似不言自明。故本节标题中的提问更多是修辞意义上的提问，旨在追问变化本身的性质。我们可以列举出许多能够影响我们对变化感知的，及其价值评判的因素。例如做一个全新的或其他方式的自我评价可以让我们感受到自己的变化，而当下普遍的思想潮流无疑也能扮演同样的角色。对此哲学家汉斯·克里斯托弗·布赫（Hans Christoph Buch）在他的书中做了更加详尽的阐述。这是一本关于近与远，以及从中引出的、被他称为“殖民地风光的诗艺”的著作。近与远其实是相对概念，总是多少与一个人现有的见闻、兴趣、开放程度等相关。在这里，看世界的“统一视野”完全被主体与客体、理想与现实之间的巨大分歧所取代了，从中可以引申出我们现实体验的一种进步的乃至一种全新的模式：内心世界并不比外在世界狭隘，而是更加广阔，外在世界不过是灵魂的牢笼。布赫援引环球旅行中的沙米索[41]作为例子，将这种颇具讽刺意味的距离与旅行中以及个人身上发生的事件对立起来：

因此贯穿沙米索的旅行中的这种极其现代的幻灭感，是福斯特和洪堡所没有经历过的。对后二人来说大自然是一览无碍、恒久不变的；而对沙米索来说，所见的自然只是一个天堂般原始状态的记忆符号。而那种原始状态早就不存在了，又或许从来就没有存在过……[42]

这里所说的，不是一种暂时的新现象，而是一种对从前感知和秩序模式的根本颠覆，诚如布赫精到的描述：

将古希腊罗马的古典传统作为永恒的标尺已经过时了。像歌德和洪堡那样把旅行当作经历现实和寻找自我的手段，在资本主义全球贸易和交通的时代也已经不再现实。在他所处的时空中，商品和劳务愈加迅速地从地球的此处流动到彼处。而旅行速度的提升也将人对世界的感知降到了最小[43]。

布赫认为，福斯特、洪堡和沙米索的世界旅行之后不可能再有整体视野：“诸种科学门类不断前进的专门化与文学的平庸化并步同行，而对近与远的描绘散落到了各个互不关联的分支学科中。”[44]至少在涉及西方世界对近与远的感知问题时，布赫的这一论断是绝对中肯的。最终作者的思路归结到了一对存在于近与远感知方面的、尚未为人熟知的矛盾体上——熟悉与陌生。而更具决定意义的其实另有其存在，它由上文已经提到的关于时间和空间的新认知带来，现在在文学世界中已经隐隐显现。布赫在书的结尾提到了卡夫卡、里尔克和都森德：

在时间与空间相对化、自然被现代技术祛魅的过程中，传统上对近与远的区分失去了意义；这种区分现在变成了不同时之物的同时性，即从前在世间万象中彼此分离的事物变得同时共生[45]。

理论上的疑问

上文中的论述有意带有一种通盘概览的性质。若要弄清楚问题的方方面面，我认为还有必要了解一些过去数十年空间学中涌现出的、可能与叶隽的考虑有关联的理论。这么做也不是一味为了追求完满。在各种构想中已经可以看到一些对未来的共同思考可能有价值的元素。我更多是想要指出这些元素。

一些基本的、富有洞见的思考早在德国哲学家、诗人约翰·戈特弗里德·赫尔德（Johann Gottfried Herder，1744—1803）那里就有了。他在1799年写下的文章《空间一词释义》（“Erörterung des Wortes Raum”）中，得出了一些重要结论。比如他提到，空间其实是一个“白板”：

在这个白板上各种形状向我们显现，而它们又不仅仅是形状……空间自身并不是一种外在形式，更不是先于一切感官的形式，最不可能的是说通过空间“一切感官的对象可获得其规则，或者说极有可能如此”。没有什么对象可以从空间中获得其存在、其形状或其他特性的规则，就像数学家写在白板上的符号不会从白板那儿获取什么规则一样[46]。

如此一来空间就无法给予任何事物，“因为它本身一无所有，只是进行接纳”[47]。联系卡尔弗里德·冯·迪克海姆（Karlfried von Dürckheim，1896—1988）提出的概念“被经历的空间”（Gelebter Raum，1932），我们会清楚地看到这种思考：空间不是凝固的、静止的，从空间中可以发掘出一种活动的因素。空间和人由此从根源上彼此联结。因此可以说，空间中的现实是整体世界中自有其意义的形形色色之物，它最终总是以“个体的全部自我”为核心[48]。也正是因为如此，既然空间和人不可分割地联系在一起，也就不可避免地会有变化发生：

每个具体的空间都各不相同，由它属于谁和其中进行着怎样的生活决定。空间随着处于空间里的人而改变，随着当下的某些调整和定位而改变。而这些当下的、多多少少都是转瞬即逝的情况，又受整体的自我所控制[49]。

进入20世纪，相对论的前期及周边领域出现了数学和宇宙学方面的突破，带来了空间思考中的一个深刻转变。首先，还能否进行空间定位变成了一个问题。当涉及运动中的定位时，空间研究提出的问题是：无论在怎样的数学和物理条件下，我们究竟能够从空间中感知到或者意识到什么[50]？

我认为关于这个话题的一个重要的观点，是居伊·德波（Guy Debord）早在1958年提出的“漂移理论”（Theorie des Umherschweifens）[51]。这一理论认为，“漂移包括幽默嬉戏的建构行为和心理地理学的感受意识，因此，是完全不同于经典的旅游或散步概念的”[52]。根据漂移的观点，城市有一种心理地理学式的地面纹路，它描绘了城市中持续的人流、固定的站点，以及使人难以出入某些区域的旋涡。借助经验中城市人群的移动模式而了解到的知识，可以应用于城市建设，以及其他更多领域[53]。作为一个科学的概念，心理地理学的定义模糊，也不乏争议。但是在讨论空间关系时，即使不把讨论的角度局限于狭窄的城市空间，我们也应该重视这个角度。

以上这些复杂的讨论还与一个问题紧密相连，那就是人在空间中的行为在多大程度上依赖于他所掌握的空间环境知识。这里对应的研究主要是认知地图学。它提出了一种解释机制，主要意在回答两个人类的基本问题：某特定的事物存在于何处，以及人如何从一个位置到达那个相关地点[54]。我们如果继续涉及更多心理学的相关领域，即那些研究“空间中的行为”和情感动机的广泛领域，最后一定会接触到空间关系学（Proxemik）。1966年爱德华·霍尔（Edward T. Hall，1914—2009）以《隐藏的维度》（*The Hidden Dimension*）[55]一书为这门特殊的空间科学奠定了基石。空间关系学对空间的定位不是从方向出发，而是关注距离，或者更确切地说是距离范围。而这些距离范围是一种文化上的划分。

将这些理论推到人类的社会关系上，意味

着社会、政治和经济的区域划分不再与国家边界绝对重合（而绝对重合的情况则会推出区域划分中的“集装箱模式”）。现在我们更多认为，空间和空间中的所有物是无法彼此分开的。这提供了一种全新的对空间的理解：传统上时间是运动、活跃、进步、变化和发展的等价物，而空间则被看作与停滞、稳定、僵化、凝固相同。这些新概念慢慢使人认识到，并不是只有空间之内的物体会运动，空间本身也在运动中[56]。

在这篇小文章的结尾我还想提一位学者。我认为他讨论文化动态相关问题的作品意义深远，可能会为侨易学提供重要的补充。尤里·米哈伊洛维奇·洛特曼（Yuri Mikhailovich Lotman，1922—1993）是一位杰出的文学研究者、文化历史学家以及符号学家。他曾在塔尔图大学工作，是爱沙尼亚科学院的成员。洛特曼是塔尔图-莫斯科符号学派的创始人。凭借他早年的论文《论结构的语言学概念和哲学概念界定》（“On the Delimitation of Linguistic and Philological Concepts of Structure”，1963）和结构主义诗学方面的论著，他也被认为是苏联结构主义的创始人。洛特曼1950年前往爱沙尼亚，从1954年开始在塔尔图大学俄语文学系担任讲师，后成为该系领头人。洛特曼在塔尔图创立了所谓的塔尔图-莫斯科符号学派。在学派成员的共同努力下他们创造了一种文化符号学的理论框架。洛特曼留下的卷帙浩繁的作品，是文化学专家们极为重视的研究对象——至少德国的情况如此[57]。

洛特曼在文化动态研究方面有一个引人入胜又十分激进的切入点，那就是他的“爆炸”概念。他提出的理论雏形，将文学、文化学和社会学的研究角度结合到了一起。洛特曼认为有两种形式的“进步的动态”：一种是持续不断的向前发展，它最重要的特点是可以被估算；另一种则是无法预计的爆炸。“爆炸”是洛特曼的一个比喻，用来在符号学层面上描述每一个打破窗户的时刻。符号学的世界是自我封闭的，它更多是一种综合的结构。在我们周围的一些空间中，古老的符号活动元素得以继续留存，或者重获新生。而符号学的结构就意在与那样的空间进行游戏。洛特曼的文化动态模型与尼可拉斯·卢曼（Niklas Luhmann）对“事件”（Ereignis）的系统理论性思考有许多重合的地方。主要体现在描述现代社会的功能时，它们如何指明不稳定性、革新和建立新秩序之间的关联。我们不光要确定变化的过程，还要更多地研究变化本身的特性。在这方面洛特曼的思考可能会为本文的主题和侨易学提供一些有趣的启发。

（余明锋 译）

注释

[1] 罗炜：《侨易学实践的个案（第4辑）——从德中文学关系研究实践看“侨易学”的意义与问题》，载《侨易学学界——讨论资料选编Ⅰ》，188～201页。

[2] 以本人为例，我在研究官方正史中对外国和外国人的记载情况时，首要依托的是自司马迁以来的史家记载。另外还有僧侣的游记和以此为基础加工而成的文学作品，如《西游记》，以及一些近现代的关于移民的材料。这其中特别值得注意的是19世纪中国外派使者的历史记录，以及中国古代地理学家对以上相关记录的运用。

[3] 罗炜：《侨易学实践的个案（第4辑）——从德中文学关系研究实践看“侨易学”的意义与问题》，载《侨易学学界——讨论资料选编Ⅰ》，75～86页。

[4] “空间学”是由“空间”（Raum）和“科学”（Wissenschaft）两个单词组成的组合词。-wissenschaft是“科学”的单数形式，方括号中的-en是其复数形式。——译者

[5] Stephan Günzel, *Raumwissenschaften*, Frankfurt a. M.: Suhrkamp, 2009.

[6] 单数的“空间学”主要指地面测量这一学科基础，也就是地理学。而与此相对，复数的“空间学”主要“指涉研究途径和研究角度，且两者处于相互联系和交流的关系之中”。由此可见，复数的“空间学”意味着“完全不同的课题和方法论都可以通过空间或空间关系来呈现”。参见 Günzel, *Raumwissenschaften*, p. 7, p. 19。

[7] Günzel, *Raumwissenschaften*, p. 8.

[8] Dieter Haller, “Ethnologie/Sozialanthropologie,” in *Raumwissenschaften*, pp. 109-124; Markus Schroer, “Soziologie,” in *Raumwissenschaften*, pp. 354-369.

[9] 叶隽：《变创与渐常：侨易学的观念》，32 页，北京，北京大学出版社，2014。

[10] Judith Glück, Oliver Vitouch, “Psychologie,” in *Raumwissenschaften*, pp. 324-337.

[11] Hartmut Böhme, “ Kulturwissenschaft,” in *Raumwissenschaften*, pp. 191-207.

[12] Ibid., p. 194.

[13] Ibid., p. 196.

[14] Ibid., p. 197.

[15] Ibid., p. 197.

[16] Margaret Wertheim, *Die Himmelstür zum Cyberspace: Eine Geschichte des Raumes von Dante zum Internet*, Zürich: Ammann Verlag, 2000, p. 20.

[17] Ibid., p. 21.

[18] Ibid., p. 161.

[19] Ibid., p. 28.

[20] Ibid., p. 238.

[21] 此处施罗尔引文中的“空间”一词使用了复数形式的 Räume，可以指具体的空间场所。——译者

[22] Schroer, “Soziologie,” p. 365.

[23] Ibid., p. 365.

[24] Eric J: Leed, *Die Erfahrung der Ferne*: *Reisen von Gilgamesch bis zum Tourismus unserer Tage*, Frankfurt: Campus, 1993, pp. 17-18.

[25] Leed, *Die Erfahrung der Ferne*. p. 31.

[26] Ibid., p. 19.

[27] bewandert 这个词是动词 bewandern（漫游）的变体，字面意思可以理解为“游历过的”，引申为“有经验的”“精通的”。——译者

[28] Leed, *Die Erfahrung der Ferne*. p. 20.

[29] Ibid., p. 23.

[30] Ibid., p. 41.

[31] Ibid., p. 41.

[32] Ibid., p. 51.

[33] Ibid., p. 52.

[34] Ibid., p. 63.

[35] Ibid., p. 55.

[36] Ibid., p. 68.

[37] Ibid., p. 88.

[38] Ibid., pp. 71-72.

[39] Ibid., p. 87.

[40] Ibid., pp. 78-79.

[41] 阿德尔贝特·冯·沙米索（Adelbert von Chamisso），德国诗人、学者，参加过俄国人组织的环球远航。下文中的格奥尔格·福斯特和亚历山大·洪堡都曾进行过世界范围的远航旅行。——译者

[42] Hans Christoph Buch, *Die Nähe und die Ferne. Bausteine zu einer Poetik des kolonialen Blicks*, Frankfurt a.M.: Suhrkamp, 1991, pp. 57-58.

[43] Ibid., p. 59.

[44] Ibid., p. 71.

[45] Ibid., p. 113.

[46] 此处涉及的是赫尔德《对〈判断力批判〉的反批判》（*Metakritik zur Kritik der reinen Vernunft*）中的一段话。Johann Gottfried Herder, “Erörterung des Wortes Raum,” in *Texte zur Theorie des Raums*, ed. Stephan Günzel, Stuttgart: Reclam, 2013, p. 294.

[47] Ibid., p. 295.

[48] Karlfried von Dürckheim, “Vom gelebten Raum,” in *Texte zur Theorie des Raums*, p. 316.

[49] Ibid., pp. 317-318.

[50] “Sprache-Körper-Orientierung,” in *Texte zur Theorie des Raums*, p. 286.

[51] 以居伊·德波为代表的情境主义者使用的原文是 Dérive，此处翻译参考居伊·德波：《景观社

会》，王昭凤译，246及后页，南京，南京大学出版社，2006。——译者

[52]　转引自居伊·德波：《景观社会》，王昭凤译，150页，南京，南京大学出版社，2006。

[53]　Guy Debord, "Theorie des Umherschweifens," in *Texte zur Theorie des Raums*, pp. 246-250.

[54]　参考罗杰·唐斯（Roger M. Downs）和戴维·斯蒂（David Stea）的论文，文中主要从心理学角度分析人对空间的占用和处理，in *Texte zur Theorie des Raums*, pp. 389-397。

[55]　See *Texte zur Theorie des Raums*, pp. 286-287.

[56]　Schroer, "Soziologie," p. 357.

[57]　Maxim Waldstein, *The Soviet Empire of Signs: A History of the Tartu School of Semiotics*, Saarbrücken: VDM Verlag, 2008；Jurij M. Lotman, *The Universe of the Mind: A Semiotic Theory of Culture*, Bloomington: Indiana University Press, 2010.

英译“之后”的《中庸》

——以安乐哲对《中庸》之“诚”的翻译为例

伍晓明

伍晓明 / 新西兰坎特伯雷大学

先解释一下标题。当然，我在其中这样措辞只不过是有意暧昧。因为，“之后”能够模棱两可地意味着：第一，已经被译成英语的《中庸》，在这样的翻译完成“之后”开始作为另一者而存在的《中庸》，或者，更准确地说，作为某种翻译而在时间上出现于汉语原本“之后”的某一英语《中庸》，例如，那一以“Focusing the Familiar”为其标题的、同时包含着译者们的“哲学解释”的《中庸》[1]。第二，英语翻译出现“之后”的《中庸》，那似乎是已经被某一外语触动但似乎又仍然原封未动的《中庸》。也就是说，从前是独一无二的（仅在没有任何外语翻译与之竞争这一意义上的独一无二），现在却有了某一羡慕者、某一模仿者、某一可能欲以假乱真者，甚至某一可能自以为青出于蓝而胜于蓝者与之并肩而立甚至与之相互争锋的《中庸》。这就是标题中的“之后”另一可能的意义或意义的可能：已经排在了其外语译本“之后”的汉语《中庸》。

这一有意为之的意义暧昧并非只是文字游戏。既然这是一个关于汉语文本——经典与现代——之翻译的会[2]，那么就让我们先来考虑一下当今中国流行的那些外语的汉学研究著作甚至汉语经典文本的各种外语译本的“回译”吧。“回译”指将那些已经被译为外语的汉语文本再译回到汉语之中。这其实是一个相当复杂的学术现象，一个也许可以让我们从中读出有关当代中国社会、思想和文化的多种意义或多种症候的现象，而这一现象的某种“不可思议”却似乎还一直没有得到汉语学术界的认真思考和议论。安乐哲等的英译《论语》的“汉语翻译”就是此种“回译”之一例。当这一英译《论语》被译回到汉语之中时，那被原封不动地放回到这一汉语回译之中的《论语》原文，似乎就典型地体现了上述第二种意义上的“之后”。英译“之后”的《论语》可以意味着：已经译成英语之后的《论语》，是在英语中存在着的《论语》；或，将英译《论语》译成或译回到汉语之后的《论语》，表面上原封未动，其实却可能是已经以某种方式在自身之内包含了另一者之某些痕迹的《论语》。这是否有点儿像那一直唯我独尊的独生子突然知道自己有了某个（或某些）不知从何而来、却声称也有同样的财产继承权的弟弟（们）的情况呢？独生子当然还是独生子

（至少根据某种婚姻和家庭法律是如此，例如，根据某些社会和时代的那些规定非婚生子没有继承权的法律），不过在发现自己有了这样的弟弟们之后，他也许就再也无法高枕无忧安心睡大觉了。这些前来跟自己竞争的弟弟们会不会威胁自己一直享受唯我独尊的特权的地位呢？他们会不会因为比他自己这个现在已经由于他们的突然出现而无可挽回地变成“大哥”者（而成为大哥就意味着有了可以“阋于墙”的兄弟）更晚出生而更受父母娇宠呢（我们知道很多父母都倾向于宠爱和娇惯最小的孩子）？他们会不会因为长得比他更加“年轻漂亮”而从父母那里夺走他自己原来独享的宠爱呢[3]？我之所以做这样的比喻，并非完全事出无因。因为我一直在想的一个问题就是，将那些译成外语的汉语经典（以及那些以对中国经典文本的研究为主的、大量引用汉语经典原文的外语著作）译为或“译回”汉语的意义究竟何在？这一现象是因为具有深刻的文化意义，因而应该成为持之以恒的学术活动，还是仅为当代中国文化之某种问题的某种反映，亦即，是当代中国的社会思想文化的某种症候[4]？如果这样的翻译原则上真有意义的话，我们又应该怎样做才真能从这样的汉语回译活动中获益[5]？

现在，为了以一个非常初步的方式展开我的问题，让我们假设，在我们有生之年，传承迄今的中国古代经典《中庸》，其所有原本、抄本、印本，都不幸丧失，就像我们知道的那些已经失而不可复得的其他古代文本一样。而且，让我们假设，由于这一丧失的原因是一场无法想象的自然灾害，所以我们也确切地知道，这一文本已经化为灰烬，而并不是与某个喜爱《中庸》的重要人物——其权力大到可以要求把全部《中庸》版本随身带入地下的人物——一起埋入了秘密陵墓，而等待着未来的可能发掘。换言之，我们这里也不可能期待未来地下的发掘能为我们带回这一文本。当然，我们还需要进一步假设，由于某种原因，任何能使《中庸》恢复原貌的活记忆目前亦皆已丧失，没有任何前朝或当代的遗老能够再凭自己出色的记忆而为我们把《中庸》恢复出来（就像汉朝遗老们凭借记忆而将先秦经典恢复出来那样）。

巨大的思想文化损失！尤其是当中国文化需要通过与“哲学”的某种认同，或与“某种”哲学的认同，而恢复或再创自己的辉煌之时。而在这样的文化辉煌的恢复或再创之中，我们当然需要有文本的依据。需要有最哲学的经典本文，或最经典的哲学文本，来表明中国自始就非常“哲学”，甚至比那自以为是哲学之唯一家园的（希腊—罗马—犹太—基督教的）欧洲更加哲学，甚至比那认为哲学乃欧洲所独有的欧洲更加哲学，尽管我们其实有时也会偶然记起，汉语的“哲学”一词虽然长相上完全是中国的，完全到我们不会以为（或者甚至已经忘记）它其实是外来者或“外国人”，但它骨子里却可能“非我族类”。它之所以能假冒“自己人”而进入中国，可能是因为有人用了两个可爱的汉字——“哲”与“学”，把它好好打扮了一番。而且，我们也知道，这一化妆师并不是首先创造和使用汉字的中国，而是让汉字在异地——在异文化中——获得不同生命的日本。在明治维新时代，日本为了迎接philosophy这个欧洲新娘，并且让其有别于自己以前从中国迎入之旧爱，亦即“汉学”，就把她用“哲”和“学”这套汉字衣裳打扮了一下，让她以“哲学”的面目在日本出现，从而使新人不至于以自己原来的（外国的、欧洲的）奇装异服，或不至于干脆就赤身露体地，出现在旧人面前，吓坏或羞死旧人。这样，新旧二者也许就能相安于一室，而不至于出现“但见新人笑，那闻旧人哭”（杜甫）的情况。当然，我们也不能指望新旧之间真就能从此相安无事。二者心中各自可能怀有的自卑情结与自大情结，以及她们之间的种种猜疑、嫉妒、误解，必然会使明争暗斗不断，虽然这并不意味着她们之间就没有与夫主共度蜜月之时。

而既然中国也借着“哲学”这件日本缝制的但颇具汉风的衣裳，在19世纪末迎入了philosophy这个新娘，以期其可与传统的儒、释、道诸旧人一室共处，所以中国一室之内百年以来其实也是新旧摩擦不断。以至于到了21世纪初，我们还有“中国哲学”之名是否合适或是否合法的讨论。但这样的讨论，如果囿于“哲学”之名，可能是不会有结果的。因为这只能或是把“哲学”这件衣服改造放宽到可以装下一切中国思想，或是认为中国思想的身材撑不起或穿不下哲学这件华丽或寒酸的衣裳。

所以，关于是否可以说“中国—哲学”，我们也许应该另辟蹊径。但这并不是我今天想要讨论的问题。我想讨论的问题其实要简单得多，但可能以某种非常重要的方式与以上所说相联系。我这里要接着我以上的假设继续假设。《中庸》这一重要的汉语经典文本，这一在philosophy披上“哲学”衣裳而被迎入中国之后，被一些研读中国经典的西方和中国学者称为“所有中国经典中最为哲学的文本”，已经由于某种不可控制的原因化为灰烬，绝对丧失，不留痕迹。所幸，惋惜之余，悲伤之余，哀悼之余，我们发现《中庸》其实早已被译为多种西方语言，可能尤其是英语。这时我们也许就发现了汉语经典之外语翻译的某种重要性：为汉语经典提供必要的“财产保险”，以防止宝贵的文化经典所可能遭受的意外损失[6]。于是，从英语（或其他外语）的翻译中重新“找回”《中庸》（就好像把嫁出去的姑娘重新迎回来那样），就成了我们文化上的义不容辞的责任。而且，一百多年以来，由于我们其实虽然一直割舍不下自己的“古学”或“国学”或“儒学”或“儒释道合一之学”这个旧人，但又一直明里暗里地热恋着一个“哲学”新人（至少是因为迷恋其“哲学”衣裳，如果不是这样也是因为迷恋其“哲学”容貌），并且还经常试图以新化旧；因此我的寻找目光几乎自然而然地就投向了那个似乎已经在翻译过程中接受了也许是最多哲学教化的《中庸》，亦即那个将自身用一个明确的解释性标题“A Translation and Philosophical Interpretation”来说明其翻译意图的英译《中庸》，那个把“中庸”二字大胆而别出心裁地译为“Focusing the Familiar”的《中庸》。当然，大家已经知道，我所说的是中国当代学界中一些人极为钦佩、极为尊重的汉学家/哲学家或哲学家/汉学家安乐哲教授与他的合作者、已故哲学家郝大维的《中庸》英语翻译。

为了能够真正欣赏这一翻译的独特之处，我开始试将这一意欲成为汉语《中庸》之英语“哲学诠释”的《中庸》译本译回汉语，从其标题开始。当然，因为我假定自己已经失去了对《中庸》的任何汉语记忆，所以我只能将这一标题照字面试译为“聚焦于日常者/常见者/见惯者”，或“聚焦人所熟悉之事”。当然，那些对《中庸》的标题以至于文本尚有一丝模糊记忆的人，可能不会从这一翻译中认出或猜到，这其实就是兜了一个圈子又被译回到汉语之中的“中庸”二字。不然他们可能就会问，为什么“中庸”在被翻译回来以后成了“聚焦于日常者/常见者/见惯者”，或为什么“聚焦于日常者/常见者/见惯者”就意味着“中庸”？当然，惜墨如金的标题总是最难翻译的，甚至是最不可翻译的，所以标题被译者在翻译中出于对接受语中的读者的阅读习惯的尊重而加以某种改动并非异乎寻常。因此，对于安乐哲的这一似乎将“中庸”读为动宾结构（中：focus/ 聚焦；庸：the familiar/ 熟悉之物）的英语翻译，以及我这里所尝试的笨拙的回译，我们此处可以暂时存而不论。当然，如果我没有像有些人会做的那样，索性就把“中庸”一词原封不动地放上去，那只是因为，如前所述，我已经没有了对于《中庸》的任何记忆。

让我直接从《中庸》关于“诚”的段落开始。或者，我其实应该说，让我从“creativity”这个词或者这一概念开始，因为我们已经假定，我作为这一题为“Focusing the Familiar”的英语文本的汉语译者对《中庸》的汉语原本现在已经一无所知，因而当然也就并不知道在原文中与“creativity”对应的原来到底是哪一个词。而我之所以迷恋“creativity”这个词，这个被我们各种英汉词典都译为“创造力”和“创造性”的词，则也许只是因为我对欧洲—西方传统的某种一知半解，从《圣经》讲述的上帝创造世界和人类——人因而是被创造之物，the created, creature——到某些西方现代哲学家（例如，柏格森有一本著作就被汉译为《创化论》或《创造进化论》）对这一重要概念的重新阐发。当然，也因为我有个看书不先看序言而先看正文——此处当然就是译文本身了——的习惯。于是，我就直奔《中庸》英译中涉及的那些段落。从下面这段开始：

Creativity (*cheng* 诚) is the way of *tian* (天之道); creating is the proper way of becoming human (人之道). Creativity is achieving equilibrium and focus (*zhong* 中) without coercion; it is succeeding without reflection. Freely and easily traveling the center of the way-this is the sage (*shengren* 圣人). Creating is selecting what is efficacious (*shan* 善) and holding on to it firmly.

对于这一段英文，我自己的逐字逐句的认认真真的汉语翻译是这样的：

创造力 / 创造性是天之方式 / 天之道路；进行创造 / 去创造是成［为］人的合适 / 特有道路。创造力 / 创造性就是不受强制地成就平衡与焦点；就是不带 / 不经［任何］反思就获得成功。自由地、轻易地行走在道路的中心——这就是圣人。进行创造就是去选择那些有效的［有效的东西，有效事 / 物］并牢固地执持它们。

我不得不承认，译得很不顺手，而且也有点儿不懂。不，不是有点儿不懂，而是几乎完全不懂，甚至茫然若失。为什么说“创造力 / 创造性就是不受强制地成就平衡与焦点”？为什么创造力 / 创造性就意味着“不受强制地成就平衡与焦点”？创造，汉语中的“创造”一词，难道不是意味着主动地产生出新的、前所未有的东西来吗？那么，为什么这里却说进行创造就只是去选择有效之事物并牢牢抓住它们？是我不了解“creativity”的意思，还是这个词还有某些汉语的“创造”翻译不出来的独特意义？而且，何谓“有效的东西，有效事 / 物”？如何判断其效能或效力？因为没有汉语原文参考，我不懂我直译出来的这一段究竟要说什么。当然，退一步说，认为“进行创造就是去选择那些有效的［有效的东西，有效事 / 物］并牢固地执持它们”也是可以成理之言，但为了使其言之成理，就需要周密的逻辑论证的支持，而这恰恰不是《中庸》以及绝大多数汉语经典的风格。它们的思想上的严格性基本上都包含在紧密的字里行间。部分上由于这一点，译文对其所用词语的选择才更加关键。

不过，为了说服我自己，或者，为了给这一译者 / 作者以起码的信赖（因为没有这一起码的信赖，任何翻译都不可能开始），我还是又接着尝试翻译了一段，希望自己在更多的上下文中能够找到一点儿理解的线索：

Understanding born of creativity (*cheng* 诚)is a gift of our natural tendencies (*xing* 性); creativity born of understanding is a gift of education (*jiao* 教). Where there is creativity, there is understanding; where understanding, creativity.

下面是我的翻译：

生于创造力 / 创造性的理解是我们的自然倾向［赠给我们的］礼物；生于理解的创造力 / 创造性则是教育［赠给我们的］礼物。有创造力 / 创造性之处就有理解，而有理解之处就有创造力 / 创造性。

我仍然不无困惑，仍然似懂非懂，因为我搞不清这里的创造力 / 创造性与理解 / 理解力的关系，因此无法让自己理解这一段。而因为我此处无力理解，或者缺乏必要的理解力，所以我的创造力或创造性，那似乎应该在对于这一段落的理解中油然而生的创造力或创造性，好像也没能在此处产生或发挥出来。我于是望文生义地想，看来我可能还没有接受我的教育应该赠给我的礼物——创造力或创造性。但因为还不太甘心认输，所以我就想从这一段落中说到的另一端开始。既然生于创造力 / 创造性的理解是我们的自然倾向送给我们的礼物，而这也就是说，是与生俱来者，而既然有创造力 / 创造性之处就会有理解，那我作为人就应该能理解。于是我就勉强自己在努力理解这一困难段落时先来发挥一下我自己那作为礼物的、与生俱来的创造力 / 创造性。这样我就将这一段所说的先"创造性地"理解为：人的创造力 / 创造性是与生俱来的，因此人是必然能理解者，既然这里说只要有创造力 / 创造性的地方就会有理解。然而，如果是这样的话，那么教育就是不必要的，甚至可能是有害的。但如果我以上的"创造性理解"是对的，那么这一段本身就有问题：因为，如果有创造力 / 创造性的地方就会有理解，而我的创造力 / 创造性应该是我的自然倾向一定会送给我的礼物的话，那么我之不能理解或不能很好地理解这一段就表明，这一段话说错了，或者没有任何意义。于是我很怀疑，中国传统中这一如此有名、如此重要的经典，真会说像这样的英文翻译"让"它说的这些话吗？于是，我还是放弃了这样的自以为是的"创造性理解"，并再接再厉地继续翻译下一段，抱着最终将能够理解这一困难文本的希望：

Only those of utmost creativity (*zhicheng* 至诚) in the world are able to make the most of their natural tendencies (*xing* 性). Only if one is able to make the most of one' s own natural tendencies is one able to make the most of the natural tendencies of others; only if one is able to make the most of the natural tendencies of others is one able to make the most of the natural tendencies of processes and events (*wu* 物); only if one is able to make the most of the natural tendencies of processes and events can one assist in the transforming and nourishing activities of heaven and earth; and only if one can assist in the transforming and nourishing activities of heaven and earth can human beings take their place as members of this triad.

我的翻译如下：

在世界上，只有那些最有创造力/创造性者，才能最充分地利用他们的种种自然倾向（或译，才能让他们的种种自然倾向得到最充分的发挥）。只有能最充分地利用自己的种种自然倾向的人，才能最充分地利用别人的种种自然倾向。只有能最充分地利用别人的种种自然倾向的人，才能最充分地利用种种过程和事件的种种自然倾向。只有能最充分地利用种种过程和事件的种种自然倾向的人，才能辅助天与地的种种转化和养育活动。而只有一个人（one）能辅助天与地的种种转化和养育活动，人类（human beings）才能作为成员而在天—地—人这个三重组合中占据自己的位置。

这一段我自以为可以大致理解了，但这一某种程度的理解却又让我对其“逻辑”心存疑问。简单说来是这样的：经过一环套一环的发展或扩大，最有创造力/创造性的人最终将能够辅助天与地所进行的种种转化和养育活动。而就是由于有了这样一个最有创造力/创造性的人，整个人类都将能在天—地—人这个三重组合中占据一个位置（英语翻译就是让我这样理解的）。而既然是三重组合，人在其中当然是与天地平起平坐的。然而，这一段最后却只是肯定，最有创造力/创造性的人也只是在辅助天地所进行的种种活动。这让我不禁想起老子所说的，圣人或人乃“能辅万物之自然而不能为”者[7]。就此而言，即使在这一英语翻译中，《中庸》也与《老子》趋于一致：人不是万事万物的创造者，而只是其辅助者。但是，我逐字逐句翻译的这一段在强调了人之创造力/创造性的极端重要性之后，却又如此转而说人只是天与地的辅助者。这可能会让人觉得它在逻辑上确实有点儿问题。当然，这一问题也许能够以下述“创造性的方式”来解决：或者“creativity”在英语里还有别的、完全不同于汉语之“创造力/创造性”的意思，而这样一来，我如此一以贯之地将“creativity”译为“创造力/创造性”，就只是我对这一《中庸》英文译本的误读和误译；或者也许在《中庸》汉语原文中与“creativity”对应的其实是另一个词，一个并不能直接被译为英语的“creativity”的词，否则会造成严重误解，而假如是这样的话，这一英文译本中的“creativity”本身就是一个误译，尽管可能是一个有意为之的、而且非常具有创造性的误译。而之所以“有意为之”，可能恰恰又是因为，英文译者希望以自己在翻译中发挥的创造性而让《中庸》在英语中对西方思想产生创造性的哲学影响。因此，我们这里所面对的，也许正是一个多重意义上的“（有关）创造性（的）问题”吧。

我之所以说英文译者在《中庸》翻译中使用“creativity”一词是“有意为之”的，是因为我不仅突然恢复了先前假定已经丧失的对《中庸》原文的记忆，而且也终于注意到，英文译者的译文不仅每段都附有原文，而且还时而在“creativity”一词之后附上“诚”或“至诚”这些汉字。这当然怪我自己当时太过急切，只想赶快看一下我基本上只以汉语的“创造力/创造性”去对应的这个“creativity”在英文译本中是如何具有创造力——让我们说，哲学创造力——的，而竟没有注意到译者以插入汉语原文的方式所表现出来的谨慎。

然而，又正是由于我现在已经知道了“creativity”是《中庸》汉语原文中“诚”的翻译，我的好奇和疑问更大了。因为，以我对“诚”这个汉字与这个意思的通常理解，我无法说服自己接受将《中庸》之“诚”译为

"creativity" 这一做法中可能包含的任何创造性。不过，在遽下任何可能会失之轻率的判断之前，我想进一步了解译者这一不无相当创造性的译法的动机。于是我开始回头阅读译者为这一《中庸》英译所作的长篇导论，并在其中题为"*Cheng* 诚 and 'Creativity'"的那一节（4.1）中发现了一点儿线索。那里译者首先即明确肯定，把人提升到共同创造者的地位（co-creative status）是《中庸》最显著的特征之一。而这一特征恰恰就体现在它以"creativity"（译者在此词后面的括号中插入了"*cheng* 诚"）这一字眼来表示人在同时实现自身和世界的活动之中的种种充满动态 / 动力的、产生新奇［事物］的活动（第 30 页）。因此，译者一上来就已然认定，在《中庸》（以及其所提到的《孟子》）文本中，"诚"就意味着"creativity"，而《中庸》通过诉诸儒家传统的充分权威来坚持的据说就正是"人的创造力 / 创造性［所具有］的这种深刻的、形塑世界的作用"（the profound，world-shaping effect of human creativity）。但《中庸》（以及《孟子》）所言之"诚"真就如此地意味着"creativity"吗？我不无怀疑。但我首先想要知道的是，为什么译者竟会选择以"creativity"来翻译"诚"。在一段被译者作为某种权威而用来支持这一翻译选择的引文中，我似乎发现了译者将汉语之"诚"翻译为英语"creativity"的基本原因。这是美国哲学家艾尔弗雷德·诺思·怀特海（Alfred North Whitehead）在《过程与实在》（*Process and Reality*）中的一段话：

In all philosophical theory there is an ultimate which is actual by virtue of its accidents.... In the philosophy of organism this ultimate is termed "creativity" ... In monistic philosophies... this ultimate is God, who is equivalently termed "The Absolute". In such monistic schemes, the ultimate is illegitimately allowed a final "eminent" reality, beyond that ascribed to any of its accidents. In this general position the philosophy of organism seems to approximate more to some strains of Indian, or Chinese, thought, than to western Asiatic, or European, thought.

当然，该书应该已经有现成的汉语译文，但我手头没有，我只好自己试译。因为断章取义，我知道自己并不完全理解：

每一哲学理论中都有一个终极，一个由于其所具有的诸种偶性而实在的终极（亦即作为一个承载具有诸种偶性的实体）。……在有机主义哲学中，这一终极被名为"创造性"。……在一元论哲学中……这一终极就是上帝，其亦同样被名为"绝对"。在这些一元论图式中，超出任何被归结为其偶性者，这一终极被不合法地允许［去享有］一个最终的"卓越"的实在［的地位］。在这一概括性的看法中，有机主义哲学似乎更接近于某些印度或中国思想，而非西亚或欧洲思想。

这段话我翻译得很辛苦，而且也知道并不准确。由此我更加体会到，《中庸》的英文译者当时是承担了怎样的一项不可能而又必要的任务啊！

评论怀特海的这段话会大大超出我这篇会议论文的限度。不过我现在至少已经知道了，根据这位很有影响的哲学家的此种将中国、印度与西亚、欧洲分置于两极的看法，中国总是应该在另一极。为了尽快结束，我想仓促地跳到我根据以上诸点而做出的简单推想："creativity" 先已被认为是与有机主义哲学接近的东方思想——这里是中国思想——的终极之点，而《中庸》这一文本又被认为是中国传统中最具有哲学性的文本，于是，在《中庸》中找到中国思想的这样一个终极之点，对于喜欢“creativity”这一概念的西方汉学家来说，就具有相当大的诱惑力。而《中庸》又恰恰有一个可以让人似是而非地解释为“creativity”的“诚”。于是，在安乐哲等的《中庸》英译之中，“诚”就被系统地翻译为“creativity”，而读者——阅读《中庸》的这一英语译文者——就会在英译“之后”的《中庸》里面读到一种有关人之创造力 / 创造性的深刻哲学，一种据说甚至也许有助于西方一元论哲学或西方形而上学走出自身困境的哲学。对《中庸》进行的某种西方哲学教化似乎就这样被一个可能非常具有创造性的大胆的翻译完成了。而这一教化却似乎又正是想要让《中庸》去承担起对西方哲学的某种教化。但是，在这样的英译之后，我们还有《中庸》吗？而且，《中庸》的英译者在引用怀特海来权威性地支持其对于汉语之“诚”的“创造性的”翻译之时，难道竟然丝毫也没有意识到，怀特海的看法，亦即每一哲学理论都有一个终极之点，不恰恰就与他自己所欲肯定的中国思想的根本特征相冲突吗？在或明或暗地将被翻译为“creativity”的“诚”确定为中国思想的“终极之点”以后（或明或暗，是因为安乐哲似乎并未做如此断言），他设想的那个无边之“场”（field）中的不断移动改变的“焦点”（focus）又会变成什么呢？

回答这样的问题需要展开专题的讨论。现在，只让我联系本文开头提到的问题来问一下：我们有必要用“creativity”这个西方哲学概念来打扮或者改造《中庸》之“诚”吗？我们真能被“哲学地”允许这么做吗？为什么一定要把《中庸》这一文本提升到或限制在“哲学”这个概念之中呢？为什么不能首先就“诚”而论“诚”，并且通过深入这一汉语观念所植根的汉语语境来寻找这一观念的真正深刻之处呢？将“诚”译为“creativity”也许不无动人之处，但我们这里还有任何“诚”吗？我们还诚吗？或者，我们还能以诚待人待物吗？我们还能以自己之诚而面对《中庸》之“诚”吗？无论可以做出怎样具有创造性的解释，“诚”都首先意味着诚。因此，讨论《中庸》之“诚”时，我们无法绕开《大学》中有关“诚”的那个经典说法：“所谓诚其意者，勿自欺也。”而不自欺意味着能面对自己，面对自己则意味着面对一个可能的自己，或一个首先作为可能性的自己。一切——一切创造的可能，一切可能的创造——也许皆从这一“能够面对”开始，亦即能够与自己“以诚相见”，能够对自己“以诚相待”，或能够在自己之诚中看到自己的——以及他人的——“赞天地之化育”和“与天地参”的可能[8]。因此，虽然《中庸》确实将“诚”提升到一个极其重要、极其崇高的地位，一个可以让人能够参与天地之化育的地位，但这一提升却不可能被“creativity”这一“创造性的”英语翻译所表达所保证。在试图理解“诚”的重要意义之时，需要的首先也许是一个基于汉语文本并基于汉语思想—文化语境的分析，而不是在某种笼统的中国—西方的对比中将中国思想推向与西方思想对立的另一极端，并在这样的先入为主的二元对立框架中来“把握”中国思想的“实质”。也许，在细致的文本阅读中，这些虚构的动态对静态、过程对实体的对立将会消失，而不同的理解——具有更多的诚在内的理解——将会浮现。因为，在我看来，正是在这些想象出来的对立之中，《中庸》的这一英文译本的创造者才能将以“creativity”来翻译“诚”的这一选择合理化。为了对译者公平，让我把他们所做的合理化（第 32 页）叙述如下，以结束这篇短文：

首先，译者承认《中庸》之“诚”通常被译为“sincerity”，有时被译为“integrity”，而他们将之译为“creativity”的基本理由则是，汉语世界最好是以种种有关过程的理解而不是以实体性的概念来描述。在这样的世界里，物就应该被理解为种种过程以及可以产生一定的、相对的结果的事件（就是说，汉语世界或中国世界中只有过程和事件，而“并无一物”）。而诉诸一个过程世界来进行解释，“sincerity”与“integrity”就必然包含着“变成一个”或“变成整体”的过程（译者这里强调“过程”这个词）。而这样一种变成整体的动态情况，如果美学地 / 审美地（我想直译为：感觉性地）解释出来，就正是“创造过程”所表示的意思。于是“诚”就应该被理解为“creativity”。证讫。

汉语世界或中国世界真是这样的吗？我不知道，如果孔子听到对他所熟悉者（the familiar）的这样的解释，他是否会像听到别人对他的某种形容时那样反问：“其然？岂其然乎？”（《论语・宪问》）我只想把“Focusing the Familiar”这一文本作者对其翻译所做的这一合理化解释留给那些感兴趣的读者自己去判断，并把这一英译之后的《中庸》与这一英译之前的《中庸》的对比阅读，或比较研究，留给那些感兴趣者自己去进行。

当然，为了方便感兴趣的读者自己去比较，我应该把那其实并未丧失的汉语《中庸》文本中的我从英文吃力地译回的那三段原文附录于下：

一、诚者，天之道也。诚之者，人之道也。诚者，不勉而中，不思而得；从容中道，圣人也。诚之者，择善而固执之者也。（第二十章）

二、自诚明，谓之性；自明诚，谓之教。诚则明矣，明则诚矣。（第二十一章）

三、唯天下至诚，为能尽其性。能尽其性，则能尽人之性。能尽人之性，则能尽物之性。能尽物之性，则可以赞天地之化育。可以赞天地之化育，则可以与天地参矣。（第二十二章）

附录
“回译”作为可能的文化馈赠

我们分论坛的主题是“文明的构建：语言的沟通与典籍的传播”。对于汉语典籍及其所代表的中国文化来说，这一主题可以意味着，它可以站到自身之外来观察它自己如何置身于他者——其他语言和文化——之间。观察汉语典籍之如何被译入其他语言，并在这些语言中如何被诠释和理解，当然是获致此种在某种意义上其实近乎不可能的“在自身之外观察自身”的一个可能途径。而为了实现此种观察，被翻译了的汉语典籍——或由于这样的翻译而离开了汉语语境的汉语典籍——就需要被我们拿回到汉语语境中来阅读。这样的阅读必然总是某种对读：汉语典籍原文与其翻译的对比阅读。此种对读的一个方式就是西译汉语典籍的汉语回译。以下，我想对这一文化现象做一个初步的观察，这应该不至于离开我们的主题太远。

近年来，被翻译为西方语言（主要是英语）的中国传统典籍之被重新译回到汉语之中，已经成为中国大陆学术界一个显著现象，中国台湾学术界也做了不少类似的工作[9]。我想提出来与诸位同道讨论的是，那些被西方学者或在西方从事学术工作的中国学者翻译为欧洲语言的中国传统典籍被重新译回汉语时，究竟会发生些什么？如果我们在此可以谈论文化互动，这是怎样的互动？具体地说，关于此种“汉语—欧洲语言—汉语”的“往复翻译”，我们是否可以提出以下问题：

是什么（文化“欲望”）推动了这样一种特定的“文化互动”？我说“特定”是因为，迄今为止，我们似乎还只能看到被“译回”汉语的英译（或被译为其他语言的）中国传统典籍，而尚未看到被“译回”欧洲语言的汉译西方典籍。因此，这一“汉语—欧洲语言—汉语”的“往复翻译”中，似乎有某种“剃头挑子——一头热”或某种“单相思”的情况。“文化互动”在某种程度上变成了单向的“文化被动”，亦即汉语文化被西方文化所动。我此处并不是要对此种翻译做价值判断，也不是在质疑此种翻译的必要性，而是认为我们应该充分意识到并研究此中可能涉及的种种理论问题。

首先，从文化上说，此种“翻译之翻译”可以说反映了现代中国文化的积极的开放性。此一开放不仅包括着一个倾听自己的文化他者和向自己的文化他者学习的欲望，亦即接受他者可能给予自己的一切文化馈赠的欲望，而且也包括一个想要通过他者（西方文化）所看到的自我（中国文化）而重新审视自我、重新发现自我文化价值的欲望。他者（西方文化）对中国文化的怀着欣赏甚至倾慕的了解在此可被视为他者的一种文化馈赠。但这一馈赠在他者（西方文化）这一方面首先也是通过接受他者（中国文化）的馈赠而实现的。中国文化，或更准确地说，结晶在汉语经典中的中国文化，被怀着欣赏和倾慕之情的西方学者翻译为西方语言，此翻译首先即是中国文化通过这样的译者而对西方文化本身的慷慨馈赠。而当这些致力于此一文化馈赠的“中介者”的翻译被重新译回汉语时，他们似乎是因为自己的“中介”工作而得到了双重的感激。本来的馈赠者（中国文化）在此怀着感激之心从接受馈赠者（西方文化）那里将自己给出的馈赠作为新的馈赠接受回来：本来的馈赠者成为接受者，本来的接受者成为馈赠者，本来的馈赠则成为回到了本来的馈赠者的新的馈赠。这似乎已经成为中国与西方当下的“文化互动”中一个非常突出的现象。

相比之下，中国文化在最近的一百多年间所接受的诸多西方文化馈赠（具体地说，大量的汉译西方传统与现代经典），却似乎还未能成为中国文化对西方文化的再次馈赠（亦即我们迄今还很少看到汉译西方经典被重新翻译为西方语言的情况）。实现这样一种文化馈赠，亦即让中国文化百年以来怀着欣赏与倾慕之情所接受的西方文化馈赠通过中国文化这一他者再回到西方，成为中国文化对西方文化的新的馈赠，对于中国文化来说，是否有此可能？在文化互动中，中国文化是否也应该努力成为这一意义上的馈赠者？也许，只有当互动的文化中的双方或各方皆能不仅馈赠出自己“本来”所拥有者，而且馈赠出本来作为馈赠或礼物而接受者，只有当被接受的馈赠本身成为新的馈赠之时，诸种不同文化之间才真正进入终始无穷的“互动”，一种能为此种互动中的诸文化“出新”的互动。在这样的互动中，我们已经很难在馈赠者和接受者之间，在本来的馈赠和被重新馈赠的馈赠之间，划出明确的界限。这样的馈赠将往复无穷地丰富、扩展、加深为其所联系起来的诸不同文化的语言和思想。比起传统的“中学为体，西学为用”，比起仍然没有摆脱文化自我中心意识的“拿来主义”，比起为了“化他为我”或“化异为同”而进行的对文化他者的研究和翻译（种种萨义德意义上的“东方主义”或“西方主义”），文化之间的这样的馈赠与重新馈赠也许才是对一切文化他者的真正的尊重和真正的好客。

然而，如果西方所翻译的汉语经典之被译回到汉语之中是西方文化在以其所接受的中国文化馈赠来回赠中国文化，那么在目前很多西方所译之汉语经典的汉语回译之中，这一馈赠（或礼物）却有被有意无意地忽视或丢失的倾向。具体地说，此种汉语回译之所以被认为必要，原因之一是欧洲语言的译者在将中国传统典籍译为欧洲语言时，已经将译者对这些典籍的理解融入自己的翻译之中。因此，将这些翻译再回译成汉语正是为了能够以他者的不同目光——或通过一种不同的“语言”——来重新审视汉语经典。我们希望这样的审视应该能丰富、扩展和深化我们对自己的经典——中国文化本身——的理解。在这样一种将自己所馈赠出去者作为他者的重新馈赠而接受回来的行为中，最重要的可能就是已经被翻译为西方语言的汉语经典——已经存身于另一语言之中的汉语经典——的汉语回译。然而，我们所看到的却经常是，在这样的西译汉语典籍的汉语回译中，西方译者的前言、导论、简介、评述、译注、后记、附录等等皆被一一翻译，而唯一不被翻译的——或在这样的汉语回译中原封未动的——就是那被翻译为西方语言的汉语经典本身。于是，被翻译的《论语》就又回到了原来的《论语》，被翻译的《老子》就又回到了原来的《老子》。此种“译而不译”的做法在这些汉语回译中似乎被视为理所当然。此处所蕴含的那个未经质疑的假定可能是，既然汉语经典是原文（或原文的原文，如果我们所说的是作为汉语回译之“原文”的西译汉语典籍的话），而在汉语回译中需要被翻译的“原文”——西译汉语经典——只是翻译，那么将这些被翻译为西方语言的汉语经典翻译回汉语的工作就只可能是准确的“还原”。然而，在这样的似乎是尊重西译汉语经典的汉语原文的汉语回译之中，真正的文化馈赠其实已经消失了。这就是说，他者（西方文化）可能给予我们（即中国文化）的文化馈赠在此并没有得到真正的欣赏和感激。所以，在一种貌似向文化他者开放甚至拥抱文化他者的现象中，这些汉语回译中所发生的其实却是对那进行馈赠的他者的忽视或不尊重。

当然，在这样的汉语回译中，有心的汉语译者已经开始以同时排印出汉语经典原文和西方语言翻译的形式而试图对此做出某种补救。但是双语对照尽管对能读双语者有必要，却并不能算是翻译，而只是为能在不同语言间自由穿梭的学者提供的某种便利，不懂西方语言的人却不可能因此而获益。而汉语经典的很多西方译者却明言自己的翻译本身就是对汉语经典的诠释（例如，安乐哲在其《论语》和《老子》的英译书名中皆明确标出“汉语经典”的字样）。那么，为了尊重他者，尊重他者的此种特殊的馈赠，为了不让这一馈赠消失于在汉语回译之中被“还原”了的汉语经典之中，我们的汉语回译应该做什么？能够做什么？我们愿意不惮其烦地将我们认为有价值的这些西译汉语经典真正翻译回到汉语之中吗？我们愿意如此将中国文化对西方的馈赠重新接受回来——接受为新的馈赠——吗？而且，我们原则上有此可能吗？此种翻译——即使可能的话——其困难程度甚至可能会超过翻译西方经典。因为，同一西方经典的任何不同汉语翻译，只要不是明显的误译，都可以被接受为对于此西方经典的可能阅读或诠释。此种翻译只需要“对得起”作为原文的西方经典，亦即只需要接受作为原文的西方经典的检验。而被译为西方语言的任何汉语经典的汉语回译，却至少需要能够“对得起”两种“原文”（亦即必须能够面对两种原文而接受其检验）：作为原文的汉语经典本身和此一经典的西方翻译。后者在此其实也已经成为某种需要被翻译的原文。于是，这样的汉语回译将与前二者鼎足而立。这样的翻译将不仅可以为汉语经典原文的理解投下新的光亮，而且也可以凸显这些经典的西方翻译中的独到之处。与此同时，西方翻译（在西方语言中对于汉语经典的阅读和理解）中的种种可能的误解也能在这样的翻译中显现出来。于是，在将西方文化从中国文化所接受的馈赠作为新的馈赠而接受回来之时，西方文化也将可以因此而获得新的馈赠：西方的汉语经典译者将可以在这些被作为一种“原文”而译为汉语的“翻译之翻译”中发现让他们重新吃惊者。如此，文化的馈赠就仍会在馈赠者和接受者之间往复继续。

让我以两个虽然简短却可能意味深长的例子来结束此文。

1. 在王弼的《老子注》这一语境中翻译《老子》的德国汉学家鲁道夫·瓦格纳（Rudolf Wagner），将《老子》第二十五章最后一语“道法自然”中的“自然”译为“that-which-is-of-itself-what-it-is”[10]。不知我们谁会愿意把这一表述再直译回汉语，而不是“自然而然”地重新回到老子所用的“自然”一词。这个八词一串的自造英文长词很难不令人联想到瓦格纳本人的德语文化背景，以及德国哲学家海德格尔关于 Being/Sein 或“存在”的思想的某种可能的影响。而这对于理解瓦格纳如何理解老子所说的“自然”是非常重要的。如果仅将这一翻译还原为“自然”，那么他在此翻译中所做出的馈赠——对于老子的“道法自然”语境中的“自然”的理解——就将消失不见，并因此而不会得到汉语文化的承认和感激（或者来自汉语文化的建设性的批评）。然而，又有谁愿意不惮其烦地甚至可能吃力不讨好地翻译这一翻译呢？由于在西方哲学中具有根本重要性的英语动词“to be”在汉语中并无理想的对应词，瓦格纳的这一表述在某种意义上其实是无法翻译成汉语的。这就是说，在这一翻译中出现了新的东西，某种让希望接受这一“回赠”的中国文化吃惊的东西，而正是这样的“新”可以丰富、扩展、加深中国文化的自我理解，或激发建设性的思想对话。所以，如果应该在汉语中翻译西方翻译的汉语经典，那我们似乎就应该尝试此种不可能之事。翻译，任何翻译，从根本上说——让我此处重复德里达讨论本雅明论翻译时的话——其实都是必要而不可能、不可能却又必要之事。

2. 英国汉学家葛瑞汉（A.C. Graham）的 *Disputers of the Tao* 是研究中国早期思想的重要著作，其中不乏从非汉语角度研究中国传统思想所产生的洞见，所以此一汉学著作的汉语回译可能确实不会劳而无功。但如果这样的汉语翻译在遇到作者所引用的众多已经翻译为英文的汉语原文时，仅仅将这些翻译一一还原为经典中的汉语原文，则不仅作者见解的很多独到之处会无影无踪，而且作者的很多分析和论述也可能会让汉语读者不知所云。更有甚者，其英语翻译中的种种可能的问题也不会被发现。例如，葛瑞汉认为，我们是在宋钘的思想中首次接触到汉语“情”字的专题用法（或术语性用法，technical use）的，而此“情”字在概念上与亚里士多德的“essence”接近。但既然古汉语中并不使用既为系词亦为动词的“to be”，他说他自己因而选择了以形容词“essential”而不是名词“essence”来翻译“情”，以便“使汉语概念尽可能不受西方哲学的这个‘存在’的感染”（to keep Chinese concepts as far as possible free from contamination of the Being of Western Philosophy）。葛瑞汉在此确有道理，而其中涉及的问题仍然有待深入研究。然而，出于对“情”的这一理解，他将宋钘所言之“情欲”译为“essential desires”，于是便有了如下的翻译：“When Heaven generated man it caused

him to have hankerings and desires. Among desires there are the essential, for the essential there is measure. The sage cultivates measure in order to check the desires, and therefore acts only on the essential."[11]（汉语原文见《吕氏春秋·仲春纪·情欲》:"天生人而使有贪有欲。欲有情，情有节。圣人修节以止欲，故不过行其情也。"）又:"Sung Hsing says: 'The desires essential to man are few, yet everyone thinks the desires essential to himself are many, an error.'"[12]（汉语原文见《荀子·正论》:"子宋子曰:'人之情，欲寡，而皆以己之情为欲多，是过也。'"）

何为"essential desires"？何为"desires essential to man"？它们意味着什么？能被简单地还原为"情—欲"吗？而且，首先，《吕氏春秋》中的"欲"之"情"和《荀子》中的"情"之"欲"意味着什么？它们是现代汉语的"情欲"吗？葛瑞汉的负责任的汉语译者，将应该如何对付这一复杂的"翻译局面"？

注释

[1] Roger T. Ames and David L. Hall, *Focusing the Familiar: A Translation and Philosophical Interpretation of the* Zhongyong, Honolulu: University of Hawai'i Press, 2001.

[2] 本文原为提交给北京大学国际汉学家研修基地（IACS）于2014年11月1日至2日在北京大学主办的"首届国际汉学翻译家大会"的会议论文。此次发表之前有所修改。

[3] 这一似乎自动来到笔下或文中的父母子女比喻也许有着超出单纯幽默的哲学含义。我们知道，柏拉图贬斥似乎注定要变为纸上固定之物的书写而崇扬可以进行当场答辩的活的话语。活的话语本身有似儿子，而当场说出这些话语者就好像是它们的父亲。父亲应该保护也可以保护儿子。但变成了固定于纸页之上的文字的写作却注定要成为无父之子或孤儿，四处飘泊，无家可归，任人摆布/解释。但撇开德里达在这一思想中正确地发现的所谓逻各斯中心主义不论，文本——无论说出的还是写出的——还是始终都需要某个父亲或某种保护者的，而在那些古代原作者（如果他们能被确认的话）之后——又是"之后"——的我们现在其实就都是在担任着汉语经典文本的继任父亲或继父的角色。这是落在我们身上的无法推卸的思想文化责任，而不是我们出于自愿的主动选择。就此而言，令人惊讶的是，有些在其他方面非常护犊子的父亲却在有意无意地鼓励或至少是默许其实也许并无真正血缘关系的继子（汉语经典的外语译本的汉语回译）前来与嫡子（汉语经典本身）争夺文化宠爱甚至争夺思想继承权。翻译一下这些比喻话语，我的意思说白了其实就是，远来的和尚会念经，或某些如今备受推崇的西方汉学家似乎被认为比我们更加懂得和更能解释汉语经典或蕴含于其中的中国思想，而他们于是似乎也就以此自居（我说"我们"和"他们"并无民族自大或文化歧视之意，而只是认为任何特定语言对于其使用者来说都有某种值得研究的内外问题。自内而生者［母语］与由外而入者［外语］毕竟有所不同，尽管前者不一定就比后者更"在自己家中"）。于是就连被他们译成外语的汉语经典也要译回到汉语中来！本文部分是有感于此而发，但我并非单纯否定任何这样的回译活动。参见本文附录。

[4] 这些问题也可以换位思考：设想一下，例如，当代希腊人要在何种情况下才会想要将被译为汉语的希腊经典再译回到希腊语中。

[5] 见本文附录拙著未发表会议论文:《"回译"作为可能的文化馈赠》，北京论坛2012。我在论文中提出，从这样的回译中获益的方式之一可能是，必须以译本为原本，把汉语经典从译本"逐字逐句"地翻译回来，而不是把经典原封不动地放入汉语回译之中，再为之配上外语译者自己为其翻译所写的前言、后记、注释、评论的汉语翻译。

[6] 我们知道，当年汉译佛教经典就起了类似的作用。在有些丧失了佛教原典却留下了汉语译本的情况中，为了恢复这些已经丧失的原典，就只能根据现存汉语译本再"翻译回去"。当然，从汉语译本翻译回去的原典在多大程度上或在何种意义上还是原典，是需要深入研究的复杂理论问题。

[7]　帛书本《老子》第六十四章。王弼本此处为："以辅万物之自然，而不敢为。"参阅拙著《文本之"间"——从孔子到鲁迅》之"道何以法自然"章。伍晓明：《文本之"间"——从孔子到鲁迅》，北京，北京大学出版社，2012。

[8]　关于这些过于简略地陈述出来的论断，我冒昧请求读者参考拙作《天命：之谓性！——片读〈中庸〉》下半部中对于"诚"这一概念的详尽分析。伍晓明：《天命：之谓性！——片读〈中庸〉》，北京，北京大学出版社，2009。

[9]　例如，中国社会科学出版社2003年出版了余瑾"翻译"的美国学者安乐哲（Roger Ames）与罗思文（Henry Rosemont）合作的英译《论语》，书名为《〈论语〉的哲学诠释》；学苑出版社2004年出版了何金俐翻译的安乐哲与郝大维（David Hall）合作的英译《老子》，书名为《道不远人——比较哲学视域中的〈老子〉》；台北巨流图书公司1993年出版了陈荣捷的 *A Source Book in Chinese Philosophy* 的汉译，书名为《中国哲学文献选编》。在中国文学研究领域，我们所能见到的大多是西方研究者的研究专著的翻译（中国古代和现当代文学的研究都有）。这当然不是纯粹的中国文学的"回译"，但这类著作中包含了大量的中国文学原著的翻译（或为研究者自己所译，或为既存翻译的引用）。这些翻译在汉语的"回译"中绝大多数都会被"还原"为汉语原文。在中国古代文学理论研究领域，堪与上述汉语哲学经典的汉语回译相比的是宇文所安（Stephen Owen）的 *Readings in Chinese Literary Thought*, Harvard-Yenching Institute Monograph Series, No. 30, 1992，汉语回译的标题为《中国文论：英译与评论》，王柏华等译，上海，上海社会科学院出版社。

[10]　他对"道法自然"的翻译是：Way takes That-which-is-of-itself-what-it-is as model." 见 Rudolf Wagner, Laozi, & Wang Bi, *A Chinese reading of the Daodejing: Wang Bi's commentary on the Laozi with critical text and translation*. Albany: State University of New York Press, 2003, p. 203。

[11]　A.C. Graham, *Disputers of the Tao*, Open Curt Publishing Company, 1989, p. 99.

[12]　Ibid., p. 99.

CONTENTS

INTERPRETING THE CLASSICS

Ming Qing Studies 2019
CALL FOR PAPERS

edited by
Paolo Santangelo
(Sapienza University of Rome)

We are glad to inform you that the new edition of ***Ming Qing Studies 2018*** will be published by WriteUp Site before the end of the year (see contents below).

Applicants are encouraged to submit abstracts for the next issue, ***Ming Qing Studies 2019***. The contributions should concern **Ming-Qing China** in one or few of its most significant and multifaceted aspects, as well as on **East Asian countries** covering the same time period. All articles will be examined by our qualified peer reviewers. We welcome creative and fresh approaches to the field of Asian studies. Particularly appreciated will be the contributions on anthropological and social history, collective imagery, and interdisciplinary approaches to the Asian cultural studies. All submitted papers must be original and in good British English style according to our guidelines and editorial rules. Please email an abstract (300-500 words, plus a basic bibliography) in MS Word or PDF attachments along with your biographical information to the addresses listed below. Please mention your full name with academic title, university affiliation, department or home institution, title of paper and contact details in your email.

Deadline for the abstract and bibliographical notes: **September 15th, 2018.**
Deadline for the article: **December 31st, 2018.**

Ming Qing Studies is a yearly publication, both on line and in printed form, which continues the positive experience of *Ming Qing Yanjiu* (old series, 1992-2007) edited by Paolo Santangelo. Thanks to the cooperation of several scholars settled in Italy and abroad, it intends to widen the debate on the historical and cultural issues of late imperial China as well as pre-modern and modern East Asia. Although this publication focuses on late imperial China, its scope is broadened to the whole East Asia area, with its new cultural and anthropological features which are manifested in this fundamental period of transition from local to global history.

Please find the **editorial norms** and more information on *Ming Qing Studies* past issues at:
https://sites.google.com/site/mqsweb/home.

Contacts
Prof. Paolo Santangelo (paolo.santangelo@uniroma1.it)
Dr. M.Paola Culeddu (paola.culeddu@uniroma1.it)
Dr. Tommaso Previato (tommaso.previato@icloud.com)

Ming Qing Studies 2018
CONTENTS

图书在版编目（CIP）数据

世界汉学. 第17卷 /耿幼壮，杨慧林主编. — 北京：中国人民大学出版社，2019.10
ISBN 978-7-300-26679-4

Ⅰ. ①世… Ⅱ. ①耿… ②杨… Ⅲ. ①汉学—世界—文集 Ⅳ. ①K207.8-53

中国版本图书馆CIP数据核字(2019)第028539号

世界汉学 第17卷
主编 耿幼壮 杨慧林
Shijie Hanxue

出版发行	中国人民大学出版社		
社　址	北京中关村大街31号	**邮政编码**	100080
电　话	010-62511242（总编室）		010-62511770（质管部）
	010-82501766（邮购部）		010-62514148（门市部）
	010-62515195（发行公司）		010-62515275（盗版举报）
网　址	http://www.crup.com.cn		
经　销	新华书店		
印　刷	北京玺诚印务有限公司		
规　格	210 mm × 285 mm　16开本	**版　次**	2019年10月第1版
印　张	10.75 插页 2	**印　次**	2019年10月第1次印刷
字　数	238 000	**定　价**	68.00元